生涯現役で有終の美を飾るための 戦略 戦術 戦闘法

生涯現役の株式トレード技術

著：優利加

序章

株式トレードが難しいのは何故か

　株式トレードは本当に難しいものです。その原因はひとつではありません。いろいろ考えられますが、その典型的な原因とその解決策を私の経験から整理すると次の通りになります。

①どの銘柄が、いつ上がるのか、下がるのか、どこまで上がるのか、下がるのかを予測できない
→　根本的な解決策はない。だが、多くの銘柄を監視し続け、上げ始めるときの兆候や下げ始めるときの兆候を見逃さないように訓練することで、相場観測技術を高めることは可能。また、保ち合い中の銘柄には手を出さず、保ち合い放れ直後かトレンド形成中の銘柄のみを手掛ける。

②そのときどきの雰囲気に振り回されやすく、相場全体が強気のときには過度に強気になり、反対に、相場全体が弱気のときには過度に弱気になる
→　株価が何故変動するのか、そのメカニズムを理解すれば雰囲気に振り回されにくくなる。

③迷いやすくなかなか決断できず、株価の動きに取り残される
→　仕掛けと手仕舞いの有効な型を決め、型通りの売買を繰り返し訓練することで、迷い過ぎる性格を克服することは可能。監視銘柄が自分の型で決めた間合いに入ってきたら、事前にストップロスを決めて、迷わずに必ず仕掛けるようにする。事前に決めた小さなロスカットが

何度か連続で起こっても、諦めず、恐れず、自分の型の間合いに入ってきたら必ず仕掛ける。地合の判断と銘柄選択が致命的に間違っていなければ、トータルでは必ず勝てる。実戦でなかなか決断できないなら、まずシミュレーションで決断の訓練を重ねる。シミュレーションでさえ実行できないことは、実戦での実行はほとんど不可能。トレードのうまい下手は、必要な知識を一通り学んだら、結局、学んだ知識を実行するかしないかの実行力、つまり、決断力の問題にある。

株価は何故、どのように変動するのかを理解しておく

　株価は企業業績の変動だけではなく、戦争や大規模テロ、天変地異、異常気象、広範囲に影響を及ぼす大事故、伝染病の拡大など、森羅万象の変動を敏感に反映して動いています。
　とはいうものの、株価変動の最大要因はやはり企業業績の変動です。もっと正確に言うと、企業業績見通しの変動です。すでに確定した過去の決算期の数字はもはや株価に影響を与えません。マーケットが関心を示すのは、確定した過去ではなく、「これからどうなるか」だけです。だからこそ、株価はさまざまな株価変動要因を先取りしてその価格の中に取り込もうとします。当然、まだ株価にどのような影響を及ぼすかが確定していない要因を先取りして取り込もうとしているわけですから、たえず変動します。
　株も債券も預金もオプションも、すべて金融商品です。すべての金融商品の価格は、その商品が生み出す、または生み出すであろうとマーケットが推定する将来の（過去はまったく影響しない）すべてのキャッシュフローを、満期までの期間に応じた金利で現在価値に還元した値です。近年では、商業用不動産の価格もこの手法（収益還元法）で評価されています。例えば、固定利付き債券は固定金利で元本保証なので、将来のキャッシュフローがすべて決まっています。したがって、信用不安時を除けば、価格決定を左右するものは将来の金利変動

に対する見方だけです。しかし、株価（その企業が将来生み出すとその時点で推計されるすべてのキャッシュフローの１株当たり現在価値）の場合は、その企業が生み出す将来のキャッシュフローは誰にも正確には予測できませんし、将来の金利変動も正確には予測できません。つまり、二つの不確定要因があるので、価格を大きく変動させるわけです。

　機関投資家が手掛けるような銘柄に限定すれば、企業業績の見通しが一定方向へ変化すると、中長期的な買い切りまたは売り切りという実需の需給に変化が起こり株価の中期トレンドが発生します。

　では、なぜ、ほとんどの場合、業績見通しが上方修正されると株価は上げるのでしょうか。

　株式投資に理論と定石はありますが、事前に決まった正解はありません。しかし、だからといって、株価が理論とまったくかけ離れた動きをするわけでもありません。基本を理解しておけば、迷ったときの拠り所になります。

　我々個人投資家が簡単に確認できる企業の業績見通し数値には、売上高、営業利益、経常利益、当期利益、１株利益、１株配当などがあります。業績見通しが上方修正されるということは、例えば、当初の予想では１株利益が１００円だったものが１１０円になることを指します。その次の期もさらに１０％伸びると予想されると、市場ではその１０％成長が毎期ずっと続くものと仮定したかのような株価の中期トレンドが形成されます。その結果、成長の鈍化が明確になるまで、株価は傾向として上げ続けることになります。理屈好きの読者のために、以上の話をもう少し理論的に説明しましょう。

　来期の１株当たりキャッシュフローをＣＦＳ、その後、毎期の１株当たりキャッシュフローの伸び率をｇ、割引率をｒとすると、一連のキャッシュフローの現在価値（理論株価）は次式で表すことができます。正確には、割引率は、その企業の自己資本コストと借入金コストを加重平均した加重平均資本コスト（ＷＡＣＣ）を使うべきですが、簡便的には、その会社の長期社債金利よりもいくらか低い水準と考えておけば良いでしょう。

$$PV = \frac{CFS_1}{(1+r)} + \frac{CFS_1(1+g)}{(1+r)^2} + \frac{CFS_1(1+g)^2}{(1+r)^3} + \cdots\cdots + \frac{CFS_1(1+g)^{\infty-2}}{(1+r)^{\infty-1}} + \frac{CFS_1(1+g)^{\infty-1}}{(1+r)^{\infty}}$$

上式の右辺を整理すると、次のように簡潔な形になります。

$$PV = \frac{CFS_1}{(r-g)}$$

　この式が意味することは、来期以降の１株当たりキャッシュフローの伸び率が高くなればなるほど分母が小さくなるので、理論株価は高くなるということです。１株利益は会計上の利益であり、１株当たりキャッシュフローそのものではありませんが、売上高、営業利益、経常利益、当期利益、１株利益、１株配当の中では１株当たりキャッシュフローに一番近い数値です。だから、営業利益に問題がなければ、１株利益の上方修正が発表されると、株価はすぐに反応して上げるのです。

　業績見通しが連続して修正されると、株価を底流で支えるファンダメンタルズが変化し、その株を買い切りまたは売り切りする長期投資家の実需を変化させます。その結果、日中足では一見、捉えどころのない波しぶきを上げながらも日足・週足・月足では潮流を形成します。この潮流を客観的に認識することが相場の観、つまり「相場観」です。

　日々の株価は潮流の方向に動きながら、その株価位置、日柄、そのときどきの市場の旬なキーワード（例：原油高、円安、内需回復、含み資産、デフレ脱却、設備投資回復など）、人気や材料という強風（ときには嵐）に煽られ、現物と先物との裁定売買や近い将来に反対売買を伴う仮儒――信用取引を含む短期売買など――の需給が変動します。その結果、短期的には中期トレンドをさらに鋭角にした加速波流を形成したり、利食い手仕舞いにより一時的な逆行波流を形成しながらも、底流で実需の変化が引き起こす大きな潮流の方向へ進んで行きます。

ときには、長期テーマが潮流を加速することもあります。逆行波流から加速波流へ変わった直後にその変化を感じ取り、順張りで乗る感性が相場の感、つまり「相場感」です。また、変動感覚（勘）により逆行波流の終盤を逆張りで建玉する勘が相場の勘、つまり「相場勘」です。

　株価が「いつ」「いくら」に上がるのか、下がるのかは予測不能ですが、その株価の歴史認識と現状認識を適切に行えば、中期的にどちらの方向へ進もうとしているのかイメージを描くことはできます。この中期的イメージが戦略の基盤となります。当然、そのイメージが「結果として幻影であった」ということもあります。だからこそ、その場合の損害を最小限に抑えるために戦術と戦闘法があるのです。相場を技術として捉える限り、博打的売買はしないはずです。仕掛けから最終的な手仕舞いまでの間、必要なら何度でも軌道修正ができるし、また、そうしなければなりません。

その理解をどのように行動に結びつけるか

　これまでの話を図にまとめたものが次ページの「優利加株価変動モデル」です。
　この流れを頭に入れつつ、ファンダメンタルズが底流で支える潮流銘柄を効率的に絞り込み（戦略）、加速波流と逆行波流でどのように仕掛け、手仕舞いするかの型を決め（戦術）、その型を実行するための細則（戦闘法）を決めておき、淡々と実行するのです。
　このようなことを事前に決めておく理由は、可能な限り「迷い」を断ち切ることにあります。人間は弱いもので、決まりごとがないとそのときどきの状況に本当に迷わされます。そしてまた、迷った揚げ句に行動しても結果的に良いものを得られることはほとんどありません。だからこそ、「型（決まりごと）」を作っておくことが大切なのです。さらに、型を作ったら、それを厳守し、実行していくのです（このこ

優利加株価変動モデル：株価は何故、どのように変動するのか

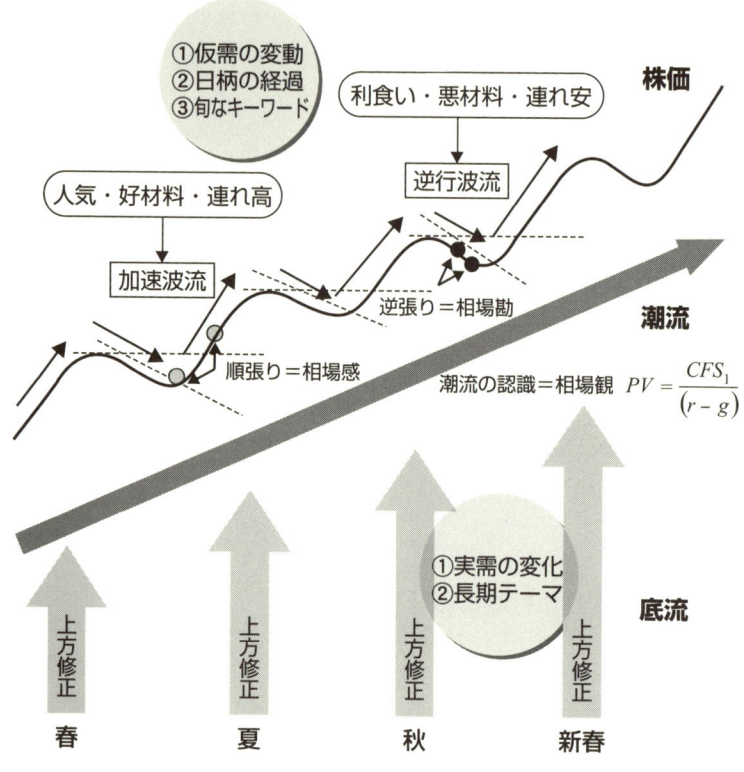

とについては本書の第1日目と第6日目で詳しく述べます)。

本書の中で私が特に伝えたいメッセージを簡単に説明すると、次のようになります。

1) 相場の見方や銘柄の選び方、仕掛け・手仕舞いの型、建玉の仕方といった相場にまつわるすべての行動の「型」を決め、
　　　↓
2) 自分で決めた型に従って、大局的な相場観測から上昇相場か下落

相場かを判断し、売り狙いか買い狙いを決め＝戦略
↓
２）自分で決めた型どおりに売買銘柄を絞り込み＝戦略
↓
３）絞り込んだ売買銘柄を自分で決めた型（４つの買い場＆４つの売り場）になるまで監視し＝戦術
↓
４）自分で決めた型（４つの買い場＆４つの売り場で迷わず行動するための細則）に従い仕掛け（あるいは手仕舞い）＝戦闘法
↓
５）仕掛けた後は自分で決めた型（細則）どおりに建玉操作していく＝戦闘法

なお、戦略、戦術、戦闘法を簡単に説明すると次のようになります。

【戦略】 大局的観点（相場観）から、売り or 買い ⇒ 銘柄群選択 ⇒ チャートの形で選択 ⇒ 業績見通しでチャートの裏付けを取る（一株当たりキャッシュフローの期待成長率が高いほど株価の理論値が上がる）

【戦術】 ４つの買い場、４つの売り場（相場感による順張り、または相場勘による逆張り）

【戦闘法】 戦術を実行するための細則

　これからの６日間、相場という先が見えない未知の荒海を生涯現役で安全に航海するための水先案内をします。したがって、この本は株式相場という荒海の海図でもあります。私と一緒に、生涯現役を目指すため、相場の考え方（相場哲学）、相場の見方（相場観測法）、相場のやり方（銘柄選択、建玉法、資金管理）、相場の上達法（練習法）を学んでいきましょう。

 生涯現役の株式トレード技術

序章   1

第1日目
相場における戦略・戦術・戦闘法とは

第1時限目
目標を決める   14
目標とは／相場における目標とは

第2時限目
戦略を決める   17
戦略とは／相場における戦略とは(概要)／
相場における戦略とは(実際にやるべきこと)

第3時限目
戦術を決める   57
戦術とは／相場における戦術とは(概要)／
相場における戦術とは(実際にやるべきこと)

第4時限目
戦闘法を決める   63
戦闘法とは／相場における戦闘法とは

第2日目
戦闘法についての詳説

第1時限目
相場観測の「11」のポイント　　　68

トレンドライン及び移動平均線のチェック／フォーメーションのチェック／
支持線・抵抗線をチェック／出来高の変化をチェック／新値の限界をチェック／
日柄の限界をチェック／信用倍率の変化をチェック／
ローソク足の組み合わせをチェック／相場全体の現状をチェック／
3段上げ、3段(2段)下げのどの位置にあるかをチェック／目標値を決める

第2時限目
チャートの読み方について(相場観測実例集)　91

チャートを読む目的と意味／チャートを読む実例／
買ってはいけない典型例のケーススタディ

第3時限目
銘柄選択(銘柄監視)の詳細について　　　106

第4時限目
建玉操作の詳細について　　　109

建玉操作の真髄／使える建玉操作法／
治にいて乱を忘れず、乱にいて治を忘れず／生涯現役のためにつなぎの技術を／
逆張りとナンピンの違い／プロの建玉

第5時限目
資金管理の詳細について　　　117

第3日目
相場技術について

第1時限目
相場技術を構成する6つの要素について　　124
相場技術全体系／暗黙知の部分をできるだけ明らかにする

第2時限目
技術論　　129
まずは自分のレベルを知ること／技術＝（顕在知＋暗黙知）×知恵×実行／
相場における戦略とは（実際にやるべきこと）

第3時限目
精神論　　133
行雲流水のごとく心を任せ決断する／強靭な精神力とは／
結局は精神力で決まる。焦るべからず／心が弱いと実践できない／
武道の極意は相場の極意／忍耐強く自分の間合いに飛び込んでくるまで待つ／
相場の「虚」「実」「補給線」

第4時限目
相場は常に正しい　　144
相場は「不易流行」／株価は常に正しい／
株価は構造的に下がるようにできている／
上げても下げてもどちらでも良いのが相場／相場は値動きと時間の関数／
売買の源泉は建玉操作にある

第4日目
失敗の原因を知っておく

第1時限目
なぜ、うまくいかないのか? 154
「何を買うか」だけでは生き残れない／トレードが下手な人には理由がある／
失敗の原因は、スタイルと手法のミスマッチ

第2時限目
無知と怠慢が最大の敵 162
無知／怠慢

第5日目
学び方について

第1時限目
自分で調べる 168

第2時限目
他人の失敗から学ぶ 170
賢者は歴史に学び、凡夫は経験に学び、愚者は経験しても学ばない／
失敗から学べることは多い

第3時限目
「守・破・離」を心得る 175

第6日目
相場技術上達への道のり

第1時限目
トレーディングスタイルと型の決定について　182
型の構築（プロがプロでいられる理由を知る・自分の性格と技量を知る・自分のトレーディングスタイルを決める・自分の「不動の型」を確立する）／型を決めたらあとは待つのみ／ちまたの雑音に惑わされないように自分が強くなる

第2時限目
オンリー・ワンであれ　195
知識を習得しながら実戦で心を鍛える／オンリー・ワン／株式トレードは究極の個人事業

付録
上昇トレンド銘柄／下降トレンド銘柄／トレンドがはっきりしない銘柄／保ち合い・収斂上放れ／成功するスイングトレードの構成要素／リボルビング・スイングトレード／ランチェスター戦略

第1日目

相場における戦略・戦術・戦闘法とは

第1時限目

目標を決める

> **本講義のポイント**
>
> ◎何事もまずは目標を立てることから。
> ◎目標を立てるときは自分の立場を考えたうえで計画すること。もし、あなたがサラリーマンをやりながら投資をするのであれば、そのことを加味して目標を立てること。

　第1日目では、これから皆さんにお話しする内容の骨子をお見せします。私がお話ししたいことの総括をここで紹介します。
　さて、相場はいろいろな捉え方ができますが、心理面から見れば「相場＝迷いのゲーム」であると言えます。だからこそ、迷いをできるだけ少なくする工夫が必要になります。
　ここで、「迷いを少なくする工夫が必要とはいうものの、どうしたらいいのだ？」と思われた方も多いでしょう。お答えしましょう。**相場実践家としての自分の型を決めればいいのです**（第6日目で詳述）。型が決まれば、あとは型どおりに売買を実行すればいいだけの話。逆に、型が決まっていないと「迷路」にはまり込んでしまいます。
　自分の型を決めるに当たっては、大事な4つの要素があります。それが、本日ご紹介する「目標」「戦略」「戦術」「戦闘法」です。第1時限目では最初の「目標」についてお話しします。

1　目標とは

　広辞苑的な意味では「めじるし」。「目的（成し遂げようとめざす事柄）を達成するために設けた、めあて」になっています。

2　相場における目標とは

　「資産を増やすこと」が相場における目標です。まずは、あなたの生活スタイルの実情や人生設計に合った目標額を設定しましょう。具体的には、どれくらいのペースで資産を増やすか決めてください。運が良くて起こる瞬間最高速度ではなく、巡航可能速度として年平均３０％なのか、年平均５０％なのか、年平均１００％なのか、年平均１５０％なのかなどをあらかじめ決めておくのです。

　言うまでもありませんが、目標が高くなるにつれて、あなたが覚悟すべきリスクも、それに伴う困難さも増していきます。もし、あなたが普通のサラリーマンで、昼間にザラ場を見ることがほとんど不可能ならば、そして、夜もそれほど株式トレードのことに時間を割くことができないならば、超短期の回転売買は無理でしょう。そのような状況のときに年１００％以上というようなあまりに高い目標は非現実的です。この場合の現実的な目標は、年平均３０％程度でしょう。しかし、昼間は無理だけど、夜ならある程度時間を割いて株式トレードのことに時間を割ける人なら、年平均５０％を目標にできると思います。これが一般的なサラリーマンの妥当な目標だと思います。

　ただし、これはあくまで目標であることを忘れないでください。ちょっと努力すればすぐに達成できるとは思わないでください。一所懸命正しい努力を継続して数年後から５年後に達成可能な目標だと考えておいてください。

　私は現在、百数十人の個人投資家に株式トレードの技術を指導していますが、門下生に対して次のようなことを説いています。

①最低限の目標として、数百万円の種銭があれば自分の年金は自分で稼ぐことができ、６０歳、７０歳になっても頭さえしっかりしていれば、まったく同じやり方で儲け続けることができる手法を若いうちから確立しておく。

②月間目標値は５％から１０％（単利で年率換算すれば、６０％から１２０％）とする。それ以上は天才的な才能がある人だけに任せればよい。あまり高い目標を追いかけるよりも、残った時間とエネルギーを自分の生活の質を向上させることに使う。お金を儲けることは大切だが、それはあくまでも自分が思うように生きるための手段である。悔いを残さないように生きることを人生の目標にすること。どんなに稼いでも、所詮、お金はあの世に持っていけない。もし、あの世に持っていけるものがあるとすれば、思い出だけ。そして、その思い出が、多くの人を愛した思い出、多くの人のために何かを行動した思い出、多くの人から愛された思い出なら、これ以上素敵な人生はない。

本講義のおさらい

◎投資は目標を立てることから始めること。
◎大きな目標を立てることは良いことではあるが、無謀すぎる目標は立てないこと。

第2時限目
戦略を決める

本講義のポイント

◎戦略とは目標を達成するための大きな枠組みのこと。「状況」「条件」「場面」「範囲」の最適な組み合わせにより、目標を達成する最良の方法を考えること。
◎相場における戦略とは、①大局的な相場観測から上昇相場か下落相場かを判断し、売り狙いか買い狙いを決め、②その決定に従い売買候補群を絞り込むこと。
◎売買候補群を絞り込む方法としておすすめなのは、「チャートの形で絞込み、さらに業績見通しで裏づけを取る」方法と、「押し目と戻りを形成中&完成直後の銘柄で絞り込む」方法である。

　目標設定ができたら、次は戦略を考えます。元々、軍事用語である戦略という言葉は、経営戦略をはじめとしていろいろな分野で使われるようになってきました。『そうなのか！ランチェスター戦略がマンガで3時間でマスターできる本』（田岡佳子著、明日香出版社刊）を参考にしながら、戦略と戦術を株式相場に当てはめて考えてみます。本文中で（注：P XX）と表記した内容がこの本の記述を参考にした部分です。

1　戦略とは

「戦略」とは目標を達成するための大きな枠組みです。「状況」「条件」「場面」「範囲」の最適な組み合わせにより、目標を達成する最良の方法を考えることです。したがって、戦略は簡単に変更できません。戦略そのものは意思決定であり、行動ではないので目に見えません（注：P18）。

2　相場における戦略とは（概要）

1）「状況」「条件」「場面」「範囲」を組み合わせる

戦略の定義を相場に当てはめると次のようになります。

相場全体の「状況」を判断したうえで、資金量と現在のポジションの制約という「条件」で、買い狙いか売り狙いかの「場面」を決め、そのための有望銘柄群を絞り込んで、銘柄の「範囲」を決めると同時に、いつまでに手仕舞いするかという時間枠も決める、つまり時間の「範囲」を決める。

さらに、詳しく株式トレードにおける戦略の補足説明すると以下のようになります。

①状況

次のうちのどの状況にいるのか。
（A）上昇相場＝買い狙い
（B）下降相場＝空売り狙い
（C）判断に悩む＝休み

②条件

現在のポジションはどうなっているのか。使える残りの資金量はいくらか。

③ **場面**
押し目か、戻りか、保ち合いか、季節的要因はどうか。

> **【豆知識：季節的なアノマリー現象】**
>
> 　１月は海外勢による新規資金流入の月で上げやすい。２月は８月とともに「ニッパチ」と言われ、冴えないことが多い。３月は日本企業の本決算月のためドル売り円買い圧力が増し円高、保ち合い解消売りで下げやすい。４月は日本企業が新年度入りのため新規資金流入で上げることが非常に多い（顕著なアノマリー）。５月は決算発表が集中するので決算を見極めるため、発表前は小動き、発表後は大きく動く可能性が高い。６月は「息切れ」、７月はサマーラリーの期待に反して低迷しやすい。８月はお盆で休暇シーズンのため閑散とすることが多い。９月は海外投資家の節税対策売りと、日本企業の半期決算のためのドル売り圧力で円高になりやすく、相場は低迷することが多い。１０月も冴えないことが多い。１１月は日本企業の中間決算発表が集中するので、新しい方向性を探る動きが始まる。１２月は海外投資家の決算月だけでなく、ファンドの解約期でもあり、低迷気味で「餅つき相場」と形容される。

④ **範囲（銘柄と時間）**
　「どの市場で（動きの速さ、流動性の大小など、その実践者のリスク許容度により選択）」「どの銘柄を（買い狙いなら安値を切り上げている銘柄群を、空売り狙いなら高値を切り下げている銘柄を選択するのが定石」「どの程度の時間枠で（デイトレード――その日のうちに手仕舞いする――なのか、スイングトレード――翌日から２週間程度以内に手仕舞いする――なのか、ポジショントレード――２週間以上１年以内に手仕舞いする――なのか、投資――１年超ポジションを持ち続ける――なのかを事前に決定）勝負するのか」を決めておく。

　以上のように、「状況」「条件」「場面」「範囲」の組み合わせから戦略を決定します。

2）戦略を決める要素

戦略は、「思想・哲学」「戦略を実行するための組織」「その組織を動かすための行動パターン（戦術と重なる部分あり）」の3つの要素から成り立ちます（注：P18）。この3つの要素を株式相場に当てはめて考えてみましょう。

① 思想・哲学

第3日目で詳しく説明しますが、株価は不易流行です。どんな相場もいつまでも上げ続けないし、いつまでも下げ続けません（倒産する場合を除く）。ほとんどの場合、相場はある一定期間は上げるか下げるかを繰り返します。その原因は、市場参加者が群集心理に左右され「欲望」と「恐怖」の間を振り子のように揺れ動くからです。「プラス人気」の上げ相場も、振り切るところまで振り切ったら、その瞬間から反対へ振り始め、「マイナス人気」の下げ相場が始まります。このように、「その株の実体価値＋人気」によって株価は決定されるのです。

さらに、序章の「優利加株価変動モデル：株価は何故、どのように変化するのか」でも説明したように、「株の実体価値＝株価の理論値」は業績見通し変化の方向とその速さによって決まります。

なお、相場の潮流は数週間から数カ月までの短期トレンドライン（派生流）と1年から3年程度までの中長期トレンドライン（潮流）の組み合わせで読みます。

② 戦略を実行するための組織

個人投資家の場合、通常、ひとりです。自分ひとりで判断し、決断します。パソコンを活用して情報を収集し、株価を分析し、最終的にインターネット経由で売買を執行します。孤独な作業です。ここで大切になってくるのが自己規律です。自己規律がないと人の意見に流されやすくなります。

③ その組織を動かすための行動パターン

後述する戦術の領域と重複します。場帳とチャートから値動きを受

け止めて意思決定する一方、必要な資料を更新し、いつでも取り出せるように整理しておきます。業績見通しの推移を一覧できる資料は特に重要なので、絞り込んだ有望銘柄群の業績見通しの更新は怠らず、すぐに参照できるようエクセルで管理します。また、銘柄を監視する場合、相場全体の動向も考慮して買い狙いか、売り狙いかを決めたら

> a）有望銘柄選択群をどのように絞り込むか（チャートの形＋業績見通し＝テクニカル＋ファンダメンタルズ）
> b）その銘柄をどのような形式で監視するか

を決めておきます。以上、戦略の概要を説明しました。

3　相場における戦略とは（実際にやるべきこと）

　さて、ここからが本題です。株式トレードにおける戦略として実際にやるべきことは何でしょうか。それは「**大局的な相場観測から上昇相場か下落相場かを判断し、売り狙いか買い狙いを決め（1）、その決定に従い売買候補群を絞り込むこと（2）**」なのです。以下、詳しく説明していきます。

1）大局的な相場観測から上昇相場か下降相場かを判断し、売り狙いか買い狙いかを決める

①**トレンドラインや出来高、新高値新安値銘柄数に注目し大きな流れをつかむ**
　日経平均株価の月足チャートにトレンドラインを引いて現在の株価位置とその大きな方向性を認識します。次に、月足チャートと週足チャートを見て「買いか、売りか」を判断します。
　例えば、月足チャートでも下降トレンドライン、週足チャートでも下降トレンドラインなら迷わず売り狙いに。反対に、月足チャートで

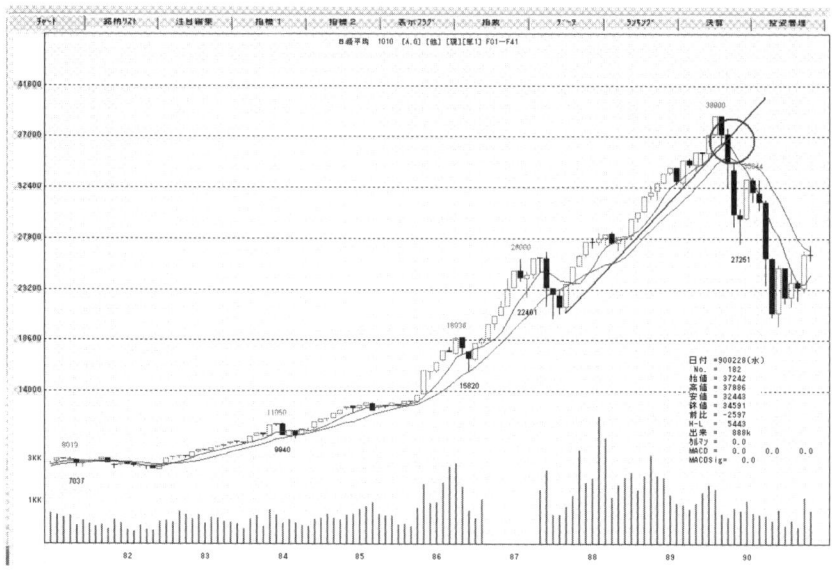

日経平均月足上昇トレンドライン下抜け例

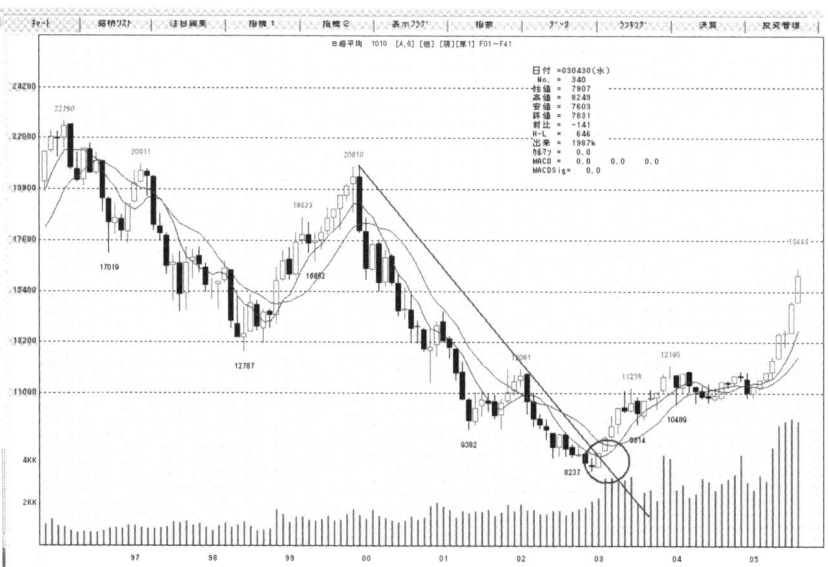

日経平均月足下降トレンドライン上抜け例

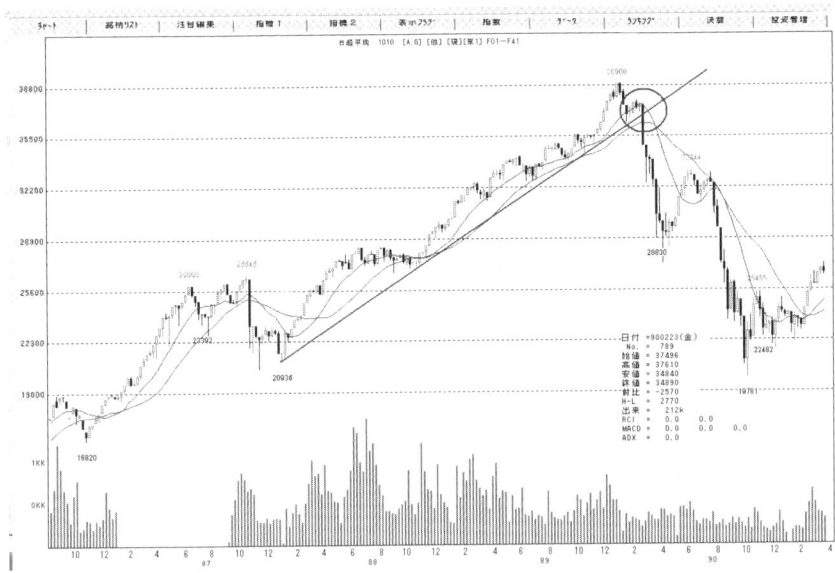

日経平均週足上昇トレンドライン下抜け例

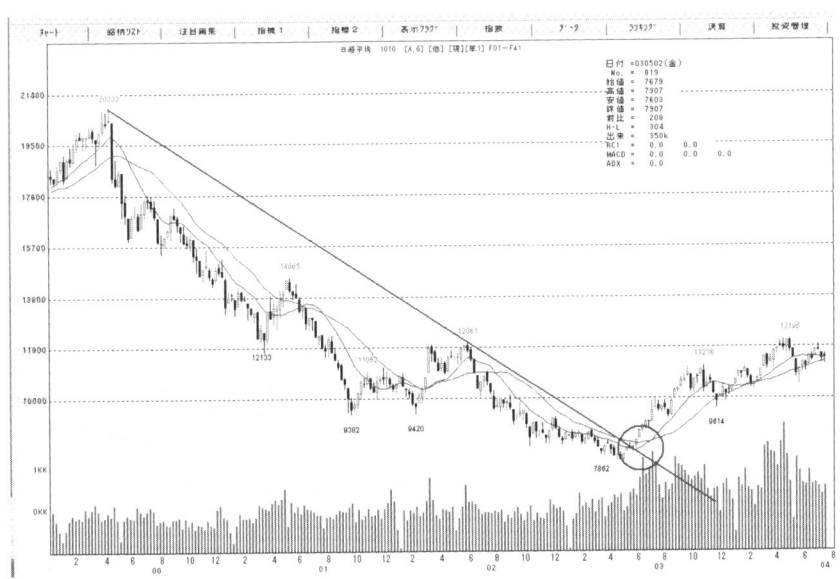

日経平均週足下降トレンドライン上抜け例

第1日目　相場における戦略・戦術・戦闘法とは

も上昇トレンドライン、週足チャートでも上昇トレンドラインなら迷わず買い狙いにします。株価の変化は月足チャートよりも週足チャートのほうに先に現れるので、相場の大きな転換点かもしれないと感じたら週足チャートのトレンドラインを優先して考えます。

このとき、**出来高の変化にも注意**します。株価が天井を打って反落してくると出来高が顕著に減少します。ときには、天井を打つかなり前にピークアウトし徐々に減少し始めていることもあります。反対に底を打って反発してくると出来高が顕著に増加します。

また、**新高値銘柄数から新安値銘柄数を引いた数（NH－NL）の変化にも注意**します。新高値新安値銘柄は以下のトレーダーズウェブのホームページで調べることができます（※）。

相場全体が堅調に上昇しているときはNH－NLは上げ続けますが、天井を打って反落してくるとそれまで増加していた新高値銘柄数が減少し始める一方、新安値銘柄数が増え始めます。そして、NH－NLはピークアウトし、減少に転じます。反対に、相場全体が弱々しく下げ続けているときは、NH－NLも下げ続けますが、底を打って反発し始めるとそれまで増加していた新安値銘柄数が減少し始める一方、

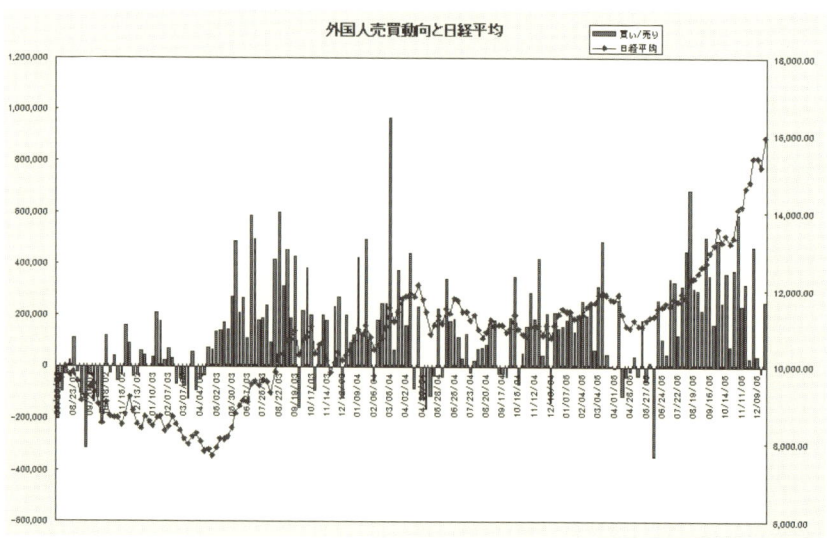

新高値銘柄数が増え始めます。つまり、NH－NLはボトムアウトして上昇に転じるのです。

さらに、**投資主体別売買動向も監視します**。注目すべきところは「外国人が買い越しなのか、売り越しなのか」です。外国人の買い越しが続く限りは相場全体は堅調に推移すると見ることができます。しかし、売り越しに転じると、相場全体に調整が入り始めると見ます。反対に、長い下げ相場の後相場全体が反騰し始め、外国人が売り越しから買い越しに転じたら、底入れを裏付けるサインのひとつと見ることができます。

※トレーダーズウェブ

http://www.traders.co.jp/stocks_data/data/new_price/new_price.asp

買いの基準とは？　売りの基準とは？

日経平均株価やTOPIXなどでマーケット全体が今、「上げトレンドなのか、下げトレンドなのか」を常に意識しておくと、急落の途中での買いや急騰途中での空売りといった大失敗を未然に防ぐことができます。もちろん、材料株や仕手株、低位株など一部の銘柄は、短期的には日経平均やTOPIXの影響をほとんど受けないことがよくあります。ですが、だからといって、マーケット全体の動きを意識することは意味がないという結論にはなりません。日経平均採用銘柄はもちろん、採用銘柄ではなくても準主力銘柄を含めてほとんどの銘柄が、感度の違いはあれ日経平均やTOPIXの動きの影響を受けます。だからこそ、日経平均やTOPIXが上昇トレンド（＝安値が切り上がる）のときには個別銘柄は買いポジションを持ち、反対に、日経平均やTOPIXが下降トレンド（＝高値が切り下がる）のときには、個別銘柄は買いポジションを持たず休むか、空売りポジションを持つことが効果的な基本戦略と言えるのです。

② 株価の中期トレンドの裏付けを取る

【日本株のトレンドの裏付けを取る】
　次に、相場全体に中期トレンドが発生していると感じたら、**マクロ経済データでそのトレンドの裏付けを取ります**。具体的には、「ＴＯＰＩＸ月足」「鉱工業生産指数」「鉱工業出荷指数」「鉱工業在庫指数」「有効求人倍率」の変化を見比べます。

◎ＴＯＰＩＸ月足
http://www.opticast.co.jp/cgi-bin/tm/chart.cgi

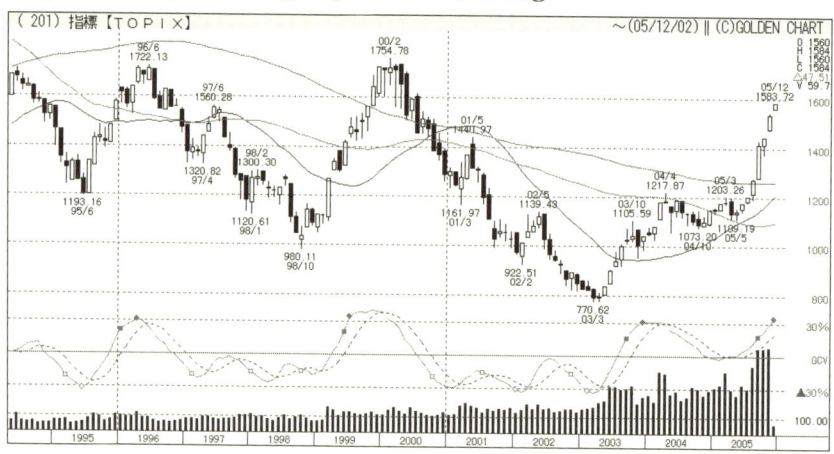

◎鉱工業生産指数
http://www.opticast.co.jp/cgi-bin/tm/chart.cgi?code=0741&asi=3

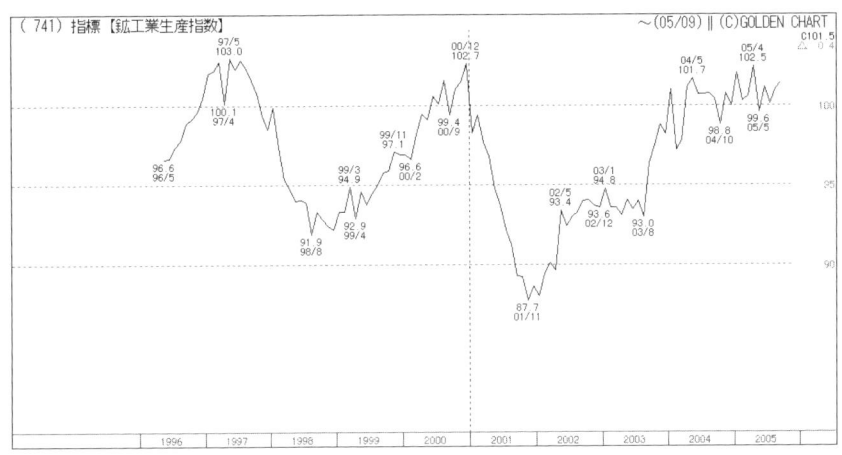

　鉱工業生産は生産金額ではなく、生産量の統計であり、ＧＤＰの３０％弱しかカバーしていません。しかし、**景気動向指数の一致係数に属しており、景気動向を敏感に反映しています**。景気の上昇局面では鉱工業生産指数は上がり、反対に、景気の下降局面では下がります。ただし、ＴＯＰＩＸや日経平均の月足と比べると、半年から９ヶ月ほど遅行する傾向がありますので、株価全体の反転を事前に察知するための指標としてはほとんど役に立ちません。とはいうものの、株式相場全体が反転して中期的なトレンドを形成し始めたかなと気づいた時点で、鉱工業生産指数の変化で裏付けをとることは、そのトレンドに対する信頼が増す意味で重要です。
　まれに株価の反転が鉱工業生産指数の反転に遅れることがあります。鉱工業生産指数は２００１年１１月に底打ちしましたが、日経平均が底打ちしたのは２００３年４月末でした。この主な原因は銀行が抱え込んでいた不良債権問題による金融不安が長引いていたためと考えられます。その証拠に、りそなへの公的資金注入を機に金融不安は大幅に後退し、大手銀行株は一斉に反発し始めました。さらに、外国人投資家の資金が大量に流入

するにつれてその後の日本株全体の反発力は確定的なものとなりました。

◎鉱工業出荷指数
http://www.opticast.co.jp/cgi-bin/tm/chart.cgi?code=0743&asi=3

　鉱工業生産指数が供給側の動向を示すのに対して、鉱工業出荷指数は需要側の動向を示します。**景気が良くなり、需要が増えると鉱工業出荷指数は上がり、反対に、需要が減ると下がります。**ただし、景気が後退し始めると、出荷は逸早く落ち込み始めるのに、生産はすぐには落ち込まない傾向があります。

◎鉱工業在庫指数

http://www.opticast.co.jp/cgi-bin/tm/chart.cgi?code=0745&asi=3

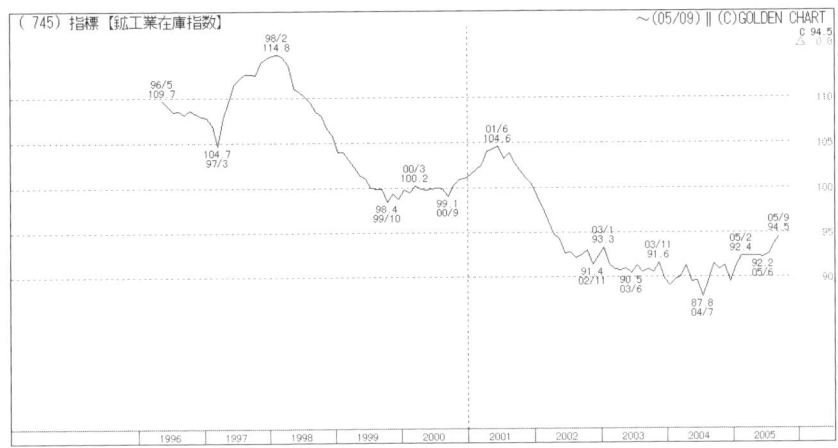

　景気の上昇局面では先行きの需要の増加を見込み、在庫が積み増しされます。よって、**在庫指数は上がります**。反対に、**景気の下降局面では**、過剰在庫を抱え込むため在庫調整が行われます。結果、**在庫指数は下がります**。

◎有効求人倍率

http://www.opticast.co.jp/cgi-bin/tm/chart.cgi?code=0722&asi=3

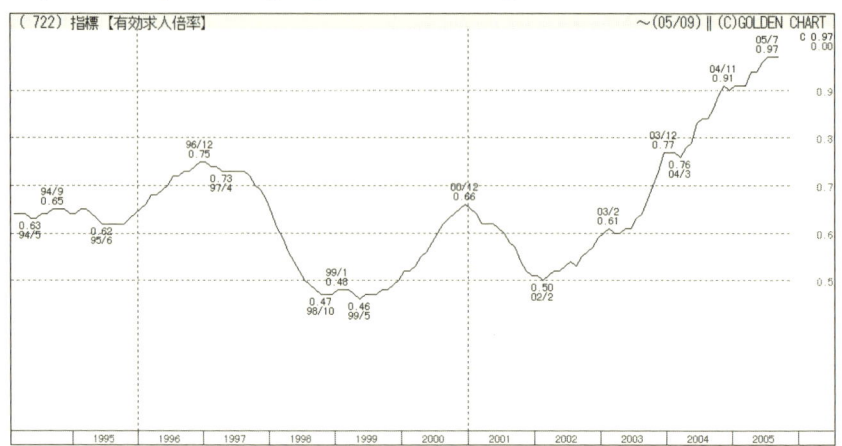

　ひとりの求職者に対してどれだけの求人があるかを示す指標です。ただし、この統計はハローワークを通した求人・求職数です。全体の約3割を占めると言われている求人広告や求人情報誌経由の就職は含まれていません。それでも、**景気の変化を敏感に反映するもの**と言えます。

【米国株のトレンドの裏付けを取る】

　日本経済と同様に、米国株全体の動きも米国のマクロ経済データで裏付けを取ります。

S&P500月足

http://www.opticast.co.jp/cgi-bin/tm/chart.cgi

NASDAQ月足

http://www.opticast.co.jp/cgi-bin/tm/chart.cgi

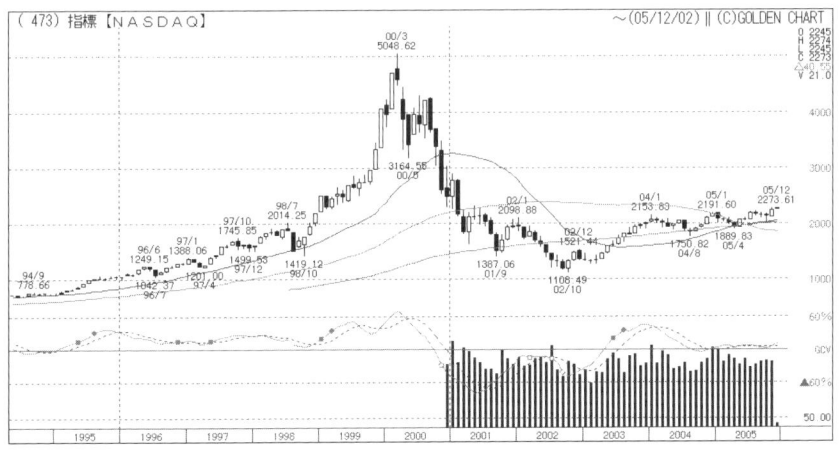

米国鉱工業生産

http://www.opticast.co.jp/cgi-bin/tm/chart.cgi?code=0778&asi=3

米国設備稼働率

http://www.opticast.co.jp/cgi-bin/tm/chart.cgi?code=0777&asi=3

米国失業率
http://www.opticast.co.jp/cgi-bin/tm/chart.cgi?code=0776&asi=3

2）売買候補銘柄群を絞り込む

① 先導銘柄（景気の転換点では鉄鋼株をはじめとする基礎素材）に注目する

　大局的な動きが把握できたら、次は具体的に「何を売り、何を買うか」です（銘柄選択）が、銘柄選択法の詳細に入る前に、まず**景気の転換点前後でほかの銘柄に先駆けて動き出す銘柄群を理解しておきましょう**。これを理解しておくと、景気の転換点で銘柄を絞り込みやすくなります。

　生産活動が停滞から底入れし、活発化し始めると、鉄鋼をはじめとする基礎素材などの川上産業から受注が回復し始めます。自動車や電機をはじめとする完成品を作る製造業などの川下産業と比べると半年から9ヶ月くらいは先行します。このタイミングの差は株価の動きのタイミン

```
┌─────────────────────────────────────────────┐
│         景気がボトムアウトの気配を示す              │
└─────────────────────────────────────────────┘
                    ↓
┌─────────────────────────────────────────────┐
│  企業経営者は経営データからその気配を察知し、やがて確信する  │
└─────────────────────────────────────────────┘
                    ↓
┌─────────────────────────────────────────────┐
│      ビジネスチャンスと見て生産活動を活発化させる        │
└─────────────────────────────────────────────┘
                    ↓
┌─────────────────────────────────────────────┐
│ 製品に不可欠な鉄、非鉄をはじめとする基礎素材の調達を強化    │
└─────────────────────────────────────────────┘
                    ↓
┌─────────────────────────────────────────────┐
│     鉄鋼会社、非鉄会社、化学会社などの売り上げ増        │
└─────────────────────────────────────────────┘
                    ↓
┌─────────────────────────────────────────────┐
│   鉄鋼、非鉄、化学セクター銘柄の底打ち、上昇開始        │
└─────────────────────────────────────────────┘
                    ↓
┌─────────────────────────────────────────────┐
│ 業種別指数の変化に現れ、対TOPIXで比較するとより鮮明になる │
└─────────────────────────────────────────────┘
                    ↓
┌─────────────────────────────────────────────┐
│  これらの素材の物流を担うのは商社、海運会社なので、       │
│         このセクターも上昇開始                    │
└─────────────────────────────────────────────┘
```

グの差となって現れます。つまり、以下の流れになります。

　さて、景気循環がピークアウトして株価が反落するときは、この逆のメカニズムが働きます。例えば、新日鉄をはじめとする大手鉄鋼各社の株価は日経平均のピークである８９年１２月よりもはるかに早くピークアウトしました。川崎製鐵（５４０３）は８８年１１月、新日鉄（５４０１）及びＮＫＫ（５４０４）は８９年２月、住友金属工業（５４０５）は８９年５月、神戸製鋼（５４０６）は８９年４月でした。
　景気がボトムアウトする手前では、この反対のことが起こります。２００３年５月を上昇起点として日経平均が反発し始めましたが、神戸製鋼（５４０６）は２００１年１２月にすでに底打ちしており、２００２年１１月には押し目を形成、その後は一貫して反発しています。住友金属（５４０５）は２００３年１月、新日鉄（５４０１）は２００２年１１月であったことを再確認しましょう。また、９９年から２０００年にかけて日経平均は上昇していますが、鉄鋼株は皆、先行してピークアウトし、その後の反落を予見しています。つまり、鉄鋼株が上昇を続けている限りは安心できますが、鉄鋼株全体がピークアウトし始めたら、半年から９ヶ月後くらいには大きな調整が来ると警戒しておく必要がある、ということなのです。
　このような経済全体の流れ、つまり潮流を見ておくと、流れに乗り遅れることなく、また大きな間違いを犯すこともなく銘柄選択できると思います。

５４０３川崎製鐵

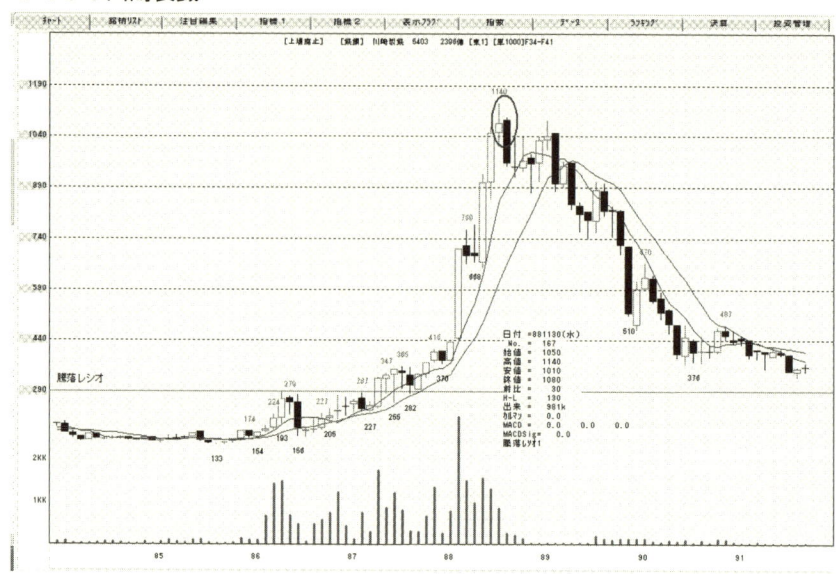

５４０１新日鉄

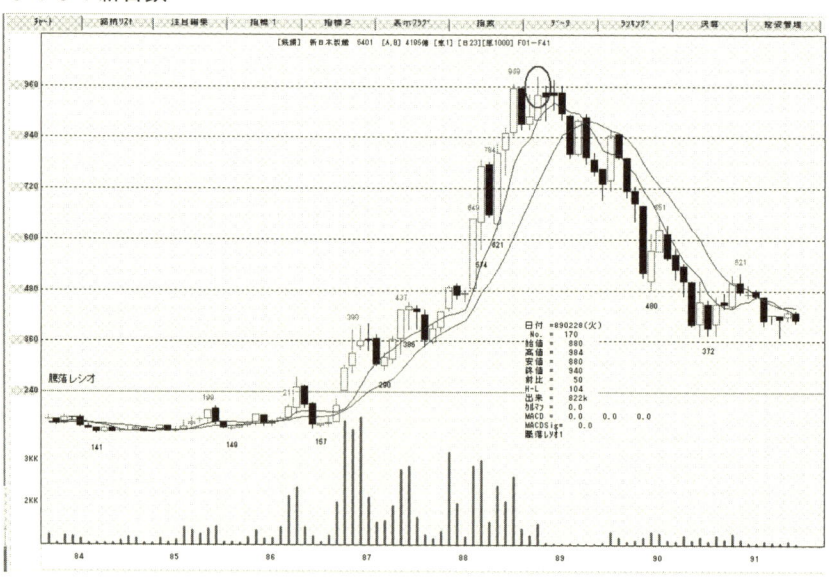

５４０１新日鉄

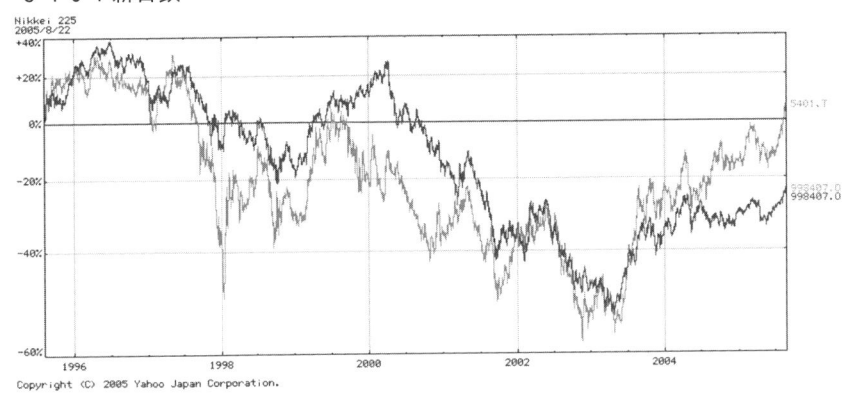

出典：ヤフーファイナンス

５４０４NKK

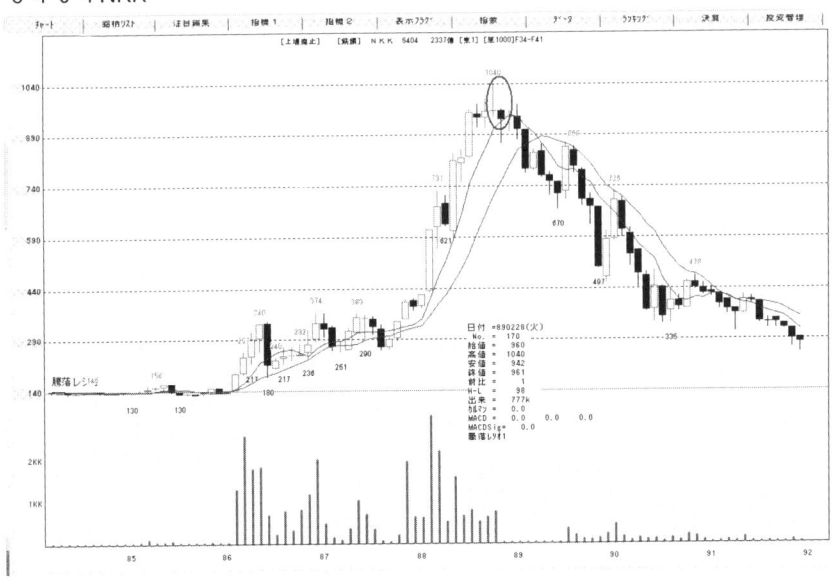

第１日目　相場における戦略・戦術・戦闘法とは

５４０５住友金属

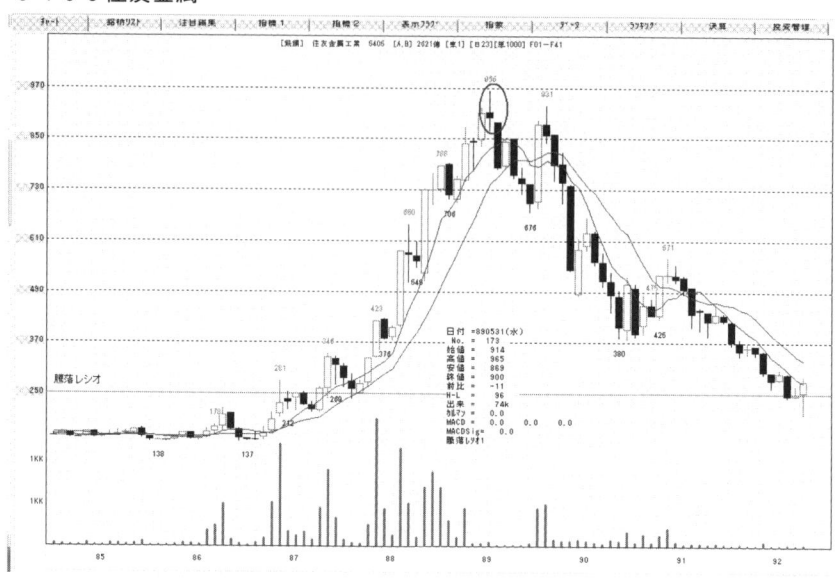

５４０５住友金属

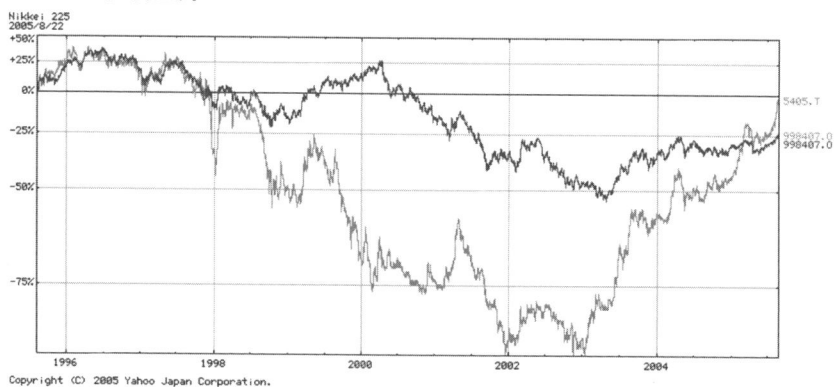

出典：ヤフーファイナンス

５４０６神戸製鋼

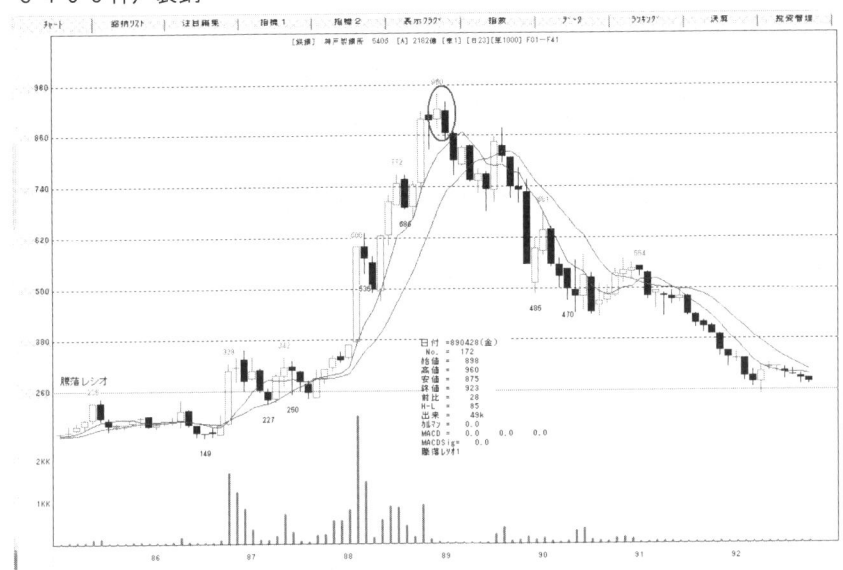

５４０６神戸製鋼

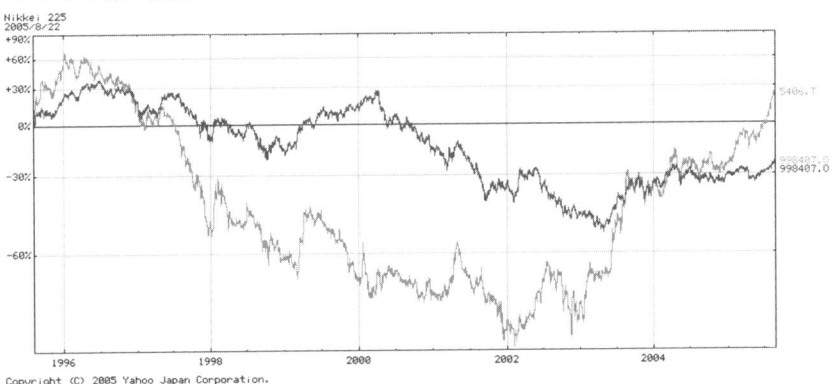

出典：ヤフーファイナンス

②銘柄を絞り込む方法

　銘柄選択法は大別すると、次の４種類になります。

> ◆業績見通し（ファンダメンタルズ）による選択
> ◆チャートの形による選択
> ◆業績見通しで絞込み、さらにチャートの形で絞り込む
> ◆チャートの形で絞込み、さらに業績見通しで裏づけを取る
> ※問題外：うわさや掲示板での買い煽り、株式雑誌等の推奨で選択

　ただ、上記４種類の方法にはそれぞれさらに細かく無数のバリエーションが考えられます。したがって、すべての手法を活用しようとすると労力と意識が分散されすぎて、効果と効率が悪くなります。
　それでは、どうすればよいのでしょうか。できれば上記４種類の銘柄選択法のうち、それぞれ代表的な具体的銘柄選択法を検証、比較してみることです。そして、それぞれの具体的銘柄選択法を継続するための労力と効果の比較で自分に一番向いていると思われる手法だけに限定することです。

◆業績見通し（ファンダメンタルズ）による選択

　いろいろ検証してみるとわかりますが、結論を先に述べます。**業績見通しが良いというだけの理由で買うと、「業績見通しが良いのでそれほど下げないけど、期待したほど上げない銘柄が多い」という壁に当たることが多くなります**。すでに急騰したものは上値が重くなりますので、それ以上の上げ余地が小さくなります。
　こうした現象が起きる理由は、**選んだ銘柄がその時期の旬なキーワードやテーマに乗っていない、または人気業種に属していないこと**にあります。例えば、９９年半ば頃から２０００年２月までは「ＩＴ関連」という大きなテーマが株式市場を引っ張ったため、ＩＴ銘柄ならほとんど何でも木の葉のように舞い上がりました。ところが、そのテーマに該当しない銘柄はいくら業績見通しが良くても、ＰＢＲが１倍

割れでも蚊帳の外で沈んだままだった、ということがありました。
　逆に、"旬"に属していれば上げることもあります。例えば、２００４年１２月から２００５年３月までは「低位株」が旬なキーワードとして注目されていたため、低位株全般が一斉に大きく上昇したことがありました。２００５年６月から９月末までは鉄鋼が内需関連のテーマ（４２ページのコラムで詳述）のなかで人気業種となり、結果として鉄鋼株全般が大幅に上昇したということもありました。
　このように、ファンダメンタルズを基準に銘柄選択をしてもすべてが気持ちよく動くわけではないのです。そのときの株式市場の旬なキーワード、あるいは、テーマや人気業種から外れていると業績見通しが良くても取り残されることはよくあります（その逆もまたあり得ます）。つまり、**ファンダメンタルズで銘柄を絞り込んでも、さらに人間の感性でもう一度絞り込む作業が欠かせないのです**。その点が「業績見通し（ファンダメンタルズ）だけによる選択」の限界なのです。
　なお、ファンダメンタルズを調べるに当たって会社四季報等を使われると思いますが、そのとき次のことに留意してください。四半期ごとに「売上」「営業利益」「経常利益」「当期利益」「１株利益」「１株配当」の予想が掲載されていますが、株価の中期的方向性を推論する観点から考えると、収益項目の重要度は以下の順になります。ただし、これらの項目はその見通し推移を動的に観察して方向性を判断することに意味があるので、ある一時点での数値を議論してもほとんど無意味です。

◎１株利益：株価を左右する１株当たりキャッシュフローに６項目の中で最も近い項目です。

◎営業利益：本業の儲けを示すのでとても大切です。

◎経常利益：本業に財務収支を加えたもので、財務体質の良い会社はほぼ恒常的に、経常利益＞営業利益となります。その会社の実力です（例えばトヨタ自動車）。

◎売り上げ：伸びるほうが良いですが、成熟経済では伸びに限界があります。売り上げ自体は、薄利多売すれば無理に伸ばすことができると考えると、営業利益率が悪化しないことのほうが重要です。会社の本当の目的は売り上げを増加させることではなく、利益を増加させることです。少ない売り上げで大きな利益を出せる会社が良い会社なのです。

◎１株配当：四半期ごとに変わるものではないので、株価動向を推測するには不向きです。減配や増配がなければ株価には中立です。

◎当期利益：発行済み株数が変わらなければ基本的に１株利益と同じなので、１株利益を注視していれば良いことになります。

重要コラム　　　　　　　株式テーマについて

　株式市場は常にその時代のキーワードである「テーマ」を追い求めています。過剰流動性という金余りの状況下で夢のあるテーマが沸きあがってくると、人々が理想買いに走り、テーマ株物色が盛り上がりやすくなります。以下の例を参考にしてください。

◎１９８０年代後半のウォーターフロント相場（土地持ち企業への集中投資）：７０１３石川島播磨重工業、８８０２三菱地所

◎１９９３年新社会整備資本相場（日米の光ファイバー網整備構想の下で通信インフラ関連銘柄への集中投資）：９４３２ＮＴＴ、１７２１コムシス、５８０３フジクラ

◎１９９６年から１９９８年二極化相場（「勝ち組」値嵩株買い、「負け組み」低位株売り）：６７５８ソニー、７２６７ホンダ、４

５０３武田薬品、４４５２花王、６９６３ローム

◎１９９９年から２０００年春ＩＴ株相場（ネット関連株への集中投資）：９９８４ソフトバンク、９４３５光通信

◎２００３年金融再生相場（りそなへの公的資金注入がきっかけで金融システム不安の後退→大手銀行株への集中投資）：８４１１みずほＦＧ、８３０６三菱東京ＦＧ、８３０７ＵＦＪＨＤ、８３１６三井住友ＦＧ

◆チャートの形による選択
　一番有望なチャートの形は、数ヶ月から半年以上底練りしてから徐々に上げ始めた銘柄です。あるいは、中段の保ち合いから徐々に高値を切り上げてきた銘柄です。また、相場全体の急落時でもほとんど下げない銘柄は相場全体の地合がひとたび回復すると上げる可能性がとても高いと言えます。

◆業績見通しで絞込み、さらにチャートの形で絞り込む
　まず、業績見通し（ファンダメンタルズ）で銘柄を絞り込み、それをさらにチャートの形で絞り込む手法です。双方単体の欠点を補えます。

◆チャートの形で絞込み、さらに業績見通しで裏付けを取る
　まず、チャートの形で銘柄群を絞込み、業績見通しで裏付けを取ります。特に、先導してトレンドを描いている先導株には特別の注意を払って常時監視します。また、相場全体のベクトルの方向と合っている銘柄のほうが、そうでない銘柄よりもわかりやすいと思います。

この方法は、「業績見通しで絞込み、さらにチャートの形で絞り込む手法」と似ていますが、発想が根本的に違います。チャートを最も重視しているのです。

　すべての判断項目のなかで最も重要なのは業績見通しでなく、株価の動きそのものです。**株価の動きはすべてに優先します**。したがって、銘柄選択の出発点は、業績見通しではなく、チャートになるべきなのです。

　将来上げる銘柄は急上昇するはるか前から、徐々に上げ始めていることが多いです。極端な例ですが、業績の良いある会社に勤めている従業員が「どうもうちの会社の業績が良いらしい」と家族や友人、タクシー運転手などに漏らしたとします。それが少しずつ広がっていき、会社の公式発表というニュースとなって一般の人々に知れ渡るころには、ゆっくりではあるけどすでにかなり高くなっている、そういうことが多いのです。だからこそ、**高値を更新してきた銘柄には最大限の注意を払って監視を続ける価値があるのです**。高値を更新してきたと気づいたら、すぐに会社四季報の過去4季分以上で業績見通しの変化をチェックして高値更新の裏付けを取りましょう。また、次の四季報が発刊されるまでの間に時折発表される四季報速報もチェックします。四季報速報は多くのネット証券で読むことができます。**高値更新のファンダメンタルズによる裏付けがとれたら4つの買い場**（戦術の授業で説明）**で待ち伏せて買いです**。

　下げ相場のときは、同じ理由で**安値更新してきた銘柄を空売り対象として監視**し続け、会社四季報の過去4季分以上と四季報速報でその裏付けを取るのです。**安値更新のファンダメンタルズによる裏付けが取れたら4つの売り場**（戦術の授業で説明）**で待ち伏せて空売りします**。

重要コラム	私がお勧めする銘柄選択方法

1）チャートの形で絞込み、さらに業績見通しで裏付けを取る

　ここまでお話しした4つの方法の中で、結論として一番お勧めなの

は、「チャートの形で絞込み、業績見通しで裏付けを取る手法」です。

　有望な売買候補銘柄群の絞り込み方法は、まずチャートの形で選び、そのうえで業績見通しにより裏付けを取ります。

　注目すべきチャートの形は、連日高値を更新し、ほかの銘柄と比べて先行してトレンド形成中のもの（先導銘柄群）です。日々の高値更新銘柄はネット証券の標準的な情報ツールで知ることができます。また、次のURLでもわかります。

トレーダーズウェブ：新高値新安値更新銘柄一覧

http://www.traders.co.jp/stocks_data/data/new_price/new_price.asp

　例えば、２００５年上半期では次のような銘柄が先導銘柄例でした。

```
４０６２イビデン　　　５４０５住友金属工業　　　５４０６神戸製鋼
５６３１日本製鋼所　　６３６６千代田化工建設　　６９６７新光電工
```

　参考までに、優利加塾の自家製先導銘柄監視システムが検索した２００５年２月１５日の例を載せます（５２ページ参照）。

　さて、**チャートの形から銘柄を絞り込んだら、次に行うことは、会社四季報過去４季分で業績見通しの変化を確認してファンダメンタルズの裏付けを取ること**です。買い候補銘柄であれば、わずかでも上方修正されているのが望ましいのですが、下方修正されていなければ合格とします。反対に、売り候補銘柄であれば、わずかでも下方修正されていることが望ましいのですが、上方修正されていなければ合格とします。イビデンと千代田化工建設の例を４６ページ～４７ページに載せます（また、比較のため、下降トレンド銘柄例として三洋電機とパイオニアを、トレンドが明確でない銘柄例としてヤマザキ製パンと日立電線の例も４８ページ～５１ページに載せました）。

　イビデンと千代田化工建設のチャートと業績見通し変化を見比べてください。株価の中期トレンドと業績見通し変化の方向性に相関関係

上昇トレンド銘柄例

４０６２イビデン

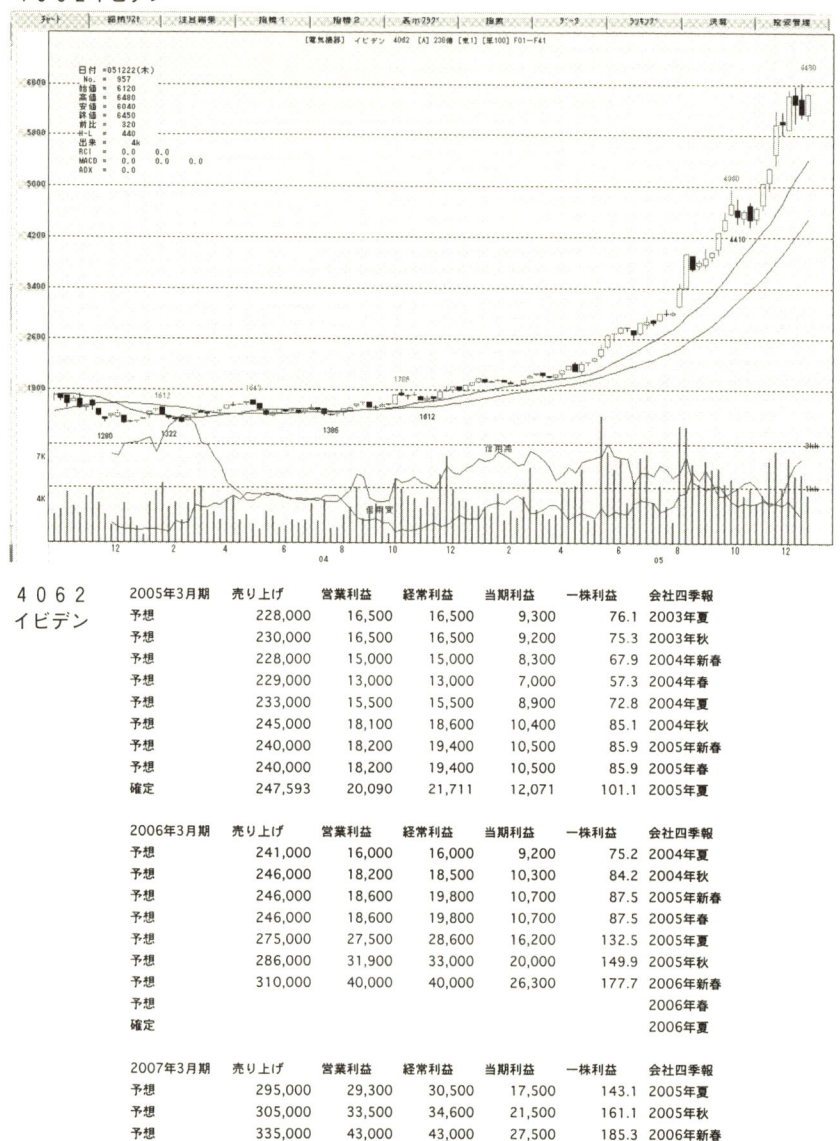

4062 イビデン	2005年3月期	売り上げ	営業利益	経常利益	当期利益	一株利益	会社四季報
	予想	228,000	16,500	16,500	9,300	76.1	2003年夏
	予想	230,000	16,500	16,500	9,200	75.3	2003年秋
	予想	228,000	15,000	15,000	8,300	67.9	2004年新春
	予想	229,000	13,000	13,000	7,000	57.3	2004年春
	予想	233,000	15,500	15,500	8,900	72.8	2004年夏
	予想	245,000	18,100	18,600	10,400	85.1	2004年秋
	予想	240,000	18,200	19,400	10,500	85.9	2005年新春
	予想	240,000	18,200	19,400	10,500	85.9	2005年春
	確定	247,593	20,090	21,711	12,071	101.1	2005年夏
	2006年3月期	売り上げ	営業利益	経常利益	当期利益	一株利益	会社四季報
	予想	241,000	16,000	16,000	9,200	75.2	2004年夏
	予想	246,000	18,200	18,500	10,300	84.2	2004年秋
	予想	246,000	18,600	19,800	10,700	87.5	2005年新春
	予想	246,000	18,600	19,800	10,700	87.5	2005年春
	予想	275,000	27,500	28,600	16,200	132.5	2005年夏
	予想	286,000	31,900	33,000	20,000	149.7	2005年秋
	予想	310,000	40,000	40,000	26,300	177.7	2006年新春
	予想						2006年春
	確定						2006年夏
	2007年3月期	売り上げ	営業利益	経常利益	当期利益	一株利益	会社四季報
	予想	295,000	29,300	30,500	17,500	143.1	2005年夏
	予想	305,000	33,500	34,600	21,500	161.1	2005年秋
	予想	335,000	43,000	43,000	27,500	185.3	2006年新春

６３６６　千代田化工建設

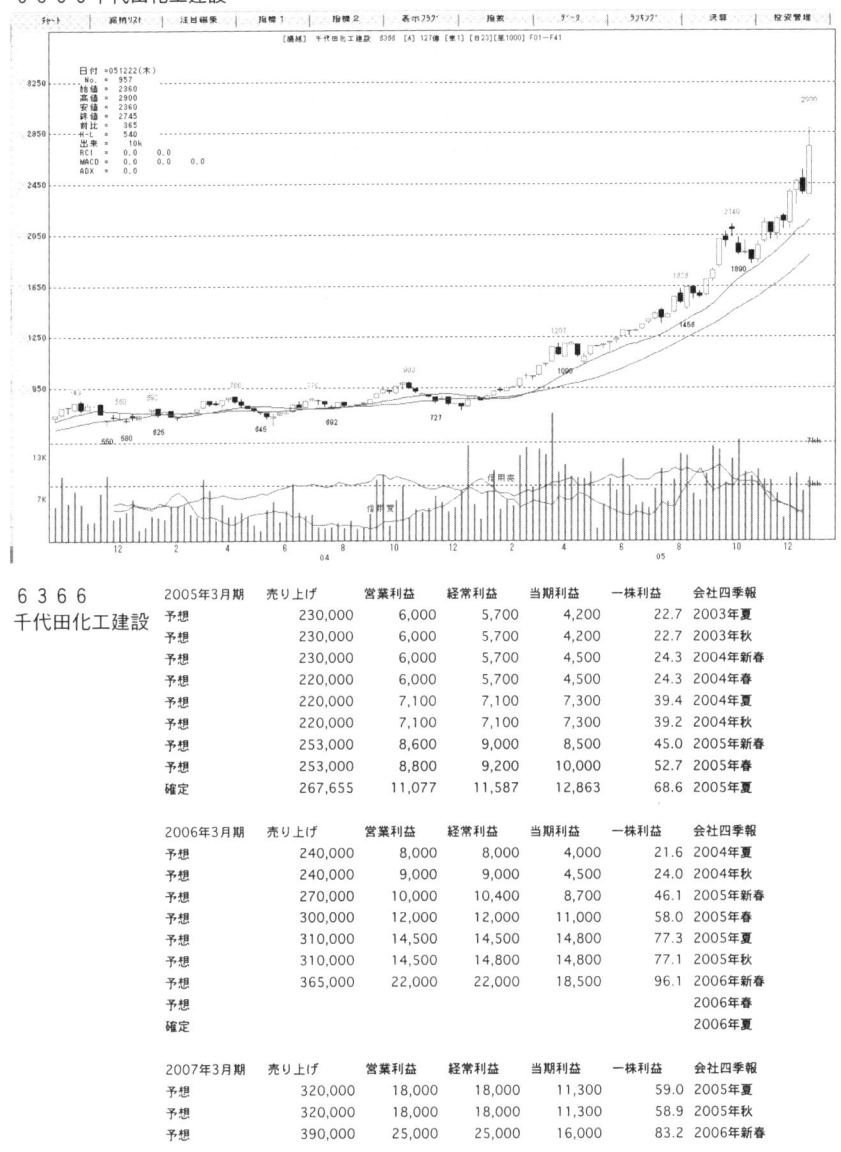

	2005年3月期	売り上げ	営業利益	経常利益	当期利益	一株利益	会社四季報
	予想	230,000	6,000	5,700	4,200	22.7	2003年夏
	予想	230,000	6,000	5,700	4,200	22.7	2003年秋
	予想	230,000	6,000	5,700	4,500	24.3	2004年新春
	予想	220,000	6,000	5,700	4,500	24.3	2004年春
	予想	220,000	7,100	7,100	7,300	39.4	2004年夏
	予想	220,000	7,100	7,100	7,300	39.2	2004年秋
	予想	253,000	8,600	9,000	8,500	45.0	2005年新春
	予想	253,000	8,800	9,200	10,000	52.7	2005年春
	確定	267,655	11,077	11,587	12,863	68.6	2005年夏
	2006年3月期	売り上げ	営業利益	経常利益	当期利益	一株利益	会社四季報
	予想	240,000	8,000	8,000	4,000	21.6	2004年夏
	予想	240,000	9,000	9,000	4,500	24.0	2004年秋
	予想	270,000	10,000	10,400	8,700	46.1	2005年新春
	予想	300,000	12,000	12,000	11,000	58.0	2005年春
	予想	310,000	14,500	14,500	14,800	77.3	2005年夏
	予想	310,000	14,500	14,800	14,800	77.1	2005年秋
	予想	365,000	22,000	22,000	18,500	96.1	2006年新春
	予想						2006年春
	確定						2006年夏
	2007年3月期	売り上げ	営業利益	経常利益	当期利益	一株利益	会社四季報
	予想	320,000	18,000	18,000	11,300	59.0	2005年夏
	予想	320,000	18,000	18,000	11,300	58.9	2005年秋
	予想	390,000	25,000	25,000	16,000	83.2	2006年新春

第１日目　相場における戦略・戦術・戦闘法とは

下降トレンド銘柄例

6764 三洋電機

6764 三洋電機	2005年3月期	売り上げ	営業利益	経常利益	当期利益	一株利益	会社四季報
	予想	2,690,000	120,000	68,000	30,000	16.0	2003年夏
	予想	2,690,000	120,000	68,000	30,000	16.0	2003年秋
	予想	2,690,000	120,000	68,000	30,000	16.0	2004年新春
	予想	2,690,000	120,000	68,000	30,000	16.0	2004年春
	予想	2,695,000	110,000	50,000	16,000	8.5	2004年夏
	予想	2,695,000	110,000	50,000	16,000	8.5	2004年秋
	予想	2,680,000	97,000	40,000	14,000	7.5	2005年新春
	予想	2,629,000	60,000	-47,000	-71,000	-37.9	2005年春
	確定	2,586,586	42,316	-64,991	-171,544	-92.5	2005年夏
	2006年3月期	売り上げ	営業利益	経常利益	当期利益	一株利益	会社四季報
	予想	2,750,000	120,000	60,000	19,500	10.4	2004年夏
	予想	2,750,000	120,000	60,000	19,500	10.4	2004年秋
	予想	2,700,000	110,000	50,000	16,000	8.5	2005年新春
	予想	2,680,000	97,000	40,000	14,000	7.5	2005年春
	予想	2,590,000	65,000	-56,000	-92,000	-49.1	2005年夏
	予想	2,500,000	50,000	-66,000	-96,000	-51.3	2005年秋
	予想	2,540,000	-17,000	-202,000	-233,000	-124.7	2006年新春
	予想						2006年春
	確定						2006年夏
	2007年3月期	売り上げ	営業利益	経常利益	当期利益	一株利益	会社四季報
	予想	2,600,000	80,000	50,000	17,000	9.1	2005年夏
	予想	2,500,000	65,000	30,000	17,000	9.1	2005年秋
	予想	2,450,000	27,000	12,000	10,000	5.3	2006年新春

６７７６パイオニア

６７７６
パイオニア

2005年3月期	売り上げ	営業利益	経常利益	当期利益	一株利益	会社四季報
予想	780,000	42,000	38,000	21,000	116.6	2003年夏
予想	780,000	45,000	41,000	21,500	119.4	2003年秋
予想	750,000	48,000	44,000	23,000	127.7	2004年新春
予想	800,000	48,000	45,000	24,000	133.3	2004年春
予想	800,000	50,000	48,000	25,000	138.8	2004年夏
予想	800,000	50,000	48,000	25,000	138.8	2004年秋
予想	800,000	27,000	25,000	10,000	55.5	2005年新春
予想	730,000	2,000	0	-8,000	-44.4	2005年春
確定	733,648	2,592	-187	-8,789	-50.1	2005年夏

2006年3月期	売り上げ	営業利益	経常利益	当期利益	一株利益	会社四季報
予想	830,000	52,500	50,000	26,500	147.2	2004年夏
予想	830,000	52,500	50,000	26,500	147.2	2004年秋
予想	830,000	26,500	24,500	9,500	52.8	2005年新春
予想	740,000	12,000	10,000	4,000	22.2	2005年春
予想	750,000	6,000	5,500	0	0.0	2005年夏
予想	750,000	-2,000	-2,000	-6,000	-33.3	2005年秋
予想	750,000	-25,000	-28,000	-24,000	-133.3	2006年新春
予想						2006年春
確定						2006年夏

2007年3月期	売り上げ	営業利益	経常利益	当期利益	一株利益	会社四季報
予想	760,000	15,000	13,000	6,000	33.3	2005年夏
予想	755,000	6,000	6,000	2,000	11.1	2005年秋
予想	740,000	-5,000	-7,000	-7,000	-38.9	2006年新春

第１日目　相場における戦略・戦術・戦闘法とは

トレンドが明確でない銘柄例

２２１２ヤマザキ製パン

２２１２
ヤマザキ製パン

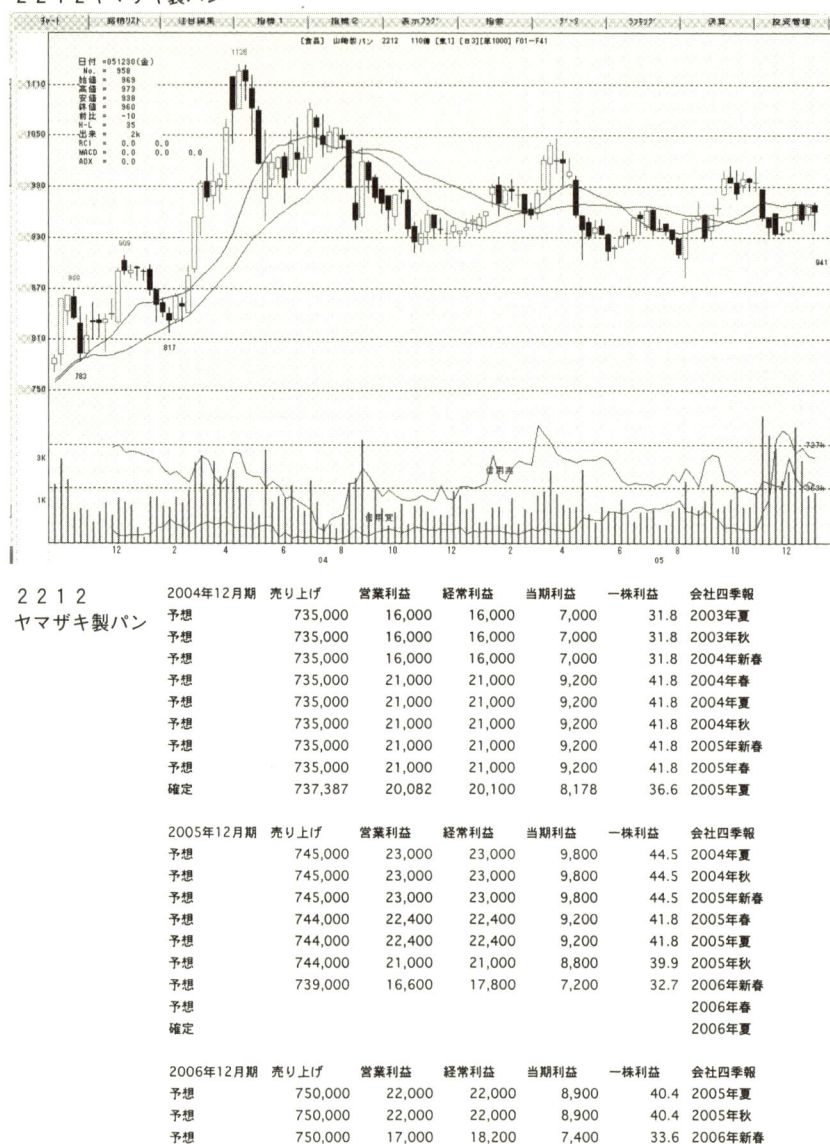

2004年12月期	売り上げ	営業利益	経常利益	当期利益	一株利益	会社四季報
予想	735,000	16,000	16,000	7,000	31.8	2003年夏
予想	735,000	16,000	16,000	7,000	31.8	2003年秋
予想	735,000	16,000	16,000	7,000	31.8	2004年新春
予想	735,000	21,000	21,000	9,200	41.8	2004年春
予想	735,000	21,000	21,000	9,200	41.8	2004年夏
予想	735,000	21,000	21,000	9,200	41.8	2004年秋
予想	735,000	21,000	21,000	9,200	41.8	2005年新春
予想	735,000	21,000	21,000	9,200	41.8	2005年春
確定	737,387	20,082	20,100	8,178	36.6	2005年夏

2005年12月期	売り上げ	営業利益	経常利益	当期利益	一株利益	会社四季報
予想	745,000	23,000	23,000	9,800	44.5	2004年夏
予想	745,000	23,000	23,000	9,800	44.5	2004年秋
予想	745,000	23,000	23,000	9,800	44.5	2005年新春
予想	744,000	22,400	22,400	9,200	41.8	2005年春
予想	744,000	22,400	22,400	9,200	41.8	2005年夏
予想	744,000	21,000	21,000	8,800	39.9	2005年秋
予想	739,000	16,600	17,800	7,200	32.7	2006年新春
予想						2006年春
確定						2006年夏

2006年12月期	売り上げ	営業利益	経常利益	当期利益	一株利益	会社四季報
予想	750,000	22,000	22,000	8,900	40.4	2005年夏
予想	750,000	22,000	22,000	8,900	40.4	2005年秋
予想	750,000	17,000	18,200	7,400	33.6	2006年新春

５８１２日立電線

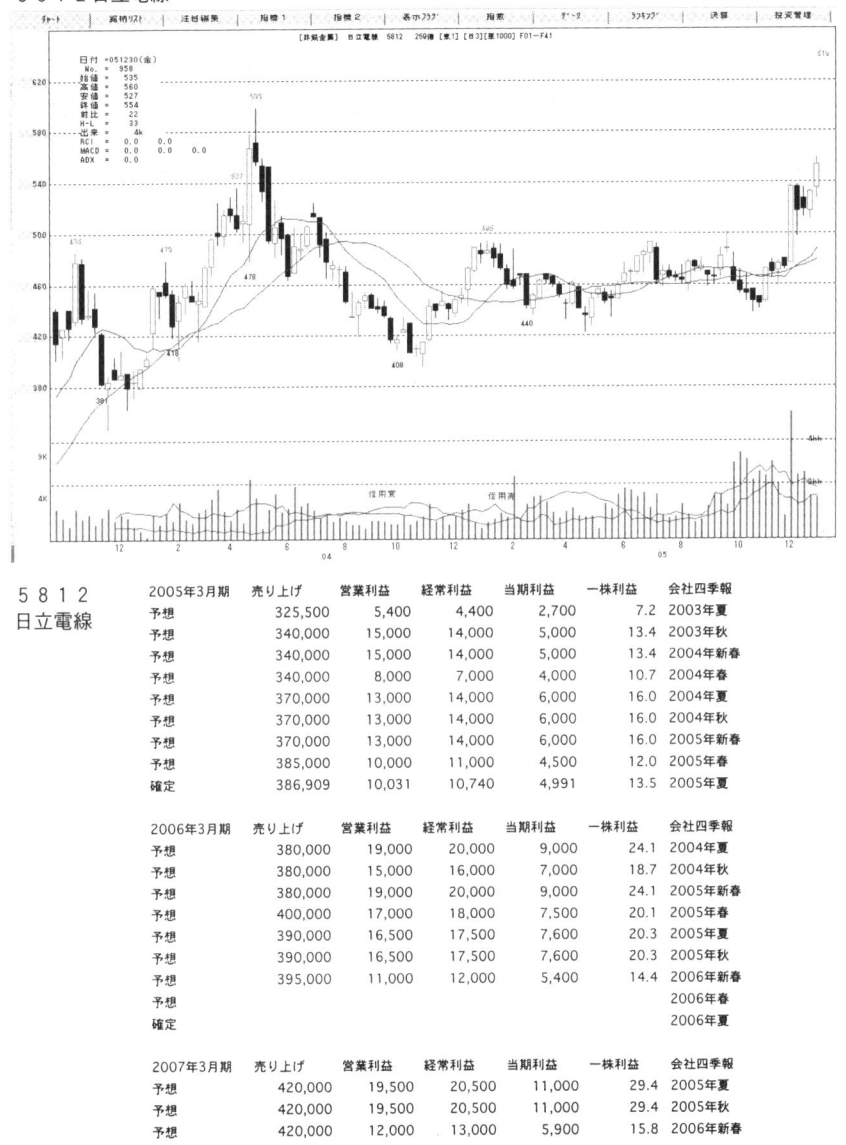

2005年3月期	売り上げ	営業利益	経常利益	当期利益	一株利益	会社四季報
予想	325,500	5,400	4,400	2,700	7.2	2003年夏
予想	340,000	15,000	14,000	5,000	13.4	2003年秋
予想	340,000	15,000	14,000	5,000	13.4	2004年新春
予想	340,000	8,000	7,000	4,000	10.7	2004年春
予想	370,000	13,000	14,000	6,000	16.0	2004年夏
予想	370,000	13,000	14,000	6,000	16.0	2004年秋
予想	370,000	13,000	14,000	6,000	16.0	2005年新春
予想	385,000	10,000	11,000	4,500	12.0	2005年春
確定	386,909	10,031	10,740	4,991	13.5	2005年夏

2006年3月期	売り上げ	営業利益	経常利益	当期利益	一株利益	会社四季報
予想	380,000	19,000	20,000	9,000	24.1	2004年夏
予想	380,000	15,000	16,000	7,000	18.7	2004年秋
予想	380,000	19,000	20,000	9,000	24.1	2005年新春
予想	400,000	17,000	18,000	7,500	20.1	2005年春
予想	390,000	16,500	17,500	7,600	20.3	2005年夏
予想	390,000	16,500	17,500	7,600	20.3	2005年秋
予想	395,000	11,000	12,000	5,400	14.4	2006年新春
予想						2006年春
確定						2006年夏

2007年3月期	売り上げ	営業利益	経常利益	当期利益	一株利益	会社四季報
予想	420,000	19,500	20,500	11,000	29.4	2005年夏
予想	420,000	19,500	20,500	11,000	29.4	2005年秋
予想	420,000	12,000	13,000	5,900	15.8	2006年新春

第１日目　相場における戦略・戦術・戦闘法とは

先導銘柄監視システムの２００５年２月１５日の検索例

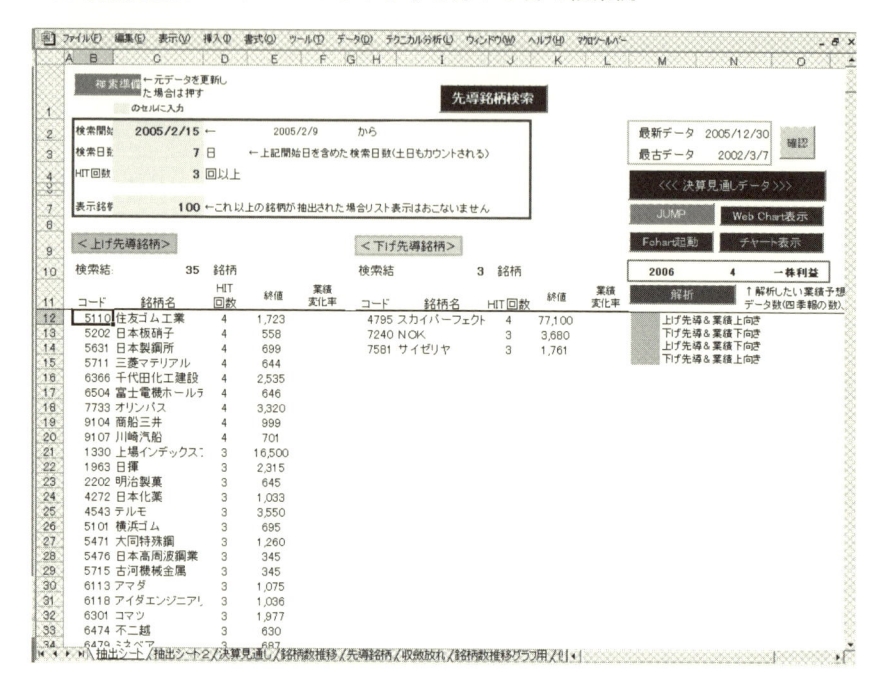

があることに気づきましたか。また、巻末の付録に「上方修正銘柄」「下方修正銘柄」「業績横ばい銘柄」の業績見通し推移例をここで紹介した例も含めてそれぞれ１２例ずつ、週足チャートと対比させて載せました。両者の相関関係についての理解を深めてください。

２）押し目と戻りを形成中＆完成直後の銘柄で絞り込み

相場全体が大きな押し目・戻りを形成中か完了直後は次の銘柄にも注目します。

相場全体が急落したときは、相対的に押しが浅い銘柄群を買い候補群として監視します。相場全体が急落しても相対的に押しが浅いということは強い上昇エネルギーを内在している証になります。つまり、

相場全体の地合が好転すると大きく反発する可能性が高いのです。

　反対に、**相場全体が大きな戻りのときは、相対的に戻りが小さい銘柄群を空売り候補群として監視**します。相場全体が大きく戻しているのに相対的に戻りが小さいということは上昇エネルギーがほとんどない証になります。つまり、相場全体の地合が再び悪化、戻りが終了すると大きく下げる可能性が高いのです。

　例）２００５年５月１７日：日経平均が４月２１日に続いて大幅安で２番底を打った日

【浅い押し銘柄例】
　４０６２イビデン
　５４０６神戸製鋼
　５６３１日本製鋼所
　６３６６千代田化工建設

　参考までに、２００５年５月１７日の反発有望銘柄として優利加塾の自家製システムが機械的に抽出した銘柄例を５５ページに載せておきます。
　さて、**押し目と戻りの形から銘柄を絞り込んだら、次に行うことは、**先にお話ししたのと同じく、**会社四季報過去４季分以上で業績見通しの変化を確認してファンダメンタルズの裏付けを取る**ことです。買い候補銘柄であれば、わずかでも上方修正されているのが望ましいのですが、下方修正されていなければ合格とします。売り候補銘柄であれば、反対にわずかでも下方修正されていることが望ましいのですが、上方修正されていなければ合格とします。
　さて、戦略が正しいと、戦術が多少下手でも、結果として儲かります。しかし、戦略で間違えると、戦術で取り返すのはまったく不可能ではないにしても、とても苦しくなります。戦略で間違える典型例は次ページのようなものが考えられます。

①下げ相場の真っ最中に買う（相場の方向性を間違える）
② 相場全体は上げ相場ではあるが、少しでも安い銘柄を買いたい気持ちが強いため、逆行安している銘柄を買う（相場の方向性は正しいが、買う銘柄を間違える）
③下げ相場の真っ最中に業績悪化で急落中の銘柄を買い下がる（相場の方向性を間違えるだけでなく、最悪の銘柄に手を出す）
④上げ相場の真っ最中に空売りする（相場の方向性を間違える）
⑤相場全体は下げ相場であるが、少しでも高い株価で売りたい気持ちが強いため、逆行高している銘柄を空売りする（相場の方向性は正しいが、売る銘柄を間違える）
⑥上げ相場の真っ最中に業績好調で急上昇中の銘柄を売り上がる（相場の方向性を間違えるだけでなく、最悪の銘柄に手を出す）

	A	B	C	D	E	F	G	H	I	J	K	L	M	N
572	1334	マルハグループ	260			1508		6586	マキタ	2000	8291	東日カーライフ	741	9508	九州電力
573	1721	コムシンスポール	949	4507	塩野義製薬	1106	6674	ジーエス・ユアサ	218	8308	りそなHD	200	9531	東京ガス
574	1821	三井住友建設	89	4508	田辺製薬	2730	6707	サンケン電気	1483	8309	三井トラスト	1041	9532	大阪瓦斯
575	1951	協和エクシオ	926	4530	久光製薬	1911	6752	松下電器産業	1589	8326	福岡銀行	626	9735	セコム
576	2267	ヤクルト本社	2020	4540	ツムラ	313	6753	シャープ	1647	8331	千葉銀行	668	9749	富士ソフト
577	2501	サッポロHLD	501	4631	大日本インキ	8260	6762	TDK	7330	8332	横浜銀行	596	9752	ナムコ
578	2503	キリンビール	1034	4768	大塚商会	81800	6669	シスメックス	6110	8333	常陽銀行	558	9831	ヤマダ電機
579	2875	東洋水産	1654	4795	スカパーケーブル	1109	6823	スタンレー電	1679	8403	京都銀行	935	9843	ニトリ
580	2897	日清食品	2810	5012	東燃ゼネラル	435	6952	カシオ計算機	1468	8403	住友信託銀	657	9987	スズケン
581	3103	ユニチカ	130	5101	横浜ゴム	2030	6971	京セラ	7790	8411	みずほFG	466000		
582	3401	帝人	477	5108	ブリヂストン	1081	6988	日東電工	6310	8515	アイフル	7830		
583	3402	東レ	482	5110	住友ゴム工	462	6997	日本ケミコン	600	8572	アコム	6770		
584	3404	三菱レイヨン	406	5301	東海カーボン	1117	7003	三井造船	220	8573	三井住販	7330		
585	3405	クラレ	946	5333	日本ガイシ	184	7007	住友重工工	224	8574	プロミス	6730		
586	3431	宮地エンジニア	298	5471	神戸製鋼所	414	7011	三菱重工業	273	8591	オリックス	14770		
587	3591	グンゼ特殊繊	1439	5481	大同特殊鋼	308	7012	川崎重工業	198	8593	ダイヤモンド	3990		
588	3730	マクロミル	480000	5486	日立金属	696	7203	トヨタ自動車	3850	8597	SFCG	27300		
589	3861	王子製紙	554	5631	日本製鋼所	218	7261	マツダ	132	8599	ユーエニア	4150		
590	4021	日産化学工業	950	5632	三菱製鋼	191	7267	本田技研工業	376	8752	三井住友	944		
591	4041	日本曹達	377	5803	フジクラ	492	7261	マツダ	5150	8801	三井不動産	1192		
592	4043	トクヤマ	810	6103	オークマ	571	7276	ヤマハ発動機	1870	8804	東急建物	735		
593	4061	電気化学工業	368	6104	東芝機械	583	7276	ヤハバ製作所	1157	8815	東急不動産	453		
594	4062	イビデン	2475	6146	ディスコ	4450	7459	メディセオ・パ	1325	8848	レオパレス	1644		
595	4063	信越化学工業	3850	6208	石川製作所	198	7518	ネットワンシス	276000	8868	アーバン	3550		
596	4118	カネカ	1118	6214	大隈豊和機	334	7649	スギ薬局	3010	8893	エスティ	483000		
597	4182	三菱瓦斯化学	508	6218	エンショウ	297	7729	東京精密	3780	8851	日本エピルプ	974000		
598	4183	三井化学	595	6301	コマツ	782	7741	HOYA	11590	8852	ジャパンクリ	870000		
599	4185	ジェイエスアール	2170	6302	住友重機械	473	7751	キヤノン	5600	8855	日本プライム	320000		
600	4203	住友ペークライ	667	6316	丸山製作所	1109	7873	アーク	4050	8859	野村不動産	767000		
601	4204	精水化学工業	740	6326	クボタ	557	7967	バンダイ	2315	9009	京成電鉄	510		
602	4205	日本ゼオン	819	6349	小森コーポ	1579	8015	豊田通商	1780	9064	ヤマト運輸	1418		
603	4217	日立成工業	1845	6366	千代田化工	1124	8028	ファミリーマー	3260	9076	セイノーホー	988		
604	4307	野村総合研究	9920	6370	栗田工業	1642	8036	日立ハイテク	1608	9205	日本航空	301		
605	4321	ケネディクス	270000	6440	ジューキ	429	8060	キヤノン販売	1811	9305	ヤマタネ	3550		
606	4452	花王	2485	6472	エヌティエス	564	8183	セブン・イレブ	3010	9501	東京電力	2530		
607	4501	三共	2135	6473	光洋精工	1419	8234	大丸	903	9502	中部電力	2535		
608	4502	武田薬品工業	5200	6501	日立製作所	622	8240	伊勢丹	1302	9503	関西電力	2085		
609	4503	アステラス製薬	3900	6502	東芝	437	8252	丸井	1389	9505	北陸電力	1964		
610	4506	大日本住友製	1034	6503	三菱電機	574	8258	オートモーシー	1315	9506	東北電力	2070		

> **本講義のおさらい**

◎相場における戦略は、以下の手順で行う。

① 大局的な相場観測から上昇相場か下落相場かを判断し、売り狙いか買い狙いを決める
→日経平均月足チャート、週足チャート、出来高、新高値銘柄数から新安値銘柄数を引いた数（NH－NL）の変化、投資主体別売買動向をチェック。
→中期トレンドも確認

② その決定に従い売買候補群を絞り込む。
→先導銘柄に注目。これからの相場の流れをつかむ
→売買候補群を絞り込む方法には大きく4つある。自分のスタイルに合った方法を選ぶと良い。ちなみに、私はテクニカル分析＋ファンダメンタル分析を用いている。さらに、旬なキーワード・テーマもときには考慮する。

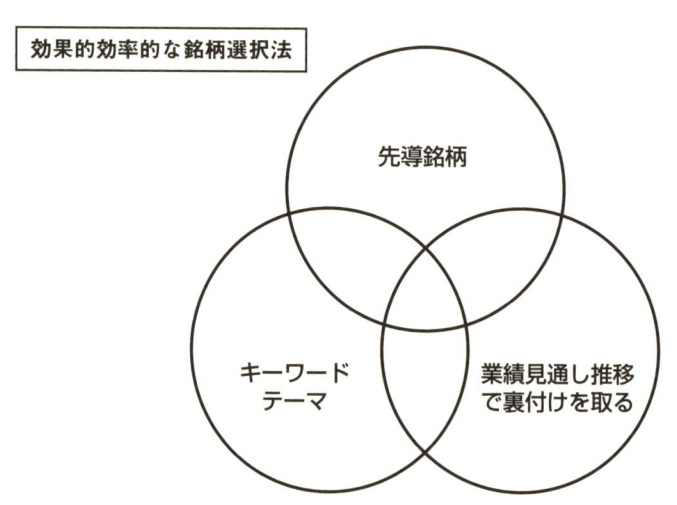

効果的効率的な銘柄選択法

先導銘柄

キーワード
テーマ

業績見通し推移
で裏付けを取る

銘柄選択＝先導銘柄　×　業績見通し推移　×　キーワード・テーマ

第3時限目
戦術を決める

> **本講義のポイント**
> ◎戦術とは、戦略を実行するための行動パターン、勝つための仕組みのこと。
> ◎相場における戦術とは、「安定的に儲けるための仕組み」のこと。具体的に言うと4つの買い場と4つの売り場を意識した売買の型のこと。

　戦略の段階では、大局的な状況判断により売りか買いかの基本戦略を決め、その場合の銘柄群（どの敵を攻撃するのか）を絞り込みました。戦略が決まったら、次に考えるべきことは戦術です。

1　戦術とは

　戦術とは、戦略を実行するための行動パターン、勝つための仕組み、型です。戦術は行動パターンなので目に見えます。

2　相場における戦術とは（概要）

　相場で言うところの戦術とは「**安定的に儲けるための仕組み**」を指します。戦略は意思決定なので目に見えないのに対し、戦術は目に見える「行動（建玉するので行動となる）」になります。そして、さらに

言うならば、「**安定的に儲けるための仕組み（＝戦術）**」とは、「**仕掛け・手仕舞いの型**」のことを指すのです。

　さて、何故、仕掛け・手仕舞いの型が必要なのでしょうか。その理由は、「どのような局面になったら選択した銘柄を手掛けるのかを事前に決めておかないと、実際の売買ではどこで買ったら良いのか、売ったら良いのか迷う」ところにあります。この"安定的に儲けるための仕組み（戦術）"とこれを円滑に実行するための細則（戦闘法）が「建玉法──どのように出動し、どのように撤収するのか──を核とした売買ルール」になります（後述）。

3　相場における戦術とは（実際にやるべきこと）

　株式トレードにおける戦術とは、勝つための仕組みとなる型です。具体的に言うと、4つの買い場と4つの売り場を意識した売買の型を指します。

【4つの買い場】
①上昇相場の押し目（＝短期下降トレンドラインの上抜け）
②大幅マイナス乖離の自律反発
③収斂（保ち合い）上放れ
④直前高値の上抜け

【4つの売り場】
①下降相場の戻り（＝短期上昇トレンドラインの下抜け）
②大幅プラス乖離後の自律反落
③収斂（保ち合い）下放れ
④直前安値の下抜け

【4つの買い場】

- 直前高値上抜け
- 上昇相場の押し目（短期下降トレンドラインの上抜け）
- 保ち合い・収斂上放れ
- 上昇トレンド途中の踊り場・底練りからの反発
- 大幅マイナス乖離の自律反発
- 上昇トレンド途中の急落・下降トレンド最末期のだめ押し
- 25DMA

【4つの売り場】

- 下降相場の戻り（短期上昇トレンドラインの下抜け）
- 直前安値の下抜け
- 大幅プラス乖離の反落
- 保ち合い・収斂下放れ
- 25DMA

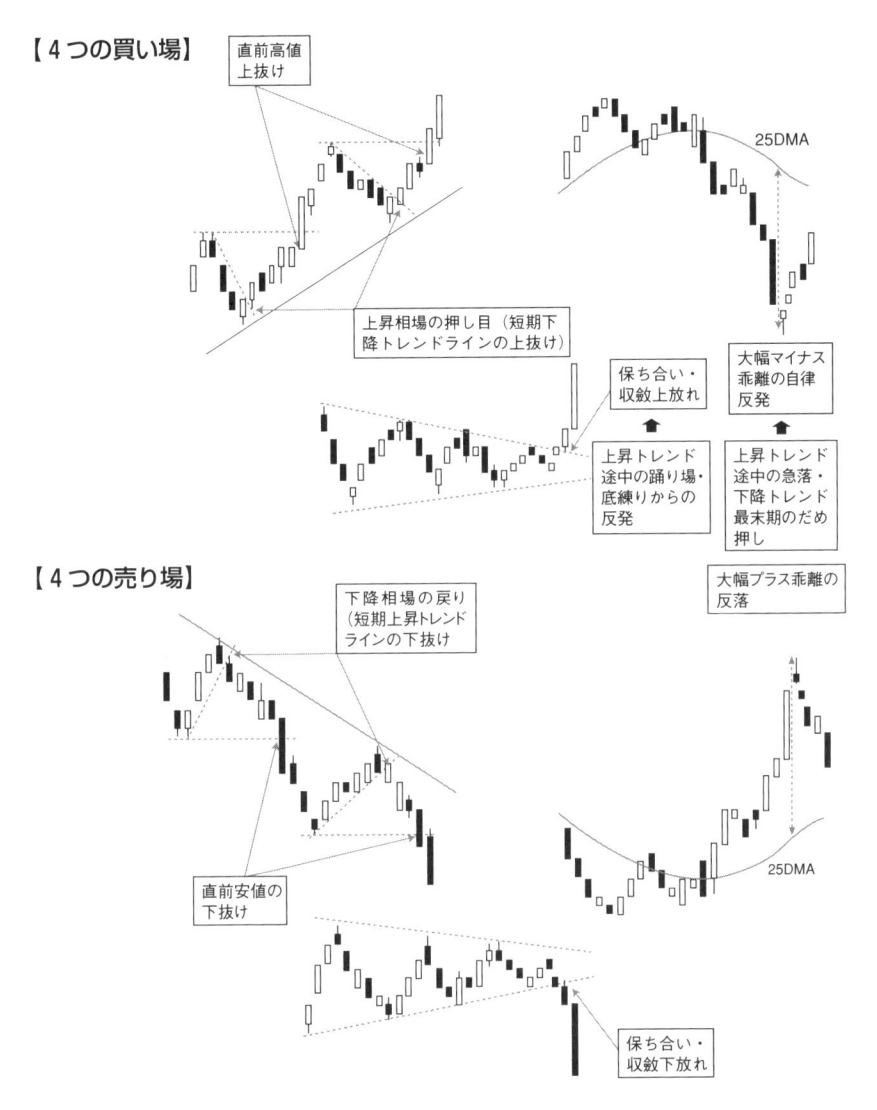

　次ページに実際の例（伊藤忠商事）を示します。参考にしてください。また、保ち合い・収斂上放れ例を本例を含めて6例、巻末に載せました。このパターンの理解を深めておいてください。

【実例】
保ち合い・収斂上放れ－４つの買い場の中で一番気づきやすくて儲けやすいパターン（８００１伊藤忠商事　２００５年７月２８日）

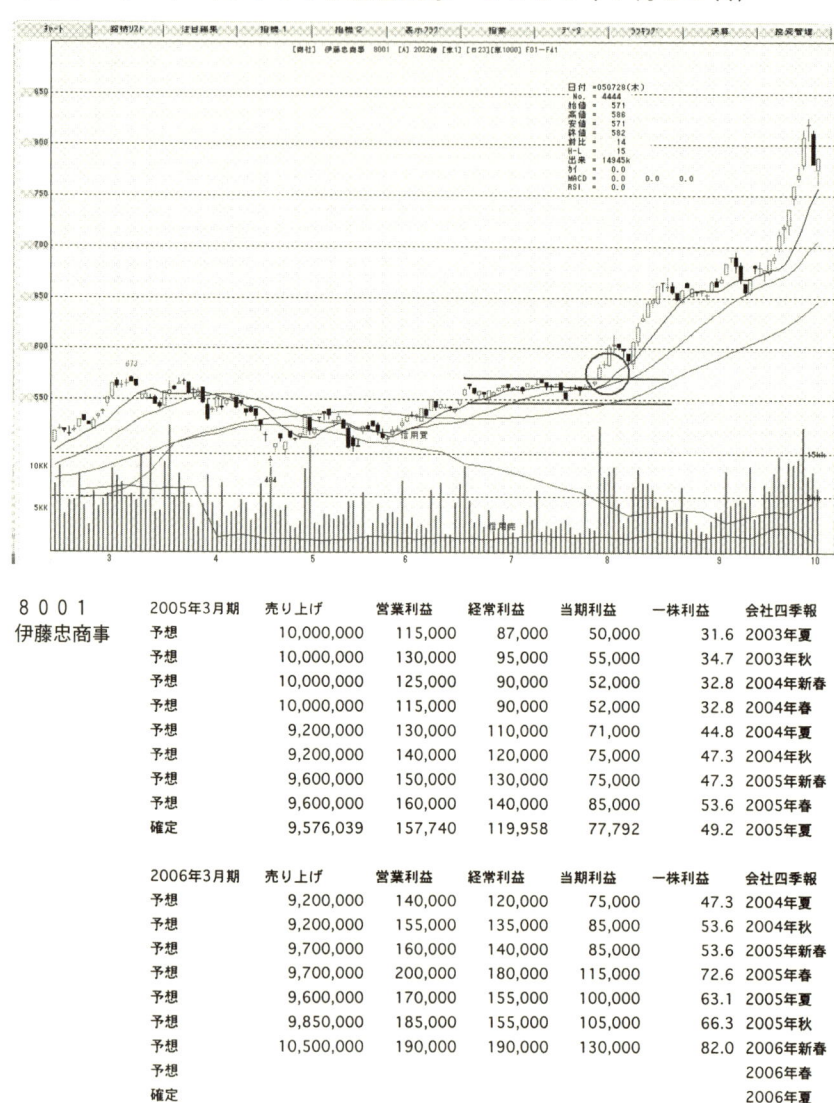

８００１ 伊藤忠商事	2005年3月期	売り上げ	営業利益	経常利益	当期利益	一株利益	会社四季報
	予想	10,000,000	115,000	87,000	50,000	31.6	2003年夏
	予想	10,000,000	130,000	95,000	55,000	34.7	2003年秋
	予想	10,000,000	125,000	90,000	52,000	32.8	2004年新春
	予想	10,000,000	115,000	90,000	52,000	32.8	2004年春
	予想	9,200,000	130,000	110,000	71,000	44.8	2004年夏
	予想	9,200,000	140,000	120,000	75,000	47.3	2004年秋
	予想	9,600,000	150,000	130,000	75,000	47.3	2005年新春
	予想	9,600,000	160,000	140,000	85,000	53.6	2005年春
	確定	9,576,039	157,740	119,958	77,792	49.2	2005年夏
	2006年3月期	売り上げ	営業利益	経常利益	当期利益	一株利益	会社四季報
	予想	9,200,000	140,000	120,000	75,000	47.3	2004年夏
	予想	9,200,000	155,000	135,000	85,000	53.6	2004年秋
	予想	9,700,000	160,000	140,000	85,000	53.6	2005年新春
	予想	9,700,000	200,000	180,000	115,000	72.6	2005年春
	予想	9,600,000	170,000	155,000	100,000	63.1	2005年夏
	予想	9,850,000	185,000	155,000	105,000	66.3	2005年秋
	予想	10,500,000	190,000	190,000	130,000	82.0	2006年新春
	予想						2006年春
	確定						2006年夏

2007年3月期	売り上げ	営業利益	経常利益	当期利益	一株利益	会社四季報
予想	9,700,000	180,000	165,000	105,000	66.3	2005年夏
予想	9,950,000	200,000	188,000	125,000	78.9	2005年秋
予想	10,900,000	200,000	203,000	140,000	88.3	2006年新春

　なお、戦術を実行するときは次の3項目も確認し、当面の高値圏、中段圏、安値圏のどのあたりに相場全体の株価があるのかについても意識しておきます。

◎騰落レシオの推移
ゴールデンチャート社

http://www.opticast.co.jp/cgi-bin/tm/chart.cgi?code=0188

極東証券

http://www.kyokuto-sec.co.jp/marketing/repo01.html

◎3市場信用買い残高の推移
トレーダーズ・ウェブ

http://www.traders.co.jp/investment/margin/transition/transition.asp

◎裁定買い残高の推移
東京証券取引所

http://www.tse.or.jp/data/exotic/appearance/index.html

> **本講義のおさらい**

相場における戦術とは、「安定的に儲けるための仕組み」のこと。具体的に言うと4つの買い場と4つの売り場を意識した売買の型（どこで仕掛け、どこで手仕舞うか）のこと。4つの買い場と4つの売り場とは、以下の通りである。

【4つの買い場】
① 上昇相場の押し目（＝短期下降トレンドラインの上抜け）
② 大幅マイナス乖離後の自律反発
③ 収斂（保ち合い）上放れ
④ 直前高値の上抜け

【4つの売り場】
① 下降相場の戻り（＝短期上昇トレンドラインの下抜け）
② 大幅プラス乖離後の自律反落
③ 収斂（保ち合い）下放れ
④ 直前安値の下抜け

第 4 時限目

戦闘法を決める

> **本講義のポイント**
> ◎戦闘法とは具体的な戦い方のこと。
> ◎相場における戦闘法とは「相場観測」「銘柄選択」「建玉操作」「資金管理」の 4 つのこと。戦術（売買の型）を確実に実行するための、建玉法を中心とした売買ルールの細則のこと。

1 戦闘法とは

　一般的な定義では、戦場で個々の兵士が戦うときの「射撃術」や「剣術」など具体的な戦い方を指します。

2 相場における戦闘法とは

　「どのように仕掛け、どのように手仕舞うかの型（戦術）」を円滑に実行するための細則が戦闘法です。さらに詳しく言うなら、**戦闘法とは戦術（売買の型）を確実に実行するための、建玉法を中心とした細則**になります。
　そして、細則とは「4 つの買い場と 4 つの売り場」で売買しよう（＝仕掛けよう）と決めたときの迷いを取り払う客観的かつ具体的基準（裏付け）、ならびに「4 つの買い場と 4 つの売り場」での売買を円滑に実行するための決まりを指します。具体的に言うと、以下の 4 つになります。

> ① 相場観測
> 　戦略で大局的に判断したトレンドをさらに「１１」のポイント（前日高値上抜けや前日安値下抜け、移動平均線下抜け・上抜け、出来高の推移など）でチェックすること。
>
> ② 銘柄選択
> 　戦略で絞り込んだ売買銘柄候補群の中から間合い（型）に飛び込んできたものを順次選択すること。
>
> ③ 建玉操作
> 　仕掛けのスイッチから手仕舞いのスイッチまで。
>
> ④ 資金管理（マネーマネジメント）
> 　株価位置に応じてキャッシュポジションを変えること。

　細則ですので、かなり細かい話になります。ですから、戦闘法については日をあらためて説明していきます。

本講義のおさらい

◎相場における戦闘法とは「相場観測」「銘柄選択」「建玉操作」「資金管理」の４つのこと。戦術（売買の型）を確実に実行するための、建玉法を中心とした細則のこと。

本日のまとめ

◎「目標」「戦略」「戦術」「戦闘法」の4つを考えて投資を行うこと。

◎大きな流れは以下のようになる
 1)大局的な相場観測から上昇相場か下落相場かを判断し、売り狙いか買い狙いを決め、
 ⬇
 2)その決定にしたがって売買銘柄を絞り込み
 ⬇
 3)絞り込んだ売買銘柄を4つの買い場&4つの売り場になるまで監視し
 ⬇
 4)戦闘法の細則に基づき、4つの買い場&4つの売り場になったときに仕掛ける(あるいは手仕舞う)

第2日目

戦闘法についての詳説

第1時限目
相場観測の「11」のポイント

本講義のポイント

◎相場観測とは、戦術である「4つの買い場・4つの売り場での売買」を迷うことなく実行させるためのもの。
◎相場観測には11のチェックポイントがある。
◎戦略で大局的に判断したトレンドを11のチェックポイントによりさらに細かく見ることで、「仕掛け・手仕舞い」の間合いを図る。

　第1日目の4時限目で、細則としての戦闘法には「相場観測」「銘柄選択」「建玉操作」「資金管理（マネーマネジメント）」の4つがあるとお話ししました。本講義では、その中の「相場観測」について説明します。
　戦闘法の中で述べる相場観測とは、戦術である「4つの買い場・4つの売り場での売買」を迷うことなく実行させるためのものです。具体的に言うと、戦略で大局的に判断したトレンドをさらに細かく見ることで、戦術に沿った仕掛け手仕舞いの間合いを図るものです。
　結論から先に言います。「相場観測」を細分化していくと次ページ以降に紹介する11項目に分かれます。

1　トレンドライン及び移動平均線のチェック

→今、上昇トレンドなのか、下降トレンドなのか、保ち合いなのかを確認

　トレンドラインと移動平均線の傾きで相場の方向を現状認識します。相場は、ある方向（トレンド）に動きながらも、短期的に上げ過ぎ・下げ過ぎを繰り返しながら形成されていきます。ですから、必ず月足→週足→日足の順でトレンドの方向を確認してください。

◎上昇トレンド　　　安値も高値も切り上がる。買い狙い。
◎下降トレンド　　　高値も安値も切り下がる。売り狙い。
◎保ち合い　　　　　値動きが狭い範囲内に収まっており、
　　　　　　　　　　小動き状態が続く。上放れ、または、
　　　　　　　　　　下放れまで手出し無用。

2　フォーメーションのチェック

→反転または加速のサインが出ているかどうかをチェック

　天底や上昇・下降途中に特徴的に現れるパターン（フォーメーション）を見逃さないようにします。

【天井で現れる典型的なパターン】
◎ダブルトップ
◎ヘッドアンドショルダー（三山）
◎二点天井
◎団子天井

【下降途中に現れる典型的なパターン】
◎下降三角形
◎下降フラッグ
◎弱気レクタングル
◎上昇ウェッジ

【底で現れる典型的なパターン】
◎ダブルボトム
◎逆ヘッドアンドショルダー（三川）
◎二点底
◎なべ底

【上昇途中に現れる典型的なパターン】
◎上昇三角形
◎上昇フラッグ
◎強気レクタングル
◎下降ウェッジ

3　支持線・抵抗線をチェック

→支持線および抵抗線がどこなのか。支持線を割り込んだのか、抵抗線を上抜けたのかをチェック

　過去の節目となる高値や安値、窓、移動平均線、上昇トレンドライン（＝安値が切り上がる）及び下降トレンドライン（＝高値が切り下がる）、ボリンジャーバンドの＋－２シグマなどに注目します。株価がこれらの節目に到達すると、反転したり、加速したりする確率が高くなります。以下に、それぞれについて説明します

1）過去の節目となる高値・安値について

　例えば、上昇相場（＝上昇トレンドライン形成中）で押し目を付けてから反発してきて直前の高値を上抜けると非常に高い確率で株価はさらに上げます。

　反対に、下げ相場（＝下降トレンドライン形成中）で戻り高値から反落してきて直前の安値を下抜けすると非常に高い確率でさらに下げます。

　また、上げ相場では、一旦、抵抗線を明確に上抜けすると、昨日まで抵抗線として上値を抑えていたものが一転して下値を支える支持線へ変わります（上昇相場では昨日の抵抗線が今日の支持線）。

　反対に、下げ相場では、一旦支持線を明確に下抜けすると、昨日まで支持線として下値を支えていたものが一転して上値を抑える抵抗線へと変わります（下降相場では昨日の支持線が今日の抵抗線。１８０３清水建設―節目となる高値と安値例の横線を参照）。

１８０３清水建設―節目となる高値と安値例

2）窓

　上放れして窓を空けた場合、一時的に上値が重くなり少しずつ下げてくる場合がよくあります。徐々に下げてきて窓の大部分を一旦埋めてから反発すると、そこで押し目が完了します。しかし、窓を完全に埋めても下げが止まらない場合は反落です。

　反対に、下放れして窓を空けた場合、一時的に下げ止り、少し反発する場合がよくあります。徐々に上げてきて窓の大部分を一旦埋めてから反落するとそこで戻りが終了します。しかし、窓を完全に埋めても上げが止まらない場合は反騰です（８６０６新光証券―窓埋め例を参照)。

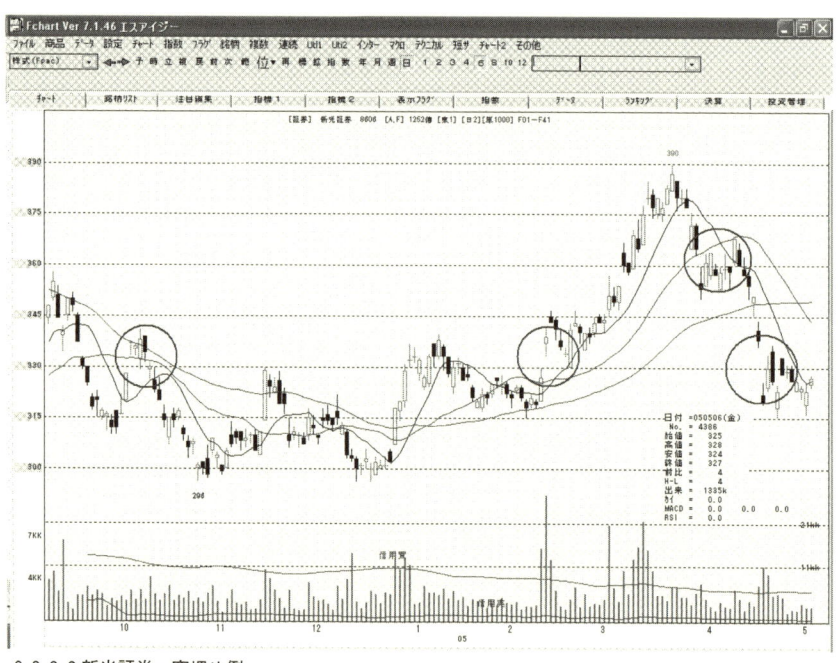

８６０６新光証券―窓埋め例

3）移動平均線

　手掛けているトレードの時間軸に応じた移動平均線が抵抗線となったり支持線となったりすることがよくあります。例えば、２５日移動平均線が下向きのときは、株価が一時的に反発しても２５日移動平均線に近づいてくるにつれて頭が抑えられます。反対に２５日移動平均線が上向きのときは、株価が一時的に反落しても２５日移動平均線に近づくにつれて下値が支えられます（１８０２大林組―移動平均線が支持線・抵抗線例を参照）。

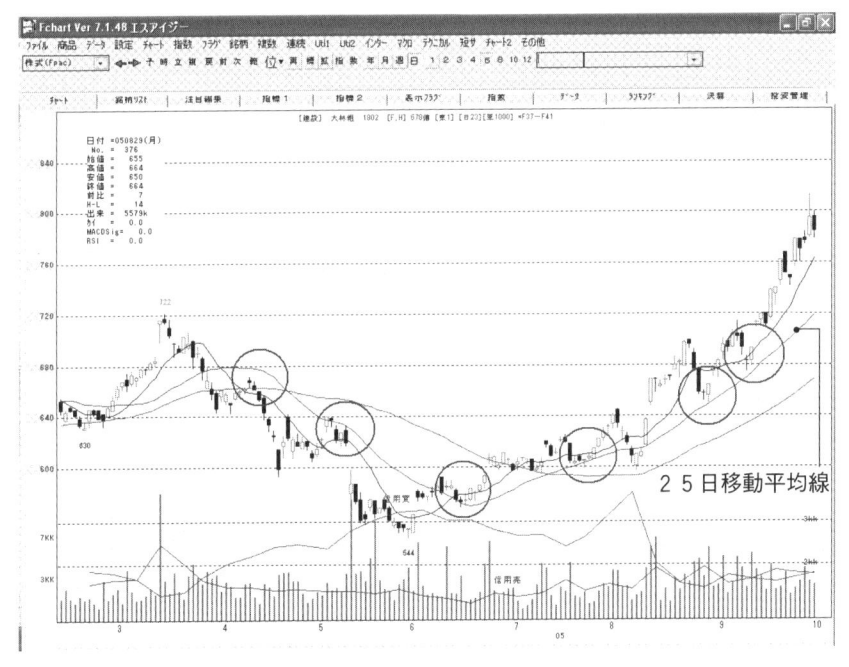

１８０２大林組―移動平均線が支持線・抵抗線例

4）上昇トレンドライン・下降トレンドライン

　トレンドラインは3ヶ月以上12ヶ月くらいまでの中期トレンドライン（＝潮流）を基本に見ます。さらに、そのトレンドをさらに加速する短期トレンドライン（＝加速波流）、中期トレンドラインに逆らう短期トレンドライン（＝逆行波流）を意識します。株価がトレンドラインを横切った直後が順張り建玉の仕掛けどきです（1803清水建設―トレンドライン例を参照）。

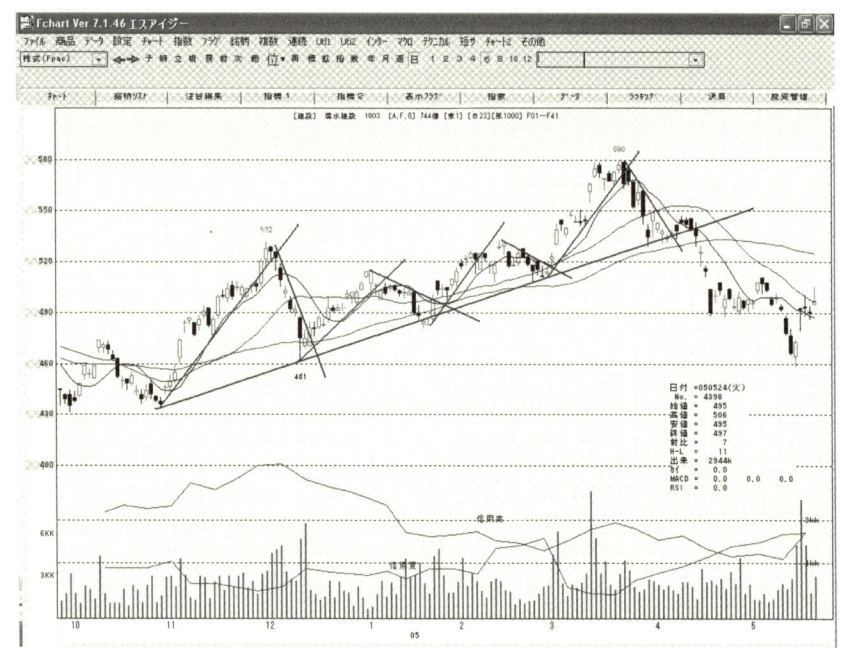

1803清水建設―トレンドライン例

4　出来高の変化をチェック

→出来高の増減と株価位置との関係をチェック

　出来高は株価の先行指標ですが、出来高が急増するときの株価位置によりメッセージが異なります。どういうことかを説明しましょう。

1）株価上昇時

　一般的に、何らかの理由があって株価が上昇するとき（例えば、収斂上放れするとき）には際立って出来高が増えます。これが上昇初動の合図となります（６１３５牧野フライス―収斂上放れ例を参照）。急騰して１番天井をつける少し手前で出来高が急増し、２番天井をつける少し手前でも出来高――それまで減少してきた出来高――が増えるのが典型

６１３５牧野フライス―収斂上放れ例

第２日目　戦闘法についての詳説

１８０２大林組―出来高急増高値圏安値圏例

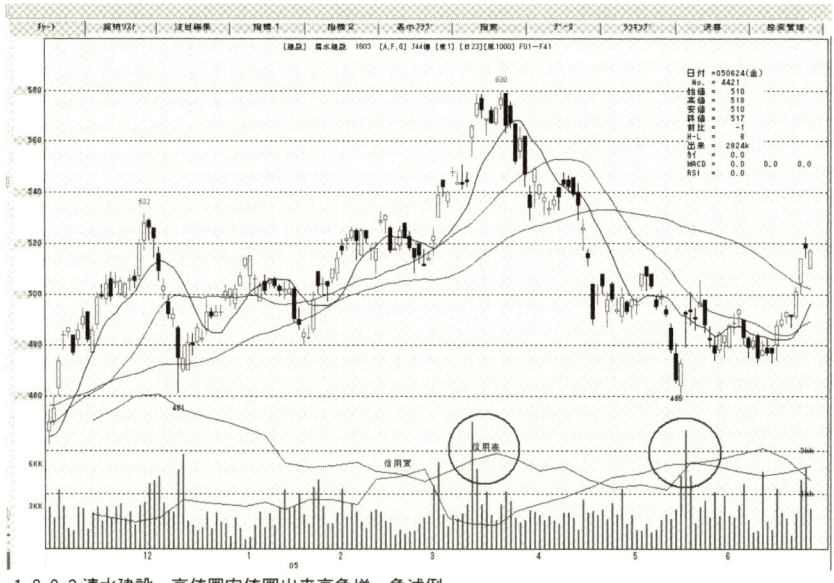

１８０３清水建設―高値圏安値圏出来高急増・急減例

的な例です（１８０２大林組―出来高急増高値圏安値圏例を参照）。
　逆に、出来高が減少し始めて株価の上昇が鈍ると、反落の前兆となります。こういうときの買い玉は要警戒です（１８０３清水建設―高値圏出来高急増・急減例を参照）。

２）株価下落時
　急落してきて投売りが出てくると、出来高が急増します。出来高の急増が止まり、安値を更新しなくなると下げ止まりの合図です。
　また、通常、浅い押し目では出来高に際立った変化は見られません。ただ、その手前の高値と比べると出来高は減少することが多いと言えます。
　一方、深い押し目を形成するときは出来高がその直前と比べてかなり増えます（１８０３清水建設―高値圏安値圏出来高急増・急減例を参照）。出来高移動平均線は、９日・２６日移動平均で見てください。そのほうが株価の変化との関連がわかりやすいと思います。

　このように、出来高の変化は株価の位置によってその後の株価のベクトルの方向を示唆することが多いのです。ただ、あくまでも補助指標だと理解しておくことが必要です。最重要項目は株価の動きそのものですから。
　定石的な見方としては、当面の安値を付けてから出来高が出来高９日移動平均線を上回りながら反発してきたら、「その反発はスイングトレードができる程度は持続する」と一応見ることができます。逆に、当面の高値を付けてから出来高が出来高９日移動平均線を割り込みながら反落してきたら「売りのスイングトレードができる程度は下げる」と一応見ることができます（６３６６千代田化工建設―出来高９日移動平均線上抜け例を参照）。
　しかし、投売りが出るほど急落する局面でも出来高の急増があります。ですから、出来高の急増が止まり、やがて減少してきて株価が安値を更新しなくなり、出来高が出来高９日移動平均線を割り込んだ後に再び上抜けするときは「半値戻し程度のリバウンドがある」と一応見ることができます。

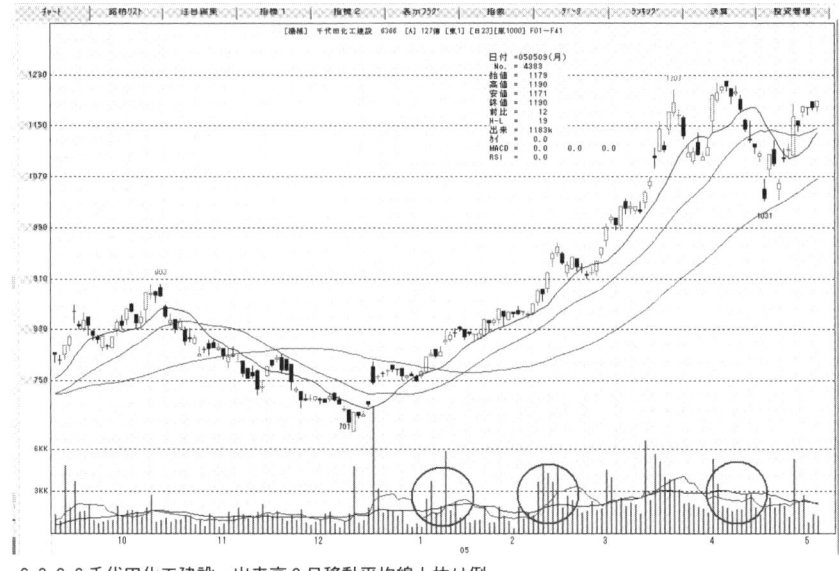

6366 千代田化工建設—出来高9日移動平均線上抜け例

相場が下落途中で反発力が強くなるにつれて、次のように変化します

◎あて首線（安寄りしても結局陽線で終わるが、前日の安値に届かず引けた）
◎入り首線（前日の安値を回復するものの、前日の実体の中心線よりは下で引けた）
◎差し込み線（入り首線の陽線が長いもの）
◎切り込み線（前日の大陰線の中心値を上抜く大陽線となって切り込んでくるもの）

言うまでもありませんが、出来高はその株に対する需給を表します。上げ相場では買い需要を示し、下げ相場では売り需要を示します。

5　新値の限界をチェック

→小波動の上げ目処、下げ目処を新値の本数でチェック

　トレンドラインに沿って動きながらも、一時的な上げ過ぎまたは下げ過ぎがあるものです。その目処は主に新値（New High, New Low）で測ります。補助として２５日移動平均線乖離率（一応の目処として、＋１５％以上で高値警戒、－１５％以下で安値警戒）と１４日ＲＳＩ（一応の目処として、７５以上で高値警戒、２５以下で安値警戒）を併用します。

　上げ相場では陽線引け、陰線引けにかかわらず、高値を更新するごと（上ひげも含む）に１本ずつ数えていきます。反転する起点を新値１本目と数える考え方もありますが、私は文字通り、反転の起点は０と考え反転起点のローソク足の高値を更新してはじめて新値１本目と数えています。逆に下げ相場では安値を更新するごと（下ひげも含む）に１本ずつ数えていきます。終値を基準にする考え方もありますが、高値と安値を数えるので上ひげ、下ひげも新値の判断基準にします。

【例】日経平均の２００３年１２月１０日安値から２００４年１月２０日まで新値１０本（新値の数え方例―日経平均を参照）

　　１２月１０日安値の翌日　　　１１日－１本目
　　　　　　　　　　　　　　　　１２日－２本目
　　　　　　　　　　　　　　　　１５日－３本目
　　　　　　　　　　※１６日から２６日は計算に入れず
　　　　　　　　　　　　　　　　２９日－４本目
　　　　　　　　　　　　　　　　３０日－５本目
　　　　　　　　　　　　　　　１月５日－６本目
　　　　　　　　　　　７日から８日は計算に入れず
　　　　　　　　　　　　　　　　　６日－７本目
　　　　　　　　　　　　　　　　　９日－８本目
　　　　　　　　　　　　　　　　１９日－９本目

                20日－10本目
同じ要領で下方新値を数えると
                1月23日－1本目
                26日－2本目
                28日－3本目
                29日－4本目
                2月3日－5本目
                4日－6本目
                5日－7本目
                9日－8本目
                10日－9本目

となります。
　なお、オシレーター系指標の場合、必ずトレンドの方向にバイアスをかけて読みます。つまり、トレンドが発生している時は上下対象で

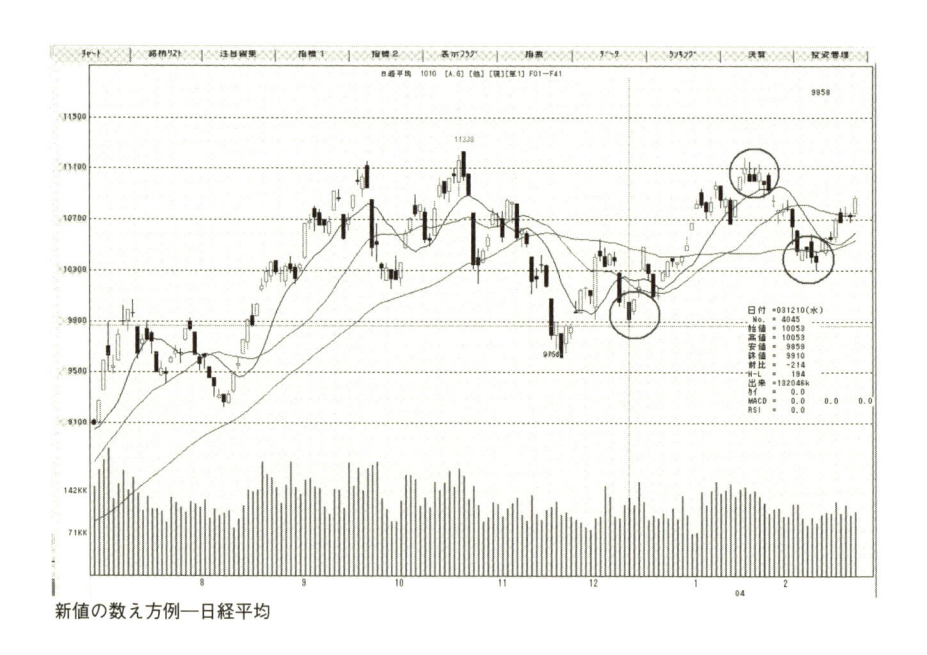

新値の数え方例―日経平均

はなく、トレンドの方向へより強く動きやすいので、その強さに応じて目処となる数値を調整するということです。標準では新値１０本と一応考えますが、強い上げ相場のときは新値１３～１５本、強い下げ相場のときは新値１３～１５本が１小波動の標準目処になります。

また、強いトレンドが発生すると、新値１３～１５本で一旦軽い押し目をつけた後、もう一度そのトレンドの方向へさらに新値１３～１５本程度動くこともあるので、新値だけを根拠にむやみに空売りを仕掛けないように注意してください。

6　日柄の限界をチェック

→日柄をもとに反転の可能性をチェック

　新値の限界まで株価が動いているときで、9日、17日、26日、33日、42日、65日、76日などの変化日前後に当たり、支持線や抵抗線、押し目や戻りの目処に株価が来ると、小波動（自律リズムが描く株価の波）反転の可能性がとても高いと言えます。さらに、6ヶ月程度上昇相場が続くと、大きな調整が起こりやすいので調整の兆候を見逃さないように警戒してください。

7　信用倍率の変化をチェック

→信用倍率を見て株価の上値が重いか軽いかをチェック

　信用倍率が大きく1倍割れなら相場全体が下げ相場でも相対的に下げ渋ります。反対に市場全体の信用倍率の3倍以上もあれば、相場全体が上げ相場でも上げ渋ります。株価が明らかに下げ始めているときに信用買い残が増え続けると、その後の調整が長引きますが、信用買い残が減少し始めると下げ止りから反発へ移行します（6113アマダ―信用買い残増加株価下落例を参照）。反対に、信用倍率が1倍以下の銘柄が上昇トレンド初期にあればさらに上がります（1803清水建設―信用売り残増加株価増加例を参照）。

　市場全体の信用売買状況も監視しておきます。市場全体の信用買い評価損が－3％未満になると当面の天井圏、－20％以上に拡大すると底値圏と見て反転を警戒しておきます。市場全体（3市場）の信用取り組み状況は原則として毎週木曜日の日本経済新聞朝刊に掲載されます。価格変動は、「実需＋仮儒」の変動で起こります。仮儒（信用取引及び日経平均先物・TOPIX先物と現物の裁定売買を中心とする短期売買需要）の変動は大きく、株価を大きく動かしますが、時間の限界（決済する期限がある）があるので、必ずどこかで反対売買が起こることも覚えておいてください。

６１１３アマダ―信用買い残増加株価下落例

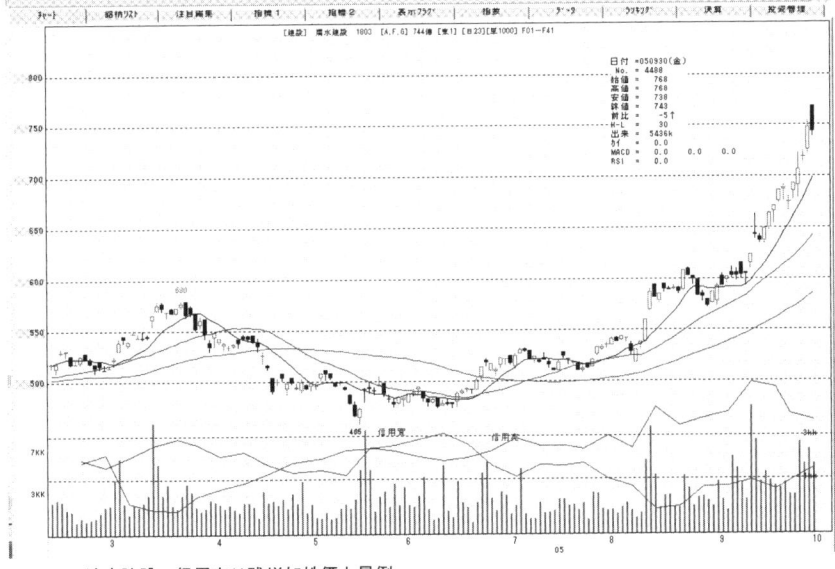

１８０３清水建設―信用売り残増加株価上昇例

| 8 | ローソク足の組み合わせをチェック |

→ローソク足の組み合わせが発する株価の反転のサインを見逃さない

　ローソク足の組み合わせが発する当面の高値・安値のサインを見逃さないようにしてください。

　下げ局面ではほとんどが陰線となりますが、下げ渋るようになると陰線の長さが次第に短くなります。やがて下ひげもつき、短い陽線が出始めたならば、下げ止りが近い兆候です。

　上げ局面ではほとんどが陽線となりますが、上げ渋るようになると陽線の長さが次第に短くなります。やがて上ひげもつき、短い陰線が出始めたならば、上げ止まりが近い兆候です。

　また、直前小波動（直前安値から直前高値までの値幅）の半値押しや３分の２押し、または、黄金分割比率である３８％押しや６２％押しあたりの株価位置で下げ止り、かつ、そのあたりに何らかの支持線があり、はらみ線や包み線などの反発を暗示するローソク足が出た翌日に前日高値を上抜けたとしたら、反発の可能性が高いと言えます。

　逆に、直前小波動（直前高値から直前安値までの値幅）の半値戻しや３分の２戻し、または黄金分割比率である３８％戻しや６２％戻しあたりの株価位置で上げ止り、かつ、そのあたりに何らかの抵抗線があり、はらみ線や包み線などの反落を暗示するローソク足が出た翌日に前日安値を下抜けたとしたら、反落の可能性が高いと言えます。

| 9 | 相場全体の現状をチェック |

→市場全体がどの程度過熱しているのか、冷えているのかを騰落レシオでチェック

　森全体の動向を理解するため、騰落レシオとともにＴＯＰＩＸや日経平均も個別銘柄と同様に監視します。騰落レシオの基本的な見方は１２０以上で高値警戒、７０以下で反発警戒です。騰落レシオは、特に高値から反落するときには株価よりも変化が数週間先行することが

多い傾向にありますが、市場全体の数ヶ月単位のうねり波動の山と谷は騰落レシオの波動とほぼ一致するので、騰落レシオも場帖に併記しておくと、迷ったときに決断しやすくなると思います（騰落レシオと日経平均を参照）。

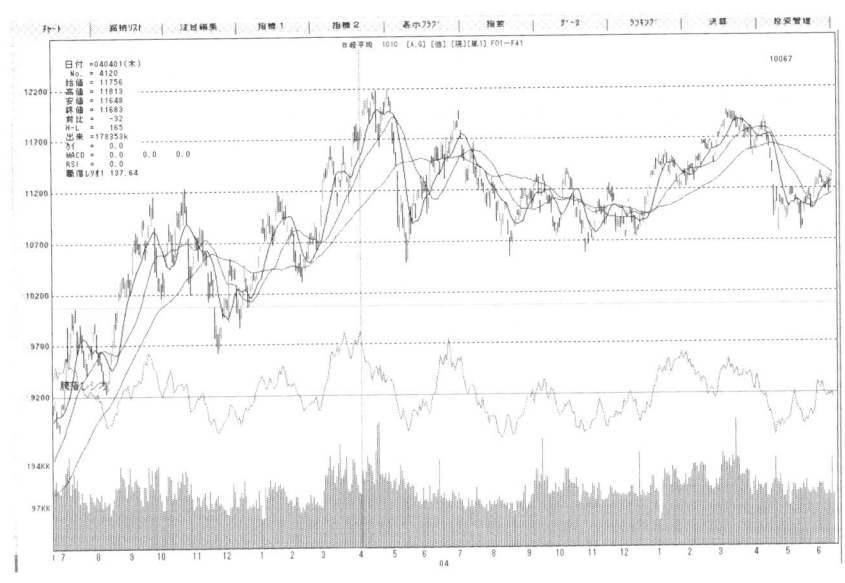

騰落レシオと日経平均

10　3段上げ、3段（2段）下げのどの位置にあるかをチェック
→株価の大まかな位置を確認する

　何年にわたる月足だけでなく、数ヶ月から約半年の日足のうねり波動の中にも3段上げ、3段（2段）下げは現れます。株価が今、どの段階にあるのかを意識しておきましょう（1802大林組―3段上げ例と1802大林組―3段下げ例を参照）。

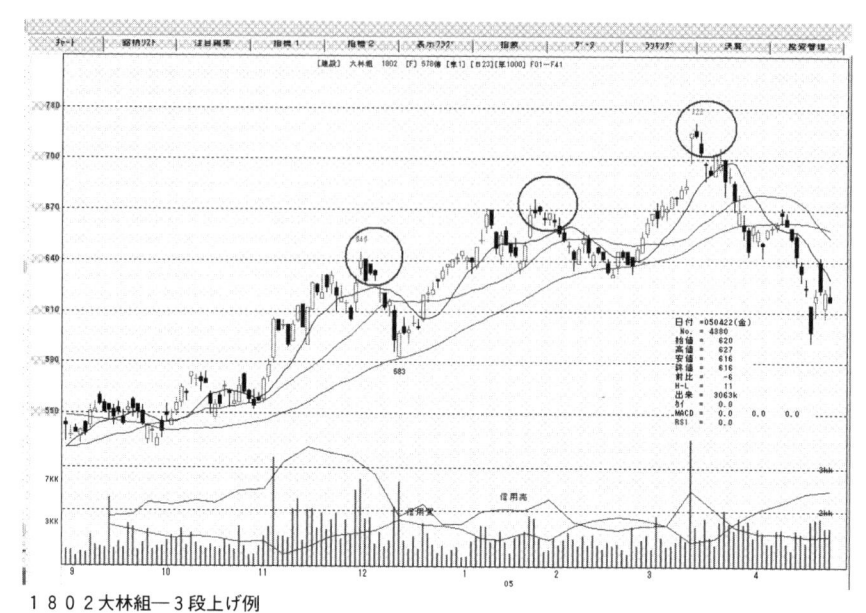

1802 大林組—3段上げ例

1802 大林組—3段下げ例

11 　　　　　　　目標値を決める
→反転のサインが出たときに決断しやすくする

　例えば、「上げ相場における押し目安値も、下げ相場における戻り高値も、それぞれの直前波動の上げ幅あるいは下げ幅の約半分、または新値で5本前後を目処とする」などのように、あらかじめ見当をつけておきます。かつ、抵抗線及び支持線を意識しておきます。しかし、強い上げ相場では2分の1押しまでは下げず、3分の1押し程度ですぐに切り返すこともあります。

　反対に、反発力が弱いと押しが深くなり3分の2押しや、さらに3分の3押し、つまり全値押しとなることもあります。もし前回の節目となる安値を明確に割り込んだら、それはもう押し目ではなく、反落です。戻りの場合は、この逆に考えます。

　上げ相場における押し目形成後の再上昇は直前の下げ幅の約2倍上げる（V字目標値）と見ておきます（6113アマダ―V字目標値例を参照）。ただし、深い押し（主要な支持線を完全に割り込むほど）の後の最初の反発は弱い戻りとなることや、直前の下げ幅の約半分程度で一旦反落し、その後、日柄をかけて再上昇して戻り高値を超えていくことになると考えておきます。

　反対に、下げ相場における戻り高値形成後の反落は直前の戻り幅の約2倍下げる（V字目標値）と見ておきます。ただし、強い戻り（主要な抵抗線を完全に上抜けするほど）の後の最初の押しは浅く、直前の上げ幅の約半分程度で反発するも、その後は日柄を掛けて再反落し安値を更新していくと考えておきます。

6113アマダーV字目標値例

本講義のおさらい

◎相場観測の１１のチェックポイントとは以下のものである

①トレンドライン及び移動平均線のチェック（今、上昇トレンドなのか、下降トレンドなのか、保ち合いなのかを確認）

②フォーメーションのチェック（天底・中段に反転または加速のサインが出ているかどうかをチェック）

③支持線・抵抗線をチェック（支持線および抵抗線がどこなのか。それをブレイクしたのかをチェック）

④出来高の変化をチェック（出来高の増減と株価位置との関係をチェック）

⑤新値の限界をチェック（小波動の上げ目処、下げ目処を新値の本数でチェック）

⑥日柄の限界をチェック（日柄をもとに反転の可能性をチェック）

⑦信用倍率の変化をチェック（信用買い残や売り残から株価の動きの重さや軽さをチェック）

⑧ローソク足の組み合わせをチェック（ローソク足の組み合わせが発する株価の反転のサインを見逃さない）

⑨相場全体の現状をチェック（市場全体がどの程度過熱しているのか、冷えているのかを騰落レシオでチェック）

⑩３段上げ、３段（２段）下げのどの位置にあるか（株価の大まかな位置を確認する）

⑪目標値（反転のサインが出たときに決断しやすくする）

◎戦闘法の中で述べる相場観測とは、戦術である「４つの買い場・４つの売り場での売買」を迷うことなく実行させるためのもの。具体的に言うと、戦略で大局的に判断したトレンドをさらに細かく見ることで、「仕掛け・手仕舞い」の間合いを図るものである。

第2時限目
チャートの読み方について（相場観測実例集）

本講義のポイント

◎チャートは「歴史認識」と「現状認識」を正しく行ううえで重要
◎「歴史認識」と「現状認識」が正しくできれば、まだ上昇中なのか、下落中なのか、上げ止まりそうなのか、下げ止りそうなのか、一応の「判断」ができる
◎チャートを読んで「将来を予測してやろう」などと無理なことは考えないこと

1　チャートを読む目的と意味

　ある変化を受け止めて、どのように決断・実行するのか。チャートを読む（見るのではなく）目的は、"そこ"にあります。
　例えば、ポジショントレーダーは日足、週足、月足の変化を受け止めて決断をします。また、デイトレーダーは分足やティックの変化を受け止めて決断をします。要するに、ポジショントレーダーが何日も何週間もあるいは何カ月もかけて1回仕切る間に、デイトレーダーは何十回、何百回も仕切る、ということなのです。仕切りのたびに決断が必要とされますから、それだけストレスを伴います。したがって、優柔不断なデイトレーダーは次第に淘汰されていくでしょう。
　さて、すでに述べたとおり、チャートを読む目的は意思決定するところにあります。ただ、その前提として常に意識しなくてはならないことがあります。それは、**その銘柄の株価が過去から現在までどのよ**

うに変動してきたかという「歴史認識」と、本日現在の株価位置と方向性はどうなのかという「現状認識」を正しく行うことです。もちろん、常に正しく認識できるとは限りません。「将来を予測してやろう」などと無理なことは考えないことです。たまに思ったとおりの展開となることがありますが、それは決して予測したのではなく、たまたま当たったにすぎないのですから。

　「歴史認識」と「現状認識」が正しくできれば、まだ上昇中なのか、下落中なのか、上げ止まりそうなのか、下げ止りそうなのか、一応の「判断」ができます。このとき、株価が自分の型の間合いに入り仕掛けのスイッチオンなら、仕掛ける「決断」をします。ただし、一応の「判断」が常に正しいとは限らないので、リズム取りやうねり取りでは「分割売買と建玉操作で、一応の判断の誤差を補正する」わけです。このときに極めて大切なのは、トレードの成否を決める『感情のコントロール』なのです（第3日目で詳述）。時間分散、銘柄分散、反対玉、資金管理など、上級者は各自の工夫でこれを行っています。

2　チャートを読む実例

1）チャートを読む目的と意味

　アマダ（6113）の2004年7月13日と14日で、それまでの上昇波動が一服したことを強く示唆する動きがありました（96ページ参照）。チャートを一見すると、いくつかの重要度が高いサインが同時に現れ、その後の下げを強く暗示しています。

　このような、下げを示唆するサインをできるだけ多く見極めてください。次のページに模範解答例の概要を載せますが、それを読む前にまず、自分で考えてみることが大切です。説明されると、ほとんどの人は「なるほど、知識としてはすでに知っていた」というようなことばかりだと思います。しかし、**説明されなければ思い出せないような知識では、実戦では使い物になりません**。後講釈なら誰でもできると

よく言われますが、後講釈なら簡単かどうかを自分で試してみてください。ほとんどの人は簡単なはずの後講釈すら、満足にできないと思います。

　本件のケーススタディを考えるにあたって、必ず「チャートを読む目的と意味」を理解したうえで考えてください。そうでないと、無意識のうちに「当てよう」という見方をしてしまいます。

　株価変動の真因は、群集心理の周期的とも言える動揺です。十分な訓練を積んでいない大多数の人は本能的に反応するので、反応パターンは皆同じになるのです。**同じような状況では大多数の人間は同じように反応するので、同じようなパターンが国と時代を超えて起こります**。ここにチャート分析有効性の理論的根拠があります。

　例えば、人間には本能的に「多数同調性バイアス」があります。付和雷同しやすい性質があるのです。それ故、トレンドが形成されるわけです。

　他方で「正常性バイアス」という性質もあります。自分に起こっている異常事態（含み損の急拡大）を認めず、正常視して何も対処しないため、塩漬け株の山を抱え込み身動きできなくなるのです。

　チャートを読むことで「歴史認識」と「現状認識」を行い、臨機応変に建玉を操作できれば、何週間や何カ月も先のことなどわからなくても少しも困りません。現状認識が上昇初動または上昇中なら買いポジションを、反対に下げ初動または下降中なら、売りポジションを持てば良いだけです。あとはストップロスを設定し、読みどおりの値動きが始まったら、逆指値を活用したトレーリングストップで利益を確保しながら、値動きについていくだけなのです。

　ただし、銘柄によって癖や習性に特徴があります。まったく同じやり方ですべての銘柄にいつも通用するほど相場は甘くないのです。はじめて手掛ける銘柄の場合は、その銘柄の癖や習性を十分理解してからにするというような用意周到さが必要です。

　相場に限らずどんなことでも、皆さんができると思うのも、できないと思うのもどちらも正しいのです。なぜなら、人生は自分が強く思い描いた方向に展開するような仕組みになっているからです。

さて、前置きはこれくらいにしましょう。チャートを読むときには本章の第1時限目で説明した次の項目を意識して読むように心がけてください。この作業を行うと「歴史認識」と「現状認識」が手際よくできると思います。簡潔に言うなら「技術で相場の波に乗る」ことができると思います。

（１）　トレンドラインおよび移動平均線
（２）　フォーメーション
（３）　支持線・抵抗線
（４）　出来高の変化
（５）　新値の限界
（６）　日柄の限界
（７）　信用倍率の変化
（８）　ローソク足の組み合わせ
（９）　相場全体の現状
（１０）　３段上げ、３段（２段）下げのどの段階にあるのか
（１１）　目標値

２）相場の波に乗る
　さて、ここで、材料追いかけ型ではなく、「技術で相場の波に乗る」ということは、どういうことなのかについて以下に説明しましょう。

①群集心理が、歴史を通して繰り返し織り成すいくつかのパターンや定石を習得し、
②それらの（統計学的に有意な）パターンや定石に合わせた建玉を——もちろん分割売買が望ましいですが、スイングトレードなら一括仕掛け一括手仕舞いも可——組み立て、
③イメージと違う動きになったときには、すぐに反対玉を建てることで逆行にも備える。
④ある程度イメージどおりに相場が動いても必ず日柄の限界がやって

くる。だからこそ、強い上げ相場で大衆が沸き上がっていても自分は静かに感触を確かめながら、用心深く少しずつ売り始め、次に必ずやってくる下げ波動に備えた建玉を準備し始める。

　以上の繰り返しが「技術で相場の波に乗る」ということの一例です。
　「チャートを読むこと」と「建玉操作」は、ギアのように噛み合わせて行うものです。ですから、チャートの読みだけを「当て物」的に考えたり、議論したりすることは実践家にとっては無益です。皆さんも、ご自分で練習するときは、必ず、チャートの読みと建玉を連動させてください。

> 【例】 ６１１３　アマダ

（１）トレンドラインおよび移動平均線
　「２００３年４月２８日安値＠２６８円」から、その後の数多くの安値を結んだ長期上昇トレンドラインを割り込んだ。しかも、２００４年５月初旬に続いて２度目なので、信頼度は高い（６１１３アマダ―長期上昇トレンドライン割り込み例を参照）。

（２）フォーメーション
　２００４年４月６日高値＠７２０円と７月１日高値＠７３０円でダブルトップを形成した可能性が高い。その中で、７月１３日、１４日の下げで７３０円をトップとするミニヘッドアンドショルダーが形成されつつある可能性が高い（６１１３アマダ―Ｗトップ例を参照）。

（３）支持線・抵抗線
　７００円という心理的な支持線を割り込んだだけでなく、２５日移動平均線をも割り込んだ。４月２７日の戻り高値＠６９９円を維持できずに割り込んだ。

6113アマダ—長期上昇トレンドライン割り込み例

6113アマダ—Wトップ例

（４）出来高の変化
　７月１３日の戻り高値＠７０３円で、出来高が非常に小さい。

（５）新値の限界
　５月１８日安値＠５６４円から7月1日高値＠７３０円まで新値が１４本と伸び切っている。

（６）日柄
　２００３年４月２８日の上昇開始以来、１年以上経過しており、日柄的に大きな調整があっても自然な動き。５月１７日安値からの日柄も７月１日まで３２日なので調整があっても自然な周期。

（７）信用倍率の変化
　株価が下げているのに、信用買い残が増加し、信用倍率が高くなっている。

（８）ローソク足の組み合わせ
　７月１２日の戻り高値時は出来高が少ない首吊り線で、翌日１３日は前日の高値を更新できず、陰線引け。さらにその翌日の１４日は高値も安値も切り下げ、直前２日間の安値を更新。

（９）相場全体の現状
　７月１４日は日経平均も二番天井を付けて２５日移動平均線を割り込んだ。騰落レシオは６月２１日に１４２.２５のピークを付けた後、低下し続けている。

（１０）３段上げ、３段（２段）下げのどの段階にあるのか
　２００３年５月を起点として２００４年３月までに４段上げを形成した。

（１１）目標値
５月１８日安値＠５６４円が当面の支持線なので、ここらあたりで下げ渋るか反発する可能性が高い。

　実際には、８月１６日安値＠５７４円で一旦反発し、９月７日の戻り高値＠６４４円まで戻しました。その後、再反落を開始しましたが、９月２８日安値＠５５０円で再度反発し、１０月７日高値６１４円まで再度反発しました。つまり、５月１８日安値＠５６４円前後の価格帯が支持線として機能したことになります。

　なお、５月１７日、１８日にかけて一度急落していますが、押し目からの日柄が十分経過していること、４月特有のアノマリー、４月６日高値＠７２０円から戻り高値を切り下げていること、２月２６日安値からの短期上昇トレンドラインを割り込んでいること、４月２８日に２５日移動平均線を大きく割り込んだことなどから、その後の調整を暗示しています。もちろん、どれだけ下がるのかは、この時点ではわかりません。当面の目処と考えたのは６１４円の支持線でした。そのあたりで下げ渋る動きを続けていましたが、その後、大きく割り込み、一瞬、５月１８日に５６４円まで下げました。５月１７日の騰落レシオは７０を割り込んでいますので、相場全体は下げ過ぎの反動によるリバウンドがあると見ていました。実際そのとおりとなりました。
　このような読みと建玉を連動させて、相場の波に乗るわけです。

3　買ってはいけない典型例のケーススタディ

　少し例が古いですが、２００２年６月１２日にYahoo!の掲示板で買ってはいけない典型例として７２６３愛知機械と７２６１マツダを取り上げました。実際に私はこのとき愛知機械を空売りしました。当時、掲示板では買ってはいけない理由を以下の通り４つ挙げました。

【例１】７２６３　愛知機械（当面は売り）

◆**買ってはいけない理由**
◎３月１８日に窓を空けて上昇し当面の高値を付けたものの、その直後から下げ始め２５日移動平均線を割り込み、さらに７５日移動平均線も割り込み、下げが加速し始めている。

◎３月１８日の上昇時に、それまで何年もないような出来高の急増を記録したが、その直後から出来高は急減し、いまだに低迷したまま。つまり、最高値で最大出来高を記録し、出来高と株価の分布が典型的な逆ピラミッド型となっている。

◎信用倍率が５.９倍と大幅に買いが多い。最大出来高が３０５～３２３円で起こっていることを考え合わせると、２７０円の支持線を割り込んだので相場全体が低迷を続ければ、そのうちに投げ売りが始まりそう。

◎１９９９年以来、２８５円から３４５円を天井にして、約半年ごとに高値から底値へ、そして底値から高値へとうねりを描いている。この銘柄のうねりの周期から判断しても、今年５月下旬に上昇波動から下降波動へ転換したと考えられる（７２６３愛知機械―買ってはいけない典型例、７２６３愛知機械―買ってはいけない典型例その後を参照）。

　当時、私が指摘したポイントは上記の通りですが、相場観測の１１項目のチェックポイントを確認してみましょう。

（１）トレンドライン及び移動平均線
　　２００２年２月６日安値＠１７０円と３月１４日安値＠２４０円を結んだ上昇トレンドラインを４月２５日に陰線で完全に割り込んだ。

７２６３愛知機械─買ってはいけない典型例

(2) フォーメーション
　３月１８日高値＠３２３円と４月１９日高値＠３２３円でダブルトップを形成した。

(3) 支持線・抵抗線
　抵抗線と見ていた５月８日安値＠２８４円を６月７日に割り込んだ。このとき、「小石崩れ」を形成した（参考までに、１８０３清水建設、２００４年４月下旬から５月初旬にかけて小石崩れが起こっています）。
注：「小石崩れ」を知らない人は、「先物罫線　相場奥の細道」Ｐ９４、鏑木繁著、パンローリング刊を参照してください。

(4) 出来高の変化
　３月１８日に出来高を急増させながら大幅ギャップアップして陽線引けとなったが、翌日以降は出来高が急減し、かつ、高値を更新でき

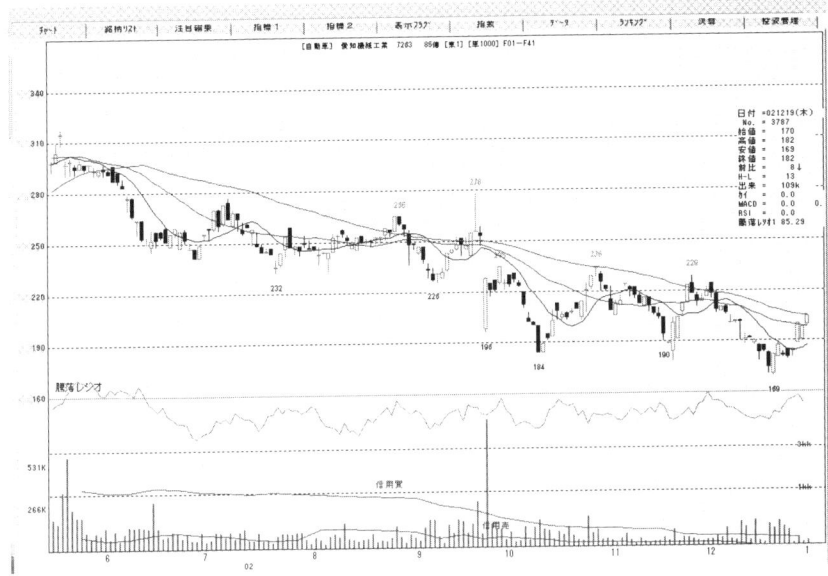

７２６３愛知機械―買ってはいけない典型例その後

なくなった。

（５）新値の限界
　２月６日高値から起算すると新値はまだ８本だが、１７０円から３２３円まで２８日の間に１.８倍以上に急上昇した。

（６）日柄の限界
　２月６日起点の上昇トレンドラインを割り込んだ４月２５日には、日柄が５５日経過した。

（７）信用倍率の変化
　３月１８日のギャップアップ以来、高値は切り下げているのに信用買い残は徐々に増えた。

（８）ローソク足の組み合わせ
　６月７日には「小石崩れ」を形成しながら保ち合い下放れ。

（９）相場全体の現状
　３月１５日に騰落レシオ（２５日）が１３３.８１を付けてからピークアウトしている。

（１０）３段上げ、３段（２段）下げのどの段階にあるのか
　急上昇で２段上げしたあと頭が重くなって下げ始めている。

（１１）目標値
　急上昇の開始点である２１０円前後（実際には、２００２年９月２４日にこの目標値を寄り付きで割り込んだものの急反発して一旦は下げ止まったものの、結局、底を打ったのは、６月７日に保ち合い下放れを起してから半年後の１２月１９日安値@１６９円でした）。

【例２】７２６１　マツダ（相場全体が明らかな上昇モードになるまで、買いは厳禁）

◆買ってはいけない理由
◎４月２３日と２４日に、それまでの数年間にないような出来高の急増を伴って高値を付けた。しかし、その直後から出来高は急減し、株価も下げ始め、２５日移動平均線を割り込み、さらに、あと数日で７５日移動平均線をも割り込みそうな弱さで推移している。

◎最高値で最大出来高を記録し、出来高と株価の分布が典型的な逆ピラミッド型となっている。

◎信用倍率が２.９２倍と買いが多い。最大出来高が４００～４２７円

７２６１マツダ―買ってはいけない典型例

７２６１マツダ―買ってはいけない典型例 その後

第２日目　戦闘法についての詳説　　103

で起こっていることと考え合わせると、もし３３０円前後の支持線を割り込むようだと、相場全体が低迷を続ければ、早晩、投げ売りが始まりそう（７２６１マツダ―買ってはいけない典型例、７２６１マツダ―買ってはいけない典型例その後を参照）。

　当時、私が指摘したポイントは上記の通りですが、愛知機械の例と同様に相場観測の１１項目のチェックポイントを確認してみましょう。

（１）　トレンドライン及び移動平均線
　２００１年１２月４日安値＠１９０円と３月２５日安値＠３０３円を結んだ中期上昇トレンドラインを５月３１日に陰線で完全に割り込んだ。

（２）　フォーメーション
　４月２３日高値＠４２７円と５月１７日高値＠４０６円で２点天井を形成した。

（３）　支持線・抵抗線
　４月２３日高値から５月１７日高値を直線で結んだ暫定下降トレンドラインを形成中だったが、抵抗線と見ていた５月７日安値＠３７４円を５月３１日に窓を空けて陰線で割り込んだ。

（４）　出来高の変化
　４月２３日に出来高を急増させながら高値を更新したが、その後、高値を更新できず、出来高も顕著に減少している。

（５）　新値の限界
　３段目の上げの起点３月８日高値から起算すると４月２３日までに新値１１本まで上昇したので当面の上昇余力は残りわずかと見ることが可能。

（６）　日柄の限界
　２００１年９月２１日を起点とすると４月２３日までに、すでに半

年強の日柄が経過している。

（７）信用倍率の変化
　４月２３日に出来高急増を伴って高値を更新して以来、株価は徐々に下げているのに信用買い残は増えてきている。将来の重荷になりそうだ。

（８）ローソク足の組み合わせ
　４月２３、２４、２５日には「はらみ線」の後にまた「はらみ線」を形成し、２６日には、「はらみの下抜け」となった。

（９）相場全体の現状
　３月１５日に騰落レシオ（２５日）が１３３．８１を付けてからピークアウトしている。数週間後までには相場全体が調整に入ることを警戒。

（１０）３段上げ、３段（２段）下げのどの段階にあるのか
　２００１年９月２１日から２００２年４月２３日まで３段上げ。

（１１）目標値
　当面の目標は３段目の上げの起点＠２９３円。

　６月２４日に＠２８８円で一旦下げ止まり反発したが、その後、戻りを入れながら下げ続け、最終的に底打ちしたのは２００３年４月２８日＠２０２円。

本講義のおさらい

チャートで行うことは「歴史認識」と「現状認識」。「歴史認識」と「現状認識」が正しくできれば、現在の相場の状況（まだ上昇中なのか、下落中なのか、上げ止まりそうなのか、下げ止りそうなのか）についての一応の「判断」ができる。それをもとに買うべきか、売るべきか、休むべきかを決めること。

第3時限目
銘柄選択（銘柄監視）の詳細について

本講義のポイント

◎戦闘法で述べる「銘柄選択」とは、戦略で絞り込んだ売買銘柄候補群の中から具体的に「どの銘柄を売買するのか」を選択するために行うもの。
◎具体的に言うと、戦略で絞り込んだ売買銘柄候補群を分類整理して監視し、4つの買い場と4つの売り場が来たときにすかさず行動に移せるように支援するものである。

　戦略で絞り込んだ売買銘柄候補群の中から、一両日中に、具体的に「どの銘柄を売買するのか」を選択するために行うもの、それが戦闘法の中で述べる銘柄選択です。
　ここで説明する銘柄選択とは、ひとことで言うと「**近日中に間合いに入りそうな有望銘柄群を分類整理して監視する**」になります。
　具体的にどうするかというと、戦略で絞り込んだ有望銘柄群をどのような形式で監視するかを決め、チャンス（＝4つの買い場と4つの売り場）を見逃さないような仕組みを作っておくのです。
　ネット証券のチャート機能の多くは1画面で10銘柄から50銘柄まで登録でき、計10画面くらいまでは登録できるようになっています。画面ごとに銘柄をグループ分けしておくと頭の整理がしやすいと思います。例えば、次のように登録します。

第1画面は現在ポジションをもっている銘柄及び近いうちに手掛けるつもりの常時監銘柄を登録します。

第2画面は相場全体に先駆けて、高値を更新している上げ先導株を登録します。上げ先導株は、「相場全体が保ち合いレンジで動いているのに、連日で高値を更新している銘柄に注目する」ことで見つけます。連日の高値更新に気づいたら過去半年程度のチャートを見てみます。底値圏の狭い保ち合いレンジ、または中段の狭い保ち合いレンジを上抜けて連日高値を更新しながら２５日移動平均線が上向きになっていたら先導株の可能性が高いので先導株画面に登録します。さらに、4つの買い場で分類し、そのタイミングが近づいてきたら第1画面へ昇格します。

第3画面は安値を更新している下げ先導株を登録します。さらに、4つの売り場で分類し、そのタイミングが近づいてきたら第1画面へ昇格します。

第4画面は最近上昇または下落が目立ち、話題となっている銘柄を登録します。このとき、テーマごと——例えば、再生関連、内需関連、含み資産関連など——にさらにグループ分けしておくとわかりやすいです。この銘柄群は主に、デイトレードまたはスイングトレード用の監視銘柄になります。

第5画面は過去数ヶ月以内で話題となって急騰した銘柄ではあるが、今は出来高が減少して動きが小さくなっている銘柄を登録します。この第5画面（少し前に話題となった銘柄群）と第4画面（現在話題となっている銘柄群）とを合わせると、話題の銘柄群はほぼすべて監視下におくことができます。

　相場観測の１１のチェック項目を意識しながら、戦術である4つの買い場と4つの売り場に届いた銘柄を次の第4時限目で詳説するような建玉ルールに従い仕掛けます。

ただし、戦略で絞り込んだ銘柄群の中から、あまりに多くの銘柄を同時に手掛けていると、個々の銘柄に対する注意力が散漫になりやすく、建玉操作が雑になります。その結果、思わぬ失敗をすることがありますので、我々のような個人投資家（トレーダー）は、同時に建玉を持つときには、銘柄数をきめ細かく管理できるくらいの少数（例えば５～１０銘柄）に限定しましょう。これはランチェスター第１法則（弱者の戦略）です。ランチェスター戦略の詳細については巻末のコラム（２８７ページ）を参照してください。

本講義のおさらい

あとで詳しく述べるが、「当てよう」と思っても当たらないのが相場である。相場で儲けようと思うなら、自分の間合い（４つの買い場と４つの売り場）に相手が飛び込んでくるのを待つほうが良い。だからこそ、いつ自分の間合いに飛び込んできてもいいように監視しておくことが大事になる。この「間合いに来たときにすぐ出動できるようにしておく」準備作業が戦闘法での銘柄選択なのである。

第4時限目

建玉操作の詳細について

> **本講義のポイント**
>
> ◎相場には自分でコントロールできるものとそうでないものがある。このうち、コントロールできるものとは「建玉操作」である。
> ◎売買利益の源泉は『相場を当てる』ことでなく、『相場の流れに合った建玉操作の連続』である。建玉操作は、相場技術の中でももっとも重要度の高い技術である。

1　建玉操作の真髄

　株式トレードに限らず、相場の構成要素を冷静に分解すると、結局、

> ◎自分でコントロールできないもの（相場の価格変動）
> ◎自分でコントロールできるもの（建玉操作、資金管理）

に大別できます。

　圧倒的大多数の人は、自分でコントロールできないものを一所懸命コントロールしよう（予測しよう）と「上がる銘柄探し」に躍起になり、逆に自分でコントロールできるものをコントロールしようとはしていません。このような自然の摂理に逆らう姿勢では負けるのは当然です。

　では、どうすれば今までの「負けの歯車」を逆回転させ、自然の摂理にかなうようになるのでしょうか？

まず、**自分でコントロールできない相場の価格変動はどんなことをしても予測できない**と「きっぱりあきらめる（悟る）」ことです。その代わり、その株価の「歴史認識」と「現状認識」については可能な限り正確に行います。
　次に、**自分でコントロールできることに全力を傾けます**。過去から現在までの株価の動きをどのように受け止めるのか、それに対して自分はどのように反応すべきかを考え、実行します。これが建玉操作です。これは、完全に自分でコントロールできることです。つまり、

● 相場観測法の定石とその銘柄の習性に照らし合わせて、その株価変動の歴史認識と現状認識を正しく行い、
● どのようにリスクを限定し、自分がその変動に対してどのような建玉をしてどこまで利益を伸ばすかを考える

ということです。リスクを限定しながら、利益を伸ばせるだけ伸ばすことにより、オプションのような「限定リスク対非限定リターン」の比率をできるだけ高めることを意識しながら建玉操作するのです。これこそが建玉操作の真髄です。
　建玉操作では、まず、仕掛ける前に仕掛けのポイントと損切りのポイントを設定します。
　仕掛けのスイッチはいろいろ考えられます。なかでも、１０日移動平均線は適度にうねる銘柄には相性の良いスイッチです。この１０日移動平均線と序章の戦術のところで説明した４つの買い場と４つの売り場を組み合わせると、単純ではありますが、とても強力な仕掛けのスイッチになります。このときとても大事なことはスイッチオンならあれこれ考えず、迷わず、必ず注文を出すということです。もし、逆行したら、事前に決めたロスカットポイントで手仕舞いすれば良いだけのことです。そうすることによって、自らの意思でリスクをコントロールしていることになります。
　一方、利益については相場任せなので、基本的にはコントロールできません。しかし、読みどおりに相場が展開すれば利益は非限定です。

2　使える建玉操作法

　売買利益の源泉は『相場を当てる』ことでなく、『相場の流れに合った建玉操作の連続』です。

　建玉法の単純なルール例として、一括仕掛け・一括手仕舞いのスイングトレードの建玉法を紹介します。基本的には、上昇中と判断したらいつでも買い玉を建ててＯＫです。約定したらすぐに逆指値でストップロスを設定します。ストップロスの設定は押し目直後の反発なら、例えば、その押し目の安値の２ティック下に、上げ途中なら前日安値の２ティック下に、というふうに自分のリスク許容度に応じて決めます。当初の自分の読み通りにさらに上げたら翌日にはトレーリングストップを引き上げます。翌々日も続伸したらトレーリングストップをさらに引き上げていく「やり方」です。

　２００５年８月の私のスイングトレード例を紹介します。狙っていた銘柄は新光証券（８６０６）。２００５年８月８日、衆議院が解散するかどうかの問題でほぼすべての銘柄が下放れて寄り付きました。新光証券も下放れて＠３２６円で寄り付きました。４月２１日安値＠３１５円と６月２０日高値＠３５８円の値幅の波動と日柄のリズムを見て、「反発すれば押しは完了したかな」と思いました。この寄り付き直後に、急反発に備えて前日安値＠３３０円に９０００株の逆指値成行買いを置いておきました。反発するなら、まず最初にここを通るからです。もし、そのまま下げ続けるなら、何も約定しないだけのこと。もし、約定してから急落してその日の安値＠３２４円を割り込むようなら反対玉が自動的に約定するように逆指値売りで保険を掛けることを前提とした仕掛けです。その後、トレーリングストップで利益を確保しながら３日間の続伸に着いていき、＠３７４円で全玉一旦手仕舞いました。理由は、この玉に関しては月１０％の目標を軽く達成していたことと、二空（２日連続で窓を空けて寄付くこと）を伴って急伸し、この銘柄にしては上げが急だったので一服しそうだと感じたからです。その後、何度か買い直しては売り切りを繰り返しました。１０月４日には買い玉をすべて＠４２５円で手仕舞い、１０月６日にはつなぎ売

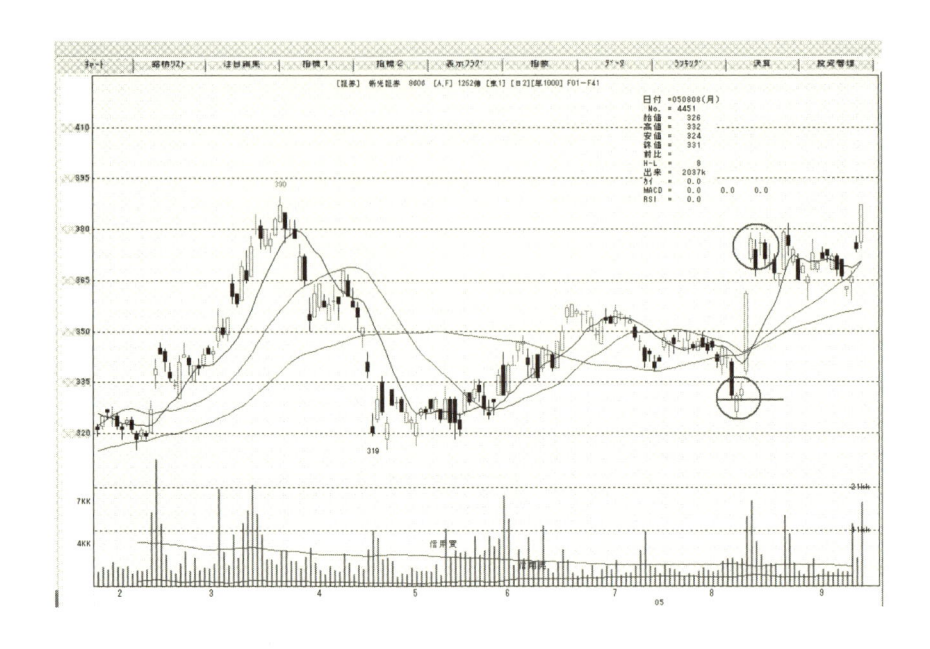

りもすべて＠４００円で手仕舞いました。

　逆張り建玉法の場合は、分割売買及びアンテナとしての反対玉を建てるのでもっと複雑になります。基本は、例えば買いの場合、押し目を買い下がります。決して、安値切り下がりの局面を無謀に買い下がらないことです。

　さて、下げ始めたかなと判断したらまず買うために売りの試し反対玉を建て、直前の高値を付けた日を基点に新値と日柄を数えながら押し目を買い下がります。ただ、直前波動の安値（＝支持線）を明確に割り込んだら、もう押し目ではなく反落の可能性が高いので買い玉はロスカットするか、反対玉を建てて蓋をします。

3　治にいて乱を忘れず、乱にいて治を忘れず

　信用買いでレバレッジを効かせて高値追いし、そのまま無為無策で様子を見る人は追証に苦しむことになります。派手に下げるときもありますが、そのうち必ずいつか、いったんは下げ止まります。当面の高値圏でつなぎ売りをしている人は下げ止まったところでつなぎ売り玉を利食い返済し、さらに、種玉の買い増しを狙えます。**生涯現役で有終の美を飾ろうと決意したならば**、「治にいて乱を忘れず、乱にいて治を忘れず＝**市場の雰囲気が総強気で買い一辺倒のとき、自分は売り場を探し始め、反対に、市場の雰囲気が総弱気で売り一辺倒のとき、自分は買い場を探し始める**」を実行し続けましょう。

　どの銘柄でも、仕掛ける前にチャートをよく読むことです。相対的に安心して買えるのは、１３週移動平均線が下向きから水平、わずかに上向きに変化を始め、下降トレンドラインを上抜けたときです。逆に上向きだった１３週移動平均線が水平、わずかに下向きとなり、上昇トレンドラインを下抜けたら、買い玉はいったん手仕舞いか、つなぎ売りに転じます。１３週移動平均線が下向きである限りは戻り売り狙いに徹します。買いは、大きく下方乖離したときの短期リバウンド狙いを除き、控えるのが賢明です。

　また、インターネット上の掲示板や投資雑誌を含めて、ちまたの雑音に惑わされないような自己規律も必要です。**すべての情報の中で、最も信頼できるのはチャートです**。なぜなら、チャートは森羅万象、すべての材料を消化し、すべての市場参加者の心のフィルターを経由して現れた「事実」であり、誰の「解釈」でも「分析」でもないからです。

4　生涯現役のためにつなぎの技術を

　つなぎには目的別に、「保険のためのつなぎ」「利益確保のためのつ

なぎ」「アンテナとしてのつなぎ」「コストダウンのためのつなぎ」「本玉維持のためのつなぎ」などいろいろ種類があります。『あなたも株のプロになれる』の著者、故立花義正氏のつなぎは「本玉維持のためのつなぎ」でした。彼は通常、アンテナとしての反対玉を、少なくとも本玉の１０％程度建てていました。アンテナとしての反対玉は試し玉の性質ですが、トレンドラインやフォーメーション、日柄などを手掛かりに、潮流の変化が濃厚と感じるにつれて、試し玉から利益確保の玉へと変わり、さらにはドテンの玉へと変化していきます。理想はその後の反転潮流に乗るカタチです。

　反対玉を建てていると、"あるメリット"が感じられます。それは、逆行し始めたとしてもすぐに実感としてその強さが伝わってくることです。片玉の場合と反対玉を建てている場合では、川の流れを他人事のように岸辺に立って目測しようとする場合と、実際に自ら流れの中に身をおいて感じた場合ほどの違いあります。だからこそ、潮流の変化をいち早く「実感」できるのです。

　その**潮流の変化に合わせて建玉を変化させることができるようになれば、どんなに相場が激変しても沈没することなく、生涯現役トレーダーとして有終の美を飾ることができる**はずです。皆さん、生涯現役トレーダーを目指して日々研鑽を続けましょう。

5　逆張りとナンピンの違い

　「逆張り買い下がり」と「ナンピン」は、素人目には同じに見えるでしょうが、本質的には異なります。逆張り買い下がりは反対玉を維持しながら戦略的に、意図的に、積極的な心で日柄も意識しながら３段下げ（ときに２段下げ）の終盤で買い下がるものです。これに対して、ナンピンは読みが外れたので仕方なく消極的に前の玉を救済する目的で、多くの場合、高値圏から一段下げの途中で、または中断保ち合いからの下げ局面で買い下がるものです。当然、日柄が重要などと

いうことは夢にも思っていません。

　どんなときも、まず潮流の向きを意識して、そのうえで短期逆行波流の限界を見極める作業を淡々と行いましょう。見極めるためには、常にいくつかのトレンドラインを引いてチャートを眺めてみることです。トレンドラインが交差したら反転の可能性が高いと疑って心の準備をしておきましょう。

6　プロの建玉

　プロの建玉操作は暗黙知の典型例です。私が尊敬する技術と人格を兼ね備えた「秘密の小部屋」さんというペンネームのプロは、次のように述べています。

「しかし極めて少数の本物のプロなるものが、株を、疾（はや）きこと風のごとく買い、除（しず）かなること林の如く待ち、侵略すること火の如く売り、動かざること山の如く休むという時間の連続性の中で、どのように心を揺り動かしているか、あるいは逆に、一切心をかき乱されない不動の信念でいるか、その心的エネルギーのうねりと方向性のありさまは、とてもアマチュアの皆さんの想像できる範疇ではありません」

　これは武田信玄も好んで用いた孫子の「風林火山」の一節を引用した例えですが、「買う」「売る」「休む」におけるプロが建玉を決断するときの心境を見事に描写しています。

> **本講義のおさらい**

◎戦術で説明した４つの買い場と４つの売り場（間合い）に飛び込んできた銘柄の動き（習性）に合わせて仕掛けや損切りを考え、調整していくのが建玉操作である。具体的に言うと、相場観測法の定石とその銘柄の習性に照らし合わせて、その株価変動の歴史認識と現状認識を正しく行い、どのようにリスクを限定し、自分がその変動に対してどのような建玉をしてどこまで利益を伸ばすかを考えることである。リスクは限定しながら、利益は非限定にする。
◎トレーリングストップロスはお勧めの方法。
◎「人の行く裏に道あり花の山」と言われるように、相場では人の逆を行くとうまくいくことが多い。「治にいて乱を忘れず、乱にいて治を忘れず」を心がけること。

第5時限目
資金管理の詳細について

本講義のポイント

◎株価位置の変化に応じてキャッシュポジション（手持ちの現金）を変化させること＝資金管理。
◎株価位置が高くなるほど、利食い売りを進めてキャッシュポジションを高くする。逆に、株価位置が下がるほど、株を買い増してキャッシュポジションを低くする。

　資金管理とは、ひとことで言ってしまうと「満玉禁止のルール」になります。
　具体的には、株価位置の変化に応じてキャッシュポジション（手持ちの現金）を変化させます。基本的に、株価位置が高くなるほど、利食い売りを進めることになるので、キャッシュポジションが高くなります。逆に、株価位置が下がるほど、株を買い増すことになるのでキャッシュポジションが低くなります。一例を下記に示します。

①中勢トレンド（3～6ヶ月の潮流）が上向きであり、潮流とは角度が異なる短期トレンド（1～3週間の脈流）もさらに上向き（加速波流）、騰落レシオが120を超えてきたら、売り場探し（先の4つの売り場を参考にする）に徹し、少しずつ売り始めます。したがって、キャッシュポジションは上がります。目処として70％以上にすることでそのうちに必ずやって来る調整局面に備えます。仮に、株価が中期上昇トレンドラインを割り込み、かつ、2点天井やダブルトップなどの反落を暗示するフォーメーションが形成された場合には100％キ

ャッシュポジションにします。もし、３段上げ終了を疑えるならば、つなぎ売りやドテン空売りの試し玉を建てることも検討します。

②中勢トレンドは上向きであるが、短期トレンドは逆行して下向きのとき、騰落レシオが８０未満に低下してきて下げ渋ってきたら買い始めます。つなぎ売り玉や空売り玉は手仕舞いです。押し目なので、キャッシュポジションを３０％程度まで下げてもＯＫです。もし、押しの日柄が長くなったら下降トレンドラインを上抜けるまでは買いは控え、その前後で２点底やダブルボトムのような底打ちを暗示するフォーメーションが完成したときには、本気の買いモードに移行します。

③中勢トレンドは下向きであるが、短期トレンドは逆行して上向きのときは、戻りである可能性が高いと言えます。騰落レシオが１１０～１２０くらいまで上がった後、株価が短期上昇トレンドラインを割り込むなら、すぐに買い玉を手仕舞いします。したがって、戻りの終わり前後ではキャッシュポジションは９０％以上になります。同時に、つなぎ売りや空売りを検討します。

④中勢トレンドは下向きであり、かつ短期トレンドも下向きのときは、買いは慎重に行いますが、騰落レシオが７０を割り込み、下げ渋ってきたら短期リバウンド狙いの買いを検討します。同時に、つなぎ売り玉や空売り玉は一旦手仕舞いです。まだ底入れを暗示するサインが出ていないので、キャッシュポジションは５０％です。ただし、下降相場が半年から１年以上続き、３段下げが終了し、さらに株価が中長期下降トレンドラインを上抜けし、底入れを暗示するフォーメーション（２点底やダブルボトムなど）が形成されたときには、本気モードの買いの準備をしておきます。

中勢トレンド	短期トレンド	注	キャッシュポジション目処
①上げ相場	加速波流	騰落レシオ＞120、上値が重くなってきたら売り場探し。中期上昇トレンドライン割り込み＋反落フォーメーション形成＝キャッシュポジション100％、つなぎ売り、空売り。	70％以上
②上げ相場	逆行波流	騰落レシオ＜80、下げ渋ってきたら買い始め。空売り玉は買い戻し狙い。下降トレンドライン上抜け＋反発フォーメーション形成＝買い本気モード。	30％程度
③下げ相場	逆行波流	騰落レシオ＞110～120、上値が重くなってきたら売り始め。短期上昇トレンドライン下抜け＋反落フォーメーション形成＝キャッシュポジション100％、つなぎ売り、空売り。	90％以上
③下げ相場	加速波流	騰落レシオ＜70、下げ渋ってきたら買い場探し。空売り玉は買い戻し狙い。中長期下降トレンドライン上抜け＋反発フォーメーション形成＝買い本気モードの準備。	50％程度

> **本講義のおさらい**

そのときどきの株価位置に応じてキャッシュポジション(手持ちの現金)を変化させることで、買いたい株を買い逃さないようにもできるし、「利食い千人力」も実行できる。儲け始めた人が口々に「資金管理が大事」というように、資金管理はおろそかにできない技術である。

本日のまとめ

戦闘法に述べた個々の技術は、4つを以下の流れの中で関連させてはじめて意味を為します。

【相場観測】投資を始める前には「11」のチェックポイントで、現在の相場の状況を把握すること。「当てよう」と思ってもなかなか当たらないのが相場である。
自分の考えに相場を合わせるようなことはできないのであるから、相場に合わせていくほうがよい。だからこそ、細心の注意を払って相場状況をチェックすること。

⬇

【銘柄選択】相場観測で"現在の状況"を確認した後は、具体的にどの銘柄を売買するかを決める。このとき、4つの買い場＆4つの売り場（戦術）で待ち伏せしやすいように常に銘柄を監視しておく。

⬇

【建玉操作】4つの買い場＆4つの売り場に入り込んだ銘柄の習性に合わせて仕掛け＆ロスカットを決める。その銘柄の株価変動の歴史認識と現状認識を正しく行い、どのようにリスクを限定し、自分がその変動に対してどのような建玉をしてどこまで利益を伸ばすかを考える。

⬇

【資金管理】株価位置が高くなってきたらキャッシュポジションを高め（利食い）、株価位置が低くなってきたらキャッシュポジションを低くする（買い増しする）。

第3日目

相場技術について

第1時限目
相場技術を構成する6つの要素について

> **本講義のポイント**
>
> ◎相場技術全体系は「相場観測」「銘柄選択」「建玉操作」「資金管理」「心・感情のコントロール」「高いモチベーションの維持」という6つの技術で成り立っている。
> ◎技術には言葉で伝えられるものとそうでないものがある。そして、言葉で伝えられないもののほうが"大事"な場合が多い。

1　相場技術全体系

　突然ですが、相場技術全体系（これを私は相場技術小宇宙と呼んでいます）について考えたことがありますか？　どうですか？　おそらく99％の人は考えてみたこともないでしょうね。そもそも、相場技術小宇宙とはいったい何なのか。私の相場技術小宇宙をお見せしながら説明しましょう。

　右ページの上の図を見てもらうとわかるように、戦闘法のところで紹介した「相場観測」「銘柄選択」「建玉操作」「資金管理」と「心・感情のコントロール」と、さらに「高いモチベーションの維持」があります。

　系の中心には「建玉操作」があります。これは太陽のように系の核となる存在です。左下には「相場観測」、右下には「資金管理（マネーマネジメント）」、真上には「銘柄選択」の惑星があり、「建玉操作」とそれぞれの惑星は分子構造図のように足でつながっています。さらに、「相場観測」と「銘柄選択」、および「資金管理」も足でつながってお

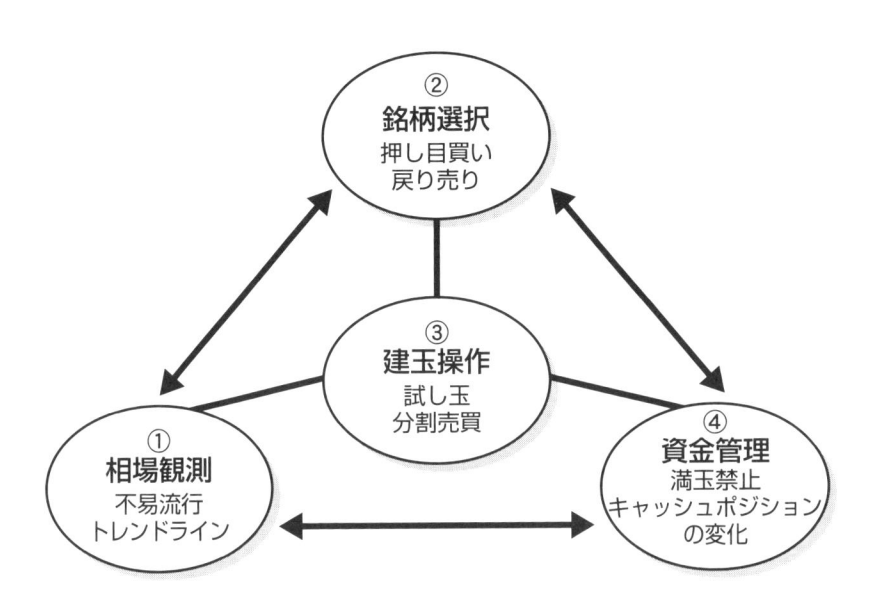

```
         ②
       銘柄選択
       押し目買い
        戻り売り
      ／       ＼
     ／    ③    ＼
    ／   建玉操作  ＼
   ／    試し玉    ＼
  ／    分割売買    ＼
 ①                ④
相場観測           資金管理
不易流行          満玉禁止
トレンドライン    キャッシュポジション
                    の変化
```

相場技術体系図

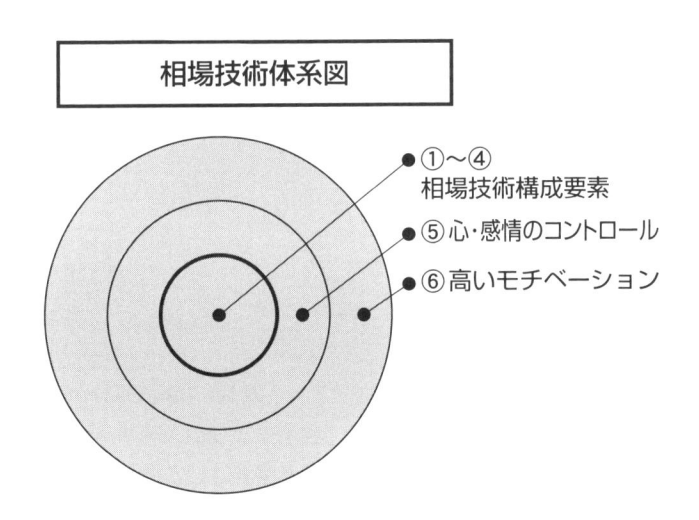

- ①〜④ 相場技術構成要素
- ⑤ 心・感情のコントロール
- ⑥ 高いモチベーション

第3日目　相場技術について

り、「銘柄選択」と「資金管理」も足でつながっています。「四位一体の小宇宙」です。

「相場観測」「銘柄選択」「建玉操作」「資金管理」。この四位一体の小宇宙（トレーディングシステムの核）には、

（A）攻めのシステム
（B）守りのシステム
（C）リスクコントロールのシステム

の3つのコンポーネントが内包されています。

相場観測、銘柄選択、建玉操作は利益を追求するために行うので「攻めのシステム」に属します。

建玉操作については、反対玉を建てることで「守りのシステム」にもなりますし、売り買いの比率を変化させれば「リスクコントロールのシステム」にもなります。

資金管理（マネーマネジメント）は、言うまでもなく、リスクコントロールのシステムです。

このように、相場をシステムで行うにはこれら3つのコンポーネントが不可欠なのです。

ただし、ここまでが言葉と数値でマニュアル化できるところの限界です。この四位一体の小宇宙のさらに上に、各自が自力で克服しなければならない高次元の宇宙があります。それが「四位一体の小宇宙」をすっぽり包み込む「心・感情のコントロール」という領域です。短期的な相場の巧拙は、この領域に大きく左右されます。

そして、「心・感情のコントロール」をも包み込むさらに高次元の宇宙があります。それが、10年、20年、30年の長期にわたって高い士気を持ち続ける「高いモチベーションの維持」という、この全宇宙体系のフロンティア領域です。**「四位一体の小宇宙」を「心・感情のコントロール」が包み込み、さらに「高いモチベーションの維持」がそれらを包み込む「六位一体の小宇宙」**。これが私の考えている相場技術全体系です。

2 暗黙知の部分をできるだけ明らかにする

　相場に限らず、どんなことでも、難しいことをうまく行うためのノウハウには、**言葉では伝えることができない暗黙知の部分があります。**そして、残念なことに、それが決定的な役割を果たしている場合が多々あります。例えば、自転車の乗り方や泳ぎ方を言葉だけで教えてマスターできるようにするのは不可能でしょう。これと同じような部分が相場にもあると思います。

　もちろん、言葉で知識を伝えることはできます。しかし、その知識を臨機応変に活用するには、失敗と成功――数多くの実戦を通して経験した失敗と成功――から学んだ知恵が必要になります。知識と知恵を駆使して、決断すべきところで決断するのが相場であり、事業経営であり、究極的には人生経営になるのです。

　私が現在、試行錯誤しているのは、暗黙知の部分をできるだけ言葉で明らかにして「売買ルール（戦術＋戦闘法）」の体系の中に明示することです。先にも述べましたが、「**資金管理**」「**相場観測**」「**銘柄選択**」「**建玉操作**」「**心・感情のコントロール（決断力）**」という、この５つのバランスの取れた組み合わせが損小利大を可能にするからです。

　上に記した５つの要素の中で、最後まで暗黙知として残るのは「心・感情のコントロール（決断力）」でしょう。実際、相場技術がある水準を超えてくると、一番難しいのは「心・感情のコントロール（決断力）」であると痛感するはずです。それほど重要であるにもかかわらず、うまく表現できないのが「心・感情のコントロール（決断力）」の部分なのです。何度も何度も実戦の修羅場をくぐり抜けた者だけが、知識と知恵の裏付けによって直観的に理解し、涅槃にも似た境地で決断できる。そういうものだと思います。

> **本講義のおさらい**

「相場観測」はそれ自体大切な技術だが、それだけで相場に立ち向かえるものではない。「銘柄選択」はそれ自体大切な技術だが、それだけで利を手にできるものではない。「建玉操作」「資金管理」「心・感情のコントロール」「高いモチベーションの維持」も皆同じである。6つの個々の技術がそれぞれ有機的に結びつき合ってはじめて相場技術となるのである。

第2時限目
技術論

> **本講義のポイント**
>
> ◎自分のレベルを先に把握しておかないと技術の習得に思いも掛けぬ時間が取られてしまうこともある。
> ◎実行の伴わない技術は、技術足りえない。

1　まずは自分のレベルを知ること

　第1時限目で相場技術の全体についてお話ししました。相場の技術と言ってもピンと来ない人も多いと思います。自分の相場技術がどの程度良いのか悪いのかについては皆目見当がつかない人も多いと思いますので、相場技術をスキーの滑降技術を例にして、わかりやすく説明していきます。

1）直滑降しかできないレベル

　技術がないため、ゲレンデの状態（相場全体の地合）とコース取り（銘柄選択）にほとんどを依存する。左右に曲がれず（いったん買ったら、節目ごとに手仕舞いすることもできず、下げ相場ではつなぎ売りや空売りから入ることもできない）、まっすぐにしか滑れない（買ったら、あとは放置するだけ）。スピードの調整もできない（資金管理ができず、常に満玉状態で、ひどいときは信用枠も目一杯）。安全に止まれない（手仕舞うべきところに来ても手仕舞いできない）。したがって、左右に曲がらない直線最短距離コース（いったん買ったら、あとは放っておいても儲かりそうな銘柄）を日夜探し回り、全速力（満玉）で

突進する。技術がないために、自分が直線最短距離と当初思っていたコースから外れても、そのことになかなか気づけず、様子が変だと感じたときにはすでにゲレンデの外にそれている。正しい転倒（損切り）の仕方を知らないため、猛スピードで木に激突して大けがをする。

2）斜滑降できるレベル

直滑降と同様に、安全そうなコース（上がりそうな銘柄）を探すが、道のりが直線ではないことは理解できているので、コースを決めつけることはしない。集団（銘柄分散したポートフォリオ）で斜滑降すること（うねりがあること）を念頭におき、時間をかけて滑る（中長期投資する）。ある程度の技術を心得ているので、転倒しても重傷を負うことはなく、また、ひとり（ある銘柄）が大けがをしても、ほかの軽症な人（ほかの銘柄）がいるので、助け合うことができる。だから、しばらくすればまた立ち上がることができ、滑ることもできる。

3）パラレルできるレベル

熟練した技術があるので、ゲレンデの状態に依存することなく、またどのコースを選んで滑り出しても、こぶを左右に避けながら滑る（買いだけでなく、状況に応じて売りもする）ことができる。スピードを速くしたり（増し玉）、遅くしたりできる（一部手仕舞い、またはつなぎを建て、ネットポジションを縮小する）。最短距離の安全なコース（儲かりそうな銘柄）を全速力（満玉）で滑ろうなどという夢想はしない。滑りながらまわりの景色を楽しむ余裕がある。やむを得ず転ぶときも、ほとんどダメージを残さないように上手に転ぶ（損切りする）ことができる。

　さて、皆さんはどれが自分だと思いますか？

2 技術＝（顕在知＋暗黙知）×知恵×実行

　相場技術だけでなく、すべての技術や仕事について言えることですが、**どの分野でも「技術」＝「知識」にはなり得ません**。知識は必要ですが、それは技術の一部にすぎないのです。

　「顕在知」と「暗黙知」という蓄積された「知識」に、縦横無尽に活用できる「知恵」が加わり「実行」されて初めて技術となり得ます。実行が伴わなければそれは技術ではなく、単なる「知識」に終わります。その知識も、首尾一貫したバックボーンに沿って厳選され、重要度順に整理され、かつ、すぐに記憶から取り出せる知識でなければ、技術を支える知識としては使い物になりません。何の脈絡もなく雑多に集められた知識は、互いに相いれないものが多く、正しい判断を妨げ、あなたを決断不能にさせます。そのような知識はどんなにたくさん持っていても意味がなく、首尾一貫した行動にはまったく役立ちません。さて、結論から言うと、

> 技術＝（顕在知＋暗黙知）×知恵×実行

であり、相場技術に限定すると、私の体験では

> 顕在知：暗黙知＝７：３

になります。これが意味するのは「７０％まではシステム化できるが、残りの３０％は実践者の感覚的判断が必要になる」ということです。相場技術に目覚め、自信を持ってくると、「独立自尊」を信条に生きていくことができます。今までの趣味的売買から決別すれば、最初の一歩は誰でも踏み出せます。

> **本講義のおさらい**

「顕在知」と「暗黙知」という蓄積された「知識」に、縦横無尽に活用できる「知恵」が加わり「実行」されて初めて技術となり得る。実行が伴わなければそれは技術ではなく、単なる「知識」に終わる。自分が何を知っていて何を知らないかをまずは知り、知ったこと（知識）に知恵を加えて怖れずに実行する。これが大事になる。

第3時限目
精神論

本講義のポイント

◎トレードの巧拙は決断力にあると知ること。
◎潜在的な欲望と恐怖を吹き消すこと、満点のトレードなどできないとあきらめることで決断できるようになってくる。
◎古今東西、人の気持ちは大きく変わらない。
◎心が弱いと知識を実践できない。
◎極論すれば、建玉操作で利益が決まる。
◎自分の間合いに入ってくるまでじっくり待つこと、じっくり待てるだけの精神力を養うこと。
◎上げ続ける相場はないし、下げ続ける相場もない。そのことを肝に銘じておくこと。

1　行雲流水のごとく心を任せ決断する

　技術がある水準を超えると、トレードの巧拙は決断力に大きく左右されます。
　時々、決断を判断と勘違いされる人がいますので、簡単に説明しておきましょう。判断とは「知識・分析」で行うものです。ですから、教養や知能の高い人ほど得意なものでもあります。向学心さえあれば短期間で知識を大幅に増やすことはできますから、「判断能力」については数カ月から半年もあれば見違えるほど向上させることは可能です。
　しかし、決断は違います。「知識・分析」ではなく、「**心**」で**行うもの**

なのです。学歴、社会的地位、教養、知識などは一切関係ありません。

　では、何が決断力の差をもたらすでしょうか？　それはその人の人間性に深く関わってきます。例えば、利が乗っているとき、貪欲であったが故に、逆行し始めたときに恐れおののいていたが故に、まともな判断が頭をよぎっているにもかかわらず決断できなかった。そんな経験をしたことはないでしょうか。おそらく、心当たりのある人がほとんどではないかと思います。お恥ずかしい話ですが、私もかつてはそうでした。

　ここまでの話で伝えたいこと。もうおわかりでしょうか。そうです、「欲望と恐怖をどれだけコントロールできるかで決断力は決まる」ということなのです。**トレード技術で最後にして最大の関門は、「判断」を「実行」に移す「決断」にあるのです。**

　ただ、性格や人間性に大きく依存する問題だけに、変えることの難しい部分でもあります。多くの人にとって、決断力を鍛錬することは知識・分析力を習得することよりもはるかに難しいことだと思います。それ故に、実戦を重ねることが必要になるのです。頭だけではなく、体に、心に染みこませる必要があるのです。

　さて、ここで、もう少しわかりやすく「判断」と「決断」の違いを具体例で説明しましょう。

　急騰する銘柄を初動で見つける能力は優れた技術ですが、これは「判断技術」です。しかし、われわれ実践家にとって「判断」だけでは意味がありません。判断したらその判断に基づいて「決断」し、実際にポジションを作り、どこかでそのポジションを手仕舞いしなければならないのです。そうしない限り、1円の利益にもならないのです。そして、この**「どのようなタイミングで、どのようにポジションを作り、どのようなタイミングで、どのように手仕舞いするか」の技術＝「売買技術」**なのです。例えば、西武の松坂投手が投げた球を、その瞬間にカーブか、シュートか、スライダーか、直球かを「見切る技術」＝「判断技術」があっても、実戦行動としてバットを適切に振り抜く「打撃技術」＝「売買技術」が素人並みでは意味がないのです。ホームランはおろか、ヒットすら打てないでしょう。

では、相場で打率を上げて、ヒットを数多く打つにはどうすれば良いでしょうか？　それは、どんな場合でも自分自身の型どおりに注文を出すことです（第6日目で詳述）。しかし、言うとやるでは大違い。これは自分の心との戦いなので、なかなか実行できないのです。

　決断において、最初にやるべきことは「少しでも高く売りたい、少しでも安く買いたい、下げたらどうしよう、今売ってもっと上げたら損した気分になる。どうしよう」という、心の奥底に深く根差した潜在的な欲望と恐怖を吹き消すことです。次に、「満点のトレードなどできるはずないし、将来が正確に読めるはずもない、だから節目ごとに利食いながらヒットを着実に積み重ねるしかない」と心底からあきらめるのです。この「あきらめ」は執着からの解放であり、ある種の「悟り」の境地です。そうすると、遅かれ早かれ「相場の"不易流行"に行雲流水のごとく心を委ね、自ら構築した型どおりに注文を出し続けるしかない」ことを悟る日が来るでしょう。システムの有効性が高ければ、自然と損小利大のトレードを実行し続けることになります。

2　強靭な精神力とは

　私が唱える強靭な精神力には2つの意味があります。
　ひとつは、**突発的な材料やアナリスト・評論家の推奨といった、ちまたの「雑音」に惑わされることなく、自分が熟慮・検証して決めた自分独自の売買の型を遵守、実践する意志の強さ**です。自分独自の売買の型は、自分の性格や資金量、年間利益率目標、運用資金の性格（余裕資金か、近い将来使う予定のある資金か）、知識および経験などによって千差万別になるはずです。
　もうひとつは、**普通の人がハイリスクと感じるタイミングを、ローリスクだと考えられるようになる心の境地**です。ほとんどの個人投資家は一見トレンドフォロー型のようでいて、実は「不和雷同」型です。上がれば過度に強気になり、下がれば過度に弱気になります。そのた

め、古今東西、高値圏で飛びつき買いをして、底値圏で投げ売りをさせられてしまうことが多くなるのです。

株価を動かす主な要因は二重構造です。直接的には需給、詳しく言うと、人間の欲望と恐怖が作り出す、波のように揺れ動く**群集心理から生まれる需給の変化**です。その需給バランスに大きく影響を与える要因が**企業業績見通しの変動**です（序章「株価は何故、どのように変動するか」を参照）。そして、企業業績見通しの変動は、その企業が属する業界（セミマクロ）の変動の影響を強く受けます。さらに、どの業界も日本経済全体（マクロ）の変動の影響を強く受けます。第一の要因（需給を決定する群集心理）も第二の要因（企業業績見通し及び、それに影響を及ぼす経済の循環）も「波」なのです。波であるならば、株価は必ずどこかで反転するのが道理です。この反転のポイントを確率的に示唆してくれるのが、それぞれの時間軸に合った支持線および抵抗線なのです。なお、当然のことながら支持線および抵抗線（一般的には、支持線および抵抗線は、過去の安値と安値や、高値と高値を結ぶ水平線、または、斜線で判断）は、デイトレードと中長期投資ではその位置が異なってきます。

また、心に余裕を持たせる意味で、通常は総資金量の少なくとも約3分の1から4分の1は手を付けずに遊ばせて待機させておきましょう。お金に余裕を持たせておけば、資金的余裕の中で「計算されたリスク」を取っている限り、少しぐらい逆行しても平気でいられます。

3　結局は精神力で決まる。焦るべからず

すでに述べたように、相場の成否を最終的に左右するものは「精神力」、つまり「心のあり方」になります。高い買値の玉を抱え込みながら逆行が進めば心への負担が日増しに大きくなり、当初の「逆張りで買い下がる」という決意もぐらついてくるかもしれません。

言うまでもありませんが、損というのは嫌なものです。**この損、何**

百回とトレードをすると実感できるようになりますが、小さいうちにできるだけ早く実現させておけばその後に悪影響を及ぼさなくなります。その後に誤って判断する可能性が低くなるわけです。

『プロが教える株式投資』（同友館）には、著者である板垣浩氏が師匠の友人K・O氏から「下手過ぎる」と叱られる場面があります。その例では、焦って買い急いだ結果、分割の間隔が短くなり過ぎて、分割買い下がりのメリットがほとんどなくなっています。なんと6回も7回も分割しているのに、2回の分割よりも平均コストが高くなっているのです。そういうことがあって「ついでだからもう少し言おうか。この分割の欠点を……。早いんだ。下手な人ほど早い。ゆっくりやれよ」とK・O氏に叱られたのです。K・O氏はさらに、次のように続けています。「相場は逃げないんだよ。追っかけてはいけない。待つ売買がいいんだ。待たなければならないんだよ。待つのは難しい。追うのはやさしい。誰でもできる。……ゆっくりだよ。意識的にやれよ。できてくるよ……」と。肝に銘じておきましょう。

4　心が弱いと実践できない

先にもお話ししたように、相場において相場知識は必要条件ではありますが、それだけで十分というような必要十分条件ではありません。正しいことであると知識ではわかっていても、制御できない欲望と恐怖のためにやるべきことができないことを何度も経験したことが誰にもあるはずです。それどころか、やってはいけないとわかっていることをやってしまうこともあるでしょう。**間違った知識は有害ですが、正しい知識でも実践しなければ期待した成果を得られません**。どんな大きな数字（正しい知識）でもゼロ（実践しない）を掛けたら、答えはゼロです。

相場技術の知識を一通り学んだ人が、もし、思うように上達できないとすれば、その真因は知識の欠如や不足ではありません。また、自

分の外にあるのでもありません。そうではなく、自分の心の奥深くに巣食っている、

> （1）できるだけ早く利益を上げたいという「焦り」
> （2）少しでも大きく儲けたい、少しの損切りでも嫌だという「強欲」
> （3）定石から買い場・売り場と知っていても、常に潜在意識が絶対安全な最高の仕掛けポイントを渇望しているために生じる「過度の恐怖」

に邪魔されているのです。弱い心が関係してせっかくの知識を実践に移せないでいるのです。

　上記3つの障害を克服するための処方箋として、自分のための実戦サブノート（売買ルールの要点だけを簡潔にまとめた実戦マニュアル）を作成するといいでしょう。そして、そのサブノートを毎日読み返してください。時間の経過とともに、気づいたことを少しずつ書き加えたり、修正したりすると思いますが、それで良いのです。1秒以内に思い出せない知識は実戦の場では役に立ちません。暗唱できるまで、夢に出てくるまで（笑）、繰り返し読み込んでください。そうすれば早晩必ず、成果が現れてきます。

　こうして、その実践者自身の体験や長期にわたる相場観測、検証から導き出した定石の集成が「型」となるわけです。ただ、相場はいつも定石どおりに動くわけではないので、ケース・バイ・ケースで臨機応変に建玉操作によってその誤差を補正しなければならないことについては言うまでもありません。

　最後に、付け加えておきます。「銘柄選択」と「売買のやり方」はまったく別物です。ましてや、銘柄選択の一歩手前の「銘柄群の絞り込み方」は、「売買のやり方」とはまったく関係がありません。売買のやり方とは、建玉操作のことです。実際にポジションを持ってはじめて損益が変動し始め、手仕舞いをしてはじめて損益が確定するのです。

銘柄を選択しただけで、まだポジションを持っていない段階、ましてや、銘柄群を絞り込んだだけの段階では、これから始めようとするトレードがうまくいくのか、いかないのかは、絶対に誰にもわかりません。すべては売買のやり方、つまりポジションを持ってからの建玉操作次第です。非常にまれですが、驚くことに上級者でもこの単純な事実に気づいていないのか、または軽視しているのか、上がりそうな銘柄の発見法ばかりを語り、一番大切な建玉法についてはほとんど触れない人もいます。誰がどこでどのような雑音を立てて騒ぎ立てても、建玉操作で利益は決まるという厳然たる真実を決して忘れないでください。

5　武道の極意は相場の極意

　私は少林寺拳法を大学時代からやっていました。その体験を通して、負けない「武道の極意」に気づきました。それは、一撃必殺の攻撃（一攫千金銘柄で大儲けを狙うこと）ではありません。また、どんな強打にも耐える受け技（どんなに含み損を抱えても耐える塩漬け株）でもありません。武道の極意とは、弛まぬ訓練の積み重ねにより自分の型（戦術と戦闘法）を固め、相手の動きに応じて条件反射的に適切な「間合いを取る＝休む（しかし監視はする）」こと、相手が自分の間合いに飛び込んできた瞬間（仕掛けのスイッチオン）にはほとんど考えることなく「攻撃する＝建玉する」こと、その一方で、不意に反撃されたときにはほとんど考えることなく「身をかわすか受け流す＝損切り」ことなのです。

　武道の「型」を固め、「間合いを取る」とは、相場で言えば、"株価の動きを冷静に見ながら、先に述べた4つの買い場と4つの売り場で条件反射的に発注できるように常に心の準備をしておくこと"です。 どんなときでも「相場の間合い」を適切に取れるように感覚を研ぎ澄まし、意識を集中しておきましょう。

6　忍耐強く自分の間合いに飛び込んでくるまで待つ

　私は基本的に、自分の手法に適した厳選した少数銘柄の数カ月から半年のうねりを狙っています。以前は逆張り建玉が中心でしたが、最近は順張り建玉の1泊2日から3泊4日程度のスイングトレードの連続でこのうねりに乗ることもしています。それらの銘柄は、過去何十年も、景気がどんな状態でも、うねりを描いて上下してきました。これからもきっとうねりが止まることはないでしょう。うねりの当面の天井圏に来たと判断したら売り戦略（利食い売り、空売り）、当面の底値圏に届いたと判断したら買い戦略を繰り返すだけです。

　この天井圏・底値圏、および押し目・戻りの判断は、基準化した売買の型に加えて、実践者の「間合い」という名の変動感覚で行います。これを実行するためには、当然のことながら、**株価が自分の「間合い」に飛び込んでくるまでじっと待つ忍耐力（強靭な精神力のひとつ）が必要です**。しかし、ときには「間合い」の取り方を間違えることもあります。そのときは売買の型に従って「機械的に損切り」して体制を整えるだけです（売買の型を守る強靭な精神力）。今まで何度も何度も述べてきましたが、株式トレードで安定的に儲けるために本当に必要なものは、儲かりそうな銘柄を年がら年中探し回ることではなく、アナリストや学者のように、（株式トレードにはほとんど役に立たない）緻密な分析をすることでもないのです。**実践者として本当に必要なものは、どんな相場環境でも安定的に稼ぐことができる「技術」なのです**。技術さえいったん修得したら、上げ相場でも、下げ相場でも、どちらでも良いのです。逆説的に言えば、「上げ相場でも、下げ相場でも、どちらでも良い」と心底から思えるようになったとき、本物の技術を修得したと言えるでしょう。

7　相場の「虚」「実」「補給線」

　相場の「型」と「間合い」に続いて、「虚」「実」「補給線」について、

私の考えを統合的に説明します。
「虚」と「実」とは少林寺拳法の概念です。簡単に言えば、相手が油断をしているとき、その相手は「虚」の状態にあり、逆に警戒してこちらの攻撃を予測し、それに備える態勢にあるとき、その相手は「実」の状態にあります。相手が「実」の状態にあるときに攻撃してもあまり効果はありませんが、相手が「虚」の状態のときに攻撃すると少しの力でも絶大な効果になり得ます。

「補給線」とは戦略用語で、戦争を継続するために必要な、あらゆる物資を戦地へ運ぶ通路のことです。補給線が太くて短いほど戦争継続能力は高く、反対に、とても長くて細くなると長期戦では負けやすくなります。ナポレオンがロシアに負けたのも、ヒトラーが同じくロシア（旧ソビエト連邦）に負けたのも、旧日本軍が中国やアメリカに負けたのも、皆、補給線が長くなり過ぎたことが挙げられます。

この「虚」と「実」、および「補給線」の考え方は、相場にも当てはまります。ほとんどの市場参加者が総強気になって、月足ベースで新値8手10手も付くほど上げるようになると、その銘柄に対する市場全体の買い残は、ものすごく膨れ上がっています。ここで重要なことは、加重平均買いコストもどんどん高くなっているということです。加重平均買いコストが上昇する様子は、価格帯別出来高をチャートに重ね合わせると一目瞭然です。しかし、この時点ではほとんどの人はまだ強気です。永遠に上昇が続くかのような幻想を抱いています。だからこそ、安心して新高値をどんどん買い上がって来るのです。これが「虚」です。

しかし、永遠に上昇し続ける株などありません。やがて、買い方の「補給線」は伸び切ります。買いたい人がすべて買ってしまうと、もはや新高値を更新してまでも買い上がろうとする投資家はいなくなります。様子見を決め込む投資家が増えてきます。

この頃には、移動平均線からの上方乖離率は過去数年間の最大値（売り方の「間合い」に入ってきた）となります。週足ローソク足を見れば、「三空踏み上げ」「行き詰まり線」「首吊り線」「宵の明星」「陽の陽はらみ」「最後の抱き陽線」「抱き陰線」「波高い線」などの、天井圏

を示すサインが点灯（買い方は「虚」の状態）しているはずです。

　このように株価の上昇が伸び悩み始めると、底値圏で買っていた賢い投資家から売り始めます。それがきっかけとなり徐々に売り始める投資家が増えてきて、あるところまで下がると、天井圏で飛び付いて買った目先筋はすべて含み損を抱えることになります。こうなると彼らは少しずつ投げ始め、そのうち恐怖で、われ先にと投げ売りします。

　この結果が、天井圏での大陰線となってチャートに現れます。このとき、信用倍率が大幅に買い長（信用買い残が信用売り残よりも多い）であれば、総投げによる急落は決定的になります。

　これは、買い方の「補給線」が伸び切ったにもかかわらず、それに対して危機感を持たない「虚」の状態のところへ、売り方の小さな一撃が加えられたために、それまでの買い方有利から一転して売り方有利へと形勢が逆転するプロセスです。

　次に逆のパターンを見てみましょう。底値圏ではこれとまったく逆のことが起こります。ただ、一般的には、天井圏の反落よりも底値圏での反騰はゆっくりと起こるので対処がしやすいと思います。

　ほとんどの市場参加者が総弱気になって、月足ベースで新値８手１０手も付くほど下げるようになると、その銘柄に対する市場全体の高値での買い残は整理されて激減していきます。その反面、追撃売りが行われている銘柄では、信用売り残がものすごく膨れ上がります。ここで重要なことは、信用売り方の加重平均売りコストもどんどん低くなっているということです。加重平均売りコストの低下の様子は、価格帯別出来高をチャートに重ね合わせると一目瞭然です。しかし、この時点ではほとんどの人はまだ弱気です。永遠に下落が続くかのような幻想を抱いています。だからこそ、安心して新安値をどんどん売り下がって来るのです。これが「虚」です。

　しかし、倒産するような銘柄を除けば、永遠に下落し続ける株などありません。やがて、売り方の「補給線」は伸び切ります。もはや新安値を更新してまでも売り下がろうとする投資家はいなくなります。様子見を決め込む投資家が増えてきます。この頃には、移動平均線からの下方乖離率は過去数年間の最大値（買い方の「間合い」に入って

きた）となります。週足ローソク足を見れば、「三空叩き込み」「最後の抱き陰線」「明けの明星」「捨て子底」「大陰線のはらみ寄せ」「たくり線」「勢力線」「陰の陰はらみ」などの底値圏を示すサインが点灯（売り方は「虚」の状態）しているはずです。

　このように株価の下落速度が落ち始めると、高値圏で空売りをしていた賢い投資家から買い戻し始めます。それがきっかけとなり株価の下落速度はブレーキがかかり、徐々に買い戻し始める投資家が増えてきて、あるところまで反発すると、急落の終盤を空売りで追撃売りした目先筋はすべて含み損を抱えることになります。こうなると彼らは急いで買い戻し始め、それにリバウンド狙いの新規の買いも急増し、株価は急速に回復し始めます。

　この結果が、底値圏での大陽線や窓開けの反発となってチャートに現れます。このとき、信用倍率が大幅に売り長（信用売り残が信用買い残よりも多い）であれば、投売り一巡後の急反発は決定的になります。

　これは、売り方の「補給線」が伸び切ったにもかかわらず、それに対して危機感を持たない「虚」の状態のところへ、買い方の小さな一撃が加えられたために、それまでの売り方有利から一転して買い方有利へと形勢が逆転するプロセスです。

第4時限目
相場は常に正しい

本講義のポイント

◎いつまでも上げ続ける相場はないし、いつまでも下げ続ける相場もない。相場は不易流行である。
◎正しいのは常に相場である
◎株価は下がるようにできている
◎動きさえあれば、上げても下げても儲かるのが相場
◎自分の判断を修正しながら相場に合わせていくこと
◎相場を当てようと思ってはいけない

1　相場は「不易流行」

　株はいつまでも上げ続けることはありません。また、下げ続けることもありません。中長期的にトレンドを描きながらも、ある幅を上げたり下げたりします。ですから、次のような心構えで観測します。

①トレンドラインを引き、中長期トレンドを見極め、
②上下の振幅の限界の目処をつけながら、自分の売買の型と照らし合わせて自分の間合いに入ってきたら仕掛けると同時にストップロスを設定。読み通りの動きが始まったらトレーリングストップを活用して株価の動きに素直についていくことで利をできるだけ伸ばします。
③途中でイメージと違う動きとなったら一部利食い手仕舞いするか、反対玉を建てて、先入観をできるだけ排除します。

これを淡々と続けるだけです。したがって、株価が上げても下げてもどちらでも良いのです。**上げても下げても、どちらでも利食いするチャンスはあります**。相場技術のない人は常に「上がれ、上がれ」と上がることだけを期待します。「上がる株が良い株」という信仰があまりに強いため、相場のリズムをまったく意識せず、周期的に見てかなり高値圏にあっても、追いかけて高値づかみを繰り返しています。今まで、高値づかみばかりしてきた人は相場のリズムを認識する必要があるでしょう。

さて、俳諧用語に「不易流行」という言葉があります。とても奥深い言葉ですが、国語辞典の定義は次のようなものです。

【不易流行】
蕉風俳諧の理念の一。俳諧の特質は新しみにあり、その新しみを求めて変化を重ねていく「流行」性こそ「不易」の本質であるということ。
(三省堂大辞林国語辞典より引用)

「不易」は永遠性を意味し、「流行」はそのときどきの新風を意味します。俳諧の「不易流行」とは意味は少し変わりますが、物事の本質を表しているこの言葉を相場に応用してみるとどうなるでしょうか？　永遠に続くものは何でしょうか？　急騰株の上昇がいつまでも続かないことは多くの皆さんが高い授業料を支払って体験していると思います。ほとんどの場合、材料株の人気相場は息が短いのです。では急落はどうでしょうか？　２００１年９月１１日にアメリカで起きた同時多発テロのような世紀の悪材料でさえすぐに消化して下げ止まり、間もなく反発に転じたように、やはり下げ続けることはないのです。

つまり、冒頭でもふれたように、**どんな相場もいつまでも上げ続けないし、反対に倒産する場合を除けば、いつまでも下げ続けないということです。これが「不易」です。**

では「流行」はどうでしょうか？　世に有名なものとしてランダムウォーク理論があります。これが理論的根拠となってオプションのプライシングモデルは構築されています。簡単に説明すると、将来の価

格分布を、あるモデルに従う（普通は正規分布）として行使価格がヒットされる確率を計算し、その期待値を計算し、連続複利金利の割引率で現在価値に還元計算するのです。

　しかし、われわれ株式相場の実践者は、相場はランダムウォークするよりも、むしろほとんどの場合、ある一定期間は上げるか下げるかを繰り返していることを経験で知っています。その原因は序章「株価は何故、どのように変動するのか」で説明した通りです。あらためて考えてみると、目先の変動は「市場参加者が群集心理に左右され『欲望』と『恐怖』の間を振り子のように揺れ動くからだ」とわかるわけです。「プラス人気」も振り切るところまで振り切ったら、その瞬間から反対へ振り始め、「マイナス人気」が始まるわけです。つまり、**株価は「その株の実体価値＋人気」によって決定されるのです。これが「流行」**です。そして、この「人気」の賞味期限はまったくわからないものではなく、いくつかの客観的な指標を観察することで、事前にある程度察知できるものなのです。

　「不易」と「流行」。この２つを常に意識して相場を観察していれば、自分の取るべきポジションの手掛かりとなるでしょう。

2　株価は常に正しい

　株価は、森羅万象、人間が理解できてもできなくても、人間が感じることのできるすべての材料や要因、数十万人・数百万人の欲望と恐怖を絶えず織り込みながら、一大群集心理を形成し、変動し続けます。その群集心理に端を発する周期的動揺が「ある潮流」を形成しているときも、それに反する「逆行波流」は絶えず生まれ、日中足のザラ場で「波しぶき」を立てながら変動しているのです。

　しかし、**どの瞬間でも、株価は常に正しいのです。自分の読みと現実の株価の動きが大きく外れるということは、その読みの推論過程に誤りがあることの証明です。**こういうときには言い訳を探すのではな

く、素直な心で、速やかに、建玉を株価の動きに合わせて変化させるべきでしょう。

3 株価は構造的に下がるようにできている

　新興市場銘柄は、値動きの良さが魅力です。しかし、それは上にも下にも大きく動くということでもあります。例えば、技術が未熟で、かつ意識が「買い一辺倒」の人が、大きな金額を一度に投入して急落に遭遇したら、おそらく心中穏やかではいられないでしょう。ましてや、資金管理がいい加減で、信用余力目一杯まで買い建てていたとしたら、すぐ追証がかかるであろうことは想像に難くありません。

　株価というものは放っておけば下がる宿命にあります。なぜなら、株を買う人は将来それを売って利益を上げようとしているからです。つまり、買った瞬間に、潜在的売り手に豹変しているわけですから、数え切れないほどの潜在的売り手の売り圧力を押しのけるだけの新規の買いが入ってこなければ、株価は自然と下げてしまうわけです。したがって、一般的には上げ相場は努力相場と言えます。ですから、比較的ゆっくりと上げます。しかし、一旦下げ相場に入ると、話は違ってきます。上げ相場と違って下げ相場は崩壊相場なので急落しやすくなります。

　だからこそ、証券界と産業界は、そろって投資家が新規で買いたくなるような理由や材料を次々と出しては、「買え、買え」と大キャンペーンを行っているのです。買い推奨がほとんどで、売り推奨がほとんどないのはこのような理由にあるのです。

　新興市場であろうと東証一部市場であろうと、自分が取っているリスクを理解したうえで、株価の値動きを心で受け止めながら冷静に売買しないと、何度も「痛い目に遭う」ことになります。相場はいつまでも上げ続けませんが、逆にいつまでも下げ続けません（倒産銘柄は例外）。そして、数週間程度の小波動（加速波流、または逆行波流）は

中勢トレンド（潮流）を描きながら（必ずどこかで反転を繰り返しますが）進みます。節目ごとに区切りを付ける意識が大切です。山一證券の例を出すまでもなく、５０年、１００年、２００年の時間軸で考えれば、ほとんどの会社は、残念ながら、消えてなくなるわけです。その株券は、ただの紙切れになるのです。

4　上げても下げてもどちらでも良い

　初心者や下手な人は小局的な値動きしか見ていません。しかも「万年買いたい症候群」なので、上げることだけを期待し、潜在意識では永遠に上げ続けることを夢想しているのです。だから、少しでも下げ始めるといつも不安で一杯になります。しかし、本来、**相場とは「動きさえすれば上げても儲かるし、下げても儲かる」**ものなのです。

　例えば、うねり取りの場合なら、相場観測および自分自身の変動感覚で上げの終盤か反落の始まりに入ったと感じたら、つなぎ売り玉を建て始める。下げ波動をある程度確信したところで、買い玉の残りは種玉を除き、すべて利食い売りする。戻りを「売り」で稼ぐことを繰り返しながら下げの終盤と感じたら次の上げに備えて買い玉を仕込み始める。つまり、下げ相場では、流れに逆らって買うよりも、売りから入ったほうが儲けやすいのです。

　残念ながら、ほとんどの人はこの事実に気づいていません。長年にわたって、マスコミや証券界の大宣伝によって「株は買うもの」と洗脳されているからです。

5　相場は値動きと時間の関数

　相場の本質には先に述べた「不易流行」のほかにもうひとつ大切な

ことがあります。それは、**株価の変動には周期性があるので時間も重要な構成要素になる**という事実です。ひとことで言うと、「相場の動きを観察するなら、値動きだけでなく、時間の経過も監視しないと判断を誤りやすい」ということなのです。

どんなに精緻な相場観測をしても、想定期間が長くなればなるほど外れます。だからこそ、絶えず間違っているかもしれないということを念頭に入れておき、銘柄分散および分割売買と建玉操作でその誤差を補正し続けるのです。

また、われわれ相場の実践家は、「判断」するだけでは何の意味もありません。判断をしたら「決断」、つまり実際に玉を建てるという行動を起こしてはじめて意味があるのです。この「判断」から「行動」に移行するときには「心」というフィルターを通ります。したがって、実践者の心に自分の判断を守るという強靭な精神力が不足していると、せっかくの判断が途中で消散してしまいます。相場実践者にとって行動のための判断でないとしたら、いったい、その判断にどのような価値があるのでしょうか？

それではいったい、強靭な精神力を涵養するにはどうしたら良いのでしょうか。それは**自分で作った売買の型を、何があっても守るという固い決意をするしかありません**。ホームランはあえて狙わず、建玉操作の連続により、ヒットを重ねることです。

6　売買の源泉は建玉操作にある

建玉操作はノウハウに裏付けられた技術ですが、本当に必要なノウハウは当然のことながらある意味で企業秘密になりますから、市販の書物にはほとんど書かれません。というよりも、ノウハウを文章だけで伝えることは、至難の技なのです。したがって、もし、書かれていたとしても、時間をかけて相当熟読しなければ正しく理解できないでしょう。例えば、立花義正氏の本には数々のノウハウが書かれていま

すが、ほとんどの人はさらっと一度本文だけを流し読みするだけなのではないでしょうか。そういう読み方ではおそらく、本当の価値に気づかないままだと思います。「本当のノウハウは本文ではなく、2年間にわたる詳細な連続売買譜にある」ことに気づく人はほとんどいないと思います。

　さらに付け加えると、正しく理解したとしても、長年染み付いた我流の癖および「欲望」と「恐怖」に邪魔されて、戸惑うことなく実行できるようになるには時間が掛かります。才能があり、かつ早い人でも半年くらい、遅い人では数年間の実戦訓練が必要となります。しかし、そのトンネルを通り抜けたその先には、青い空と見渡す限りの緑の大草原が待っています。**売買利益の源泉は「相場を当てる」ことではなく、「自分の型通りの、相場の流れに合った建玉操作の連続」にあります**。そして、この自分の型を完成させ、相場の流れに合わせて建玉操作していくことこそがトレード技術の核心であり、その実践者の最重要ノウハウなのです（第6日目で詳述）。

本講義のポイント

◎相場は不易流行である。いつまでも上げ続ける相場はないし、いつまでも下げ続ける相場もない。

◎ひとことで言うのなら、「当てよう」と思っても当たらないのが相場である。だからこそ、自分の型を決め、相場の流れに合わせて建玉操作していくことが大事なのである。

本日のまとめ

◎相場の技術には6つある。この6つが絡み合って相場技術全体系を形作る。

◎技術とは知識のことではない。知識(顕在知＋暗黙知)×知恵×実行＝技術である。実行できなければ知識で終わる。実践家にとっては、実行できる知識並びに知恵が必要。

◎実は、相場においては、精神力がものを言うことが多い。欲と恐怖をいかにコントロールするかがカギとなる。

第4日目

失敗の原因を知っておく

第1時限目

なぜ、うまくいかないのか？

本講義のポイント

◎何を買うかよりも、買った後にどう相場に合わせていくか（＝建玉操作）のほうが大事である
◎何故失敗するのか、その理由を探っておくべし
◎やろうとしていることとやっていることの差を埋めておくこと

1　「何を買うか」だけでは生き残れない

　株式に限らずトレードにおいては、「何を買うか＝銘柄選択」だけでは成功できません。もちろん、銘柄選択は戦略領域の話ですから重要であり、ここで決定的に間違える（倒産銘柄を買ってしまったとか）と後が苦しくなります。ですが、基本的に銘柄選択にまつわる情報収集そのものはトレード技術の一部に過ぎません。なぜなら、人知の限りを尽くしても、世界最高水準のスーパーコンピューターを駆使して計算しても、わずか数週間先の株価でさえ、満足できる精度では予測できないからです。数カ月先、数年先、数十年先などについては言わずもがなです。「上がる銘柄さえ当てれば儲かる」という不可能な幻を探し求めて時間とエネルギーを浪費するのはもう卒業しましょう。**銘柄選択のために右往左往するのは卒業し、効果的で効率的な銘柄選択のための自分の型を決め、その型にしたがって淡々と銘柄を絞り込み、残った時間と集中力を建玉操作に向けましょう。**
　仮に、運良く上がる銘柄を当てることができても、基本的な売買技術がないとまったく話になりません。売り時が早過ぎたり、遅過ぎた

りして、一時的な含み益がいつの間にか大きな含み損になっていた、という事態もあり得る——それも頻繁に——でしょう。

本当に必要なものは「何を＝銘柄選択」に加えて、それに勝るとも劣らず「いつ、どのように買い」「いつ、どのように売る」のかという「売買技術」なのです。その中心となるものがこれまでに説明してきた「相場観測」と「建玉操作」です。これに「資金管理」を加えると、全体として、コアの売買技術（相場技術）になります。つまり、

銘柄選択×相場観測×建玉操作×資金管理＝売買技術（相場技術）

となるのです。**一番大切なことは「ｗｈａｔ（何を）」よりも、むしろ「ｈｏｗ（どのようにして）」なのです。**なお、「建玉操作」は恐怖と欲望の間を揺れ動く「心のコントロール」と密接に関係しており、相場技術の中でも、核を成すものです。

2　トレードが下手な人には理由がある

トレードがうまくいかない人にはうまくできない当然の理由があります。私自身の経験から考えると、その典型的な理由は次のようなものではないかと思います。

（１）常に買い偏重。売りの意識が希薄なので、売りができない
（２）期待・希望が先行しすぎるので、仕掛け時のイメージと違う動きになってきても反対玉を建てるか、損切りするかの手段を実行できない
（３）資金量と比べて相対的に大き過ぎるポジションを建てるため、わずかなあや戻しで怖くなり、粘ることができない
（４）一応の判断はできるが、「欲望」と「恐怖」が邪魔をして実行

> できない

　どうでしょうか？　思うように上達できない人は、上記の多くの項目に該当していると思います。もし、そうならば解決策は簡単に見つかります。上記4項目をすべて実行できるようにすれば良いのです。ただし、「言うは易し、行うは難し」です。なぜなら、自分の潜在意識に寄生虫のよう住み着いている「一度にもっと儲けたい」という欲深い心と、「損をしたらどうしよう」という恐怖心が、正しい決断を邪魔するからです。これを克服できない限り、さまざまな知識を習得して、すべきことを「判断」できるようになっても、実行するための「決断」ができないわけですから、上達は遅々として進まないでしょう。

　ここで、疑問に思われた方がいらっしゃると思います。「欲望と恐怖をコントロールすることが大切なのはわかった。では、どのようにしたらトレード技術最大の敵である『心』を自分でコントロールできるようになり、『判断』にとどまらず、ためらうことなく決断し『実行』することができるようになるのか」と。

　一番確実な方法は、**実戦で決断の訓練を積むことです**。しかし、初心者が何度も実戦で失敗を重ねて資金を減少させると、自信を喪失して立ち直れなくなる恐れがあります。そこで、次善の策です。シミュレーションを通して「決断の訓練」を繰り返し行い、「決断すること」に自分自身を慣れさせるのです。もちろん、その場合、工夫してできるだけ実戦に近いやり方を採用しないと効果がないことは言うまでもありません。

3 失敗の原因は、スタイルと手法のミスマッチ

　さぁ、質問です。「下記4項目の中でどれが一番大切だと思いますか？」

①相場予測の技法
②建玉法も含めた売買ルールの確立と実行
③ロスカットルールも含めたマネーマネジメントの確立と実行
④強靭な精神力と決断力

　どうですか？　「ここまで読んでくださった読者の方なら、少なくとも「相場予測の技法」ではないことはお気づきかもしれません。しかし、これまでは、「相場予測の技法」だと考えていた方がほとんどではないでしょうか。

　私も相場に参加し始めた頃は、そう信じて全力で予測しようと研究していました。でも、寝食を忘れるほどの勢いで数カ月研究するうちに、正確に相場を予測することなど、どんな方法を用いてもできるわけがないと気づいたのです。テクニカルにせよ、ファンダメンタルズにせよ、将来のことは正確には予測できません。リアルタイムである程度わかるのは、「今、上昇トレンド中なのか。下降トレンド中なのか。保ち合い中なのか。あるいは、底値圏にあるのか、天井圏にあるのか」までです。これからいつまでにどれくらい上がるのか、下がるのかについては「神のみぞ知る」、まったくの相場任せです。

　多くの先達は「ロスカットルールも含めたマネーマネジメントの確立と実行が最も大切だ」と指摘しています。私も同感です。ただ、マネーマネジメントは損を最小限に抑える意味ではとても重要ですが、これだけでは積極的に儲けることはできません（もちろん、大負けすることはないですが）。

　ある程度、安定的に儲けるためには「ロスカットルールも含めたマネーマネジメントの確立と実行」に加えて、「建玉法も含めた売買の型

の確立と実行」がどうしても必要になります。まだ、自分に合った売買の型が確立できていない人は、できるだけ早くそれを確立してほしいと思います。それが相場で勝つための必要条件です。

　株式投資では９５％の人が通年でいつも損をして、５％の人が通年で安定的に利益を上げていると言われています。そこで、「９５％の人が損ばかりしている理由」を考察してみました。９５％に入ると思われる方は、真剣に読んで、考えてみてください。

１）自分のスタイルを確立できていない。例えば、時間軸すら決めていない
　自分はトレード（６カ月以内に手仕舞うつもり）をしようとしているのか、投資（６カ月あるいは１年超持ち続け、会社の業績成長が止まるまで持ち続けるつもり）をしようとしているのか。まず、これを明確に決める必要があるでしょう。

２）トレードと投資では仕掛けも手仕舞いも手法が異なることについて理解していない
　もしあなたがトレードをするならば、その銘柄の需給の変化と株価の上昇下降速度の変化に最大限の注意を払うべきです。５年も１０年も先の業績変化をあれこれ推測するよりも、足元の株価そのものの動き、出来高と信用倍率の変化を常に注意深く監視するほうがより効果的かつ効率的、ということです。
　このとき、アナリストや評論家がファンダメンタルズを理由に買い推奨しているからといって、それに惑わされないようにしてください。テクニカル分析で売りのサインが出ていたら迷わずに売りを実行してください。売るべきときに売ることを決してためらわないことです。序章「株価は何故、どのように変動するのか」で説明したように、株価というものは、その銘柄のファンダメンタルズの変化を長期トレンドの中に先取りする形で織り込みながら大きく変動（３年くらいの周期）する一方で、その銘柄の短期需給の変化を反映し小周期（３カ月から６カ月）でうねりを描く性質も持っています。だからこそ、短期トレードでは

"サイン"が出ているときには迷ってはいけないのです。

　他方、その会社の成長を見込んで投資するなら、ファンダメンタルズ分析で監視を続け、急落するたびに仕込み、あとはドーンと構えて、うねりなど気にせずに数年から１０年くらいの大きな変動を狙う投資をすれば良いのです。資産家はこのようなスタイルを取るべきです。

　結局、株式投資でいつも損ばかりしている人は、以下のようなパターンが多いのではないかと思います。

（１）買うときはファンダメンタルズを理由に買い、しかも短期波動的に見て上昇余地がほとんどない高いときに買う
（２）短期需給が悪化し、株価が明らかに下げ始めても、ファンダメンタルズを理由になかなか損切りできずに持ち続ける。
（３）そして、含み損が５～６割まで達すると、恐怖から投げ売りする。
（４）投げ売りの直後に反転し始めて、悔しい思いをする。

　このような失敗パターンの最大の理由は、目指しているスタイル（やろうとしていること：投資なのか、ポジショントレードなのか、スイングトレードなのか、デイトレードなのかなど）と実際の手法（やっていること）のミスマッチです。逆に言えば、スタイルと手法をマッチさせ、数多くの場数を踏みながら売買技術を向上させればいいのです。損が激減するはずです。半年や１年の通期で考えるなら、いずれはかなりの利益を手にできると思います。大切なことは、スタイルと手法のマッチングなのです。

コラム　　　鈴木商店の蹉跌に学ぶ

　金子直吉が大番頭を務める鈴木商店は、『三国志』の諸葛亮孔明のよ

うに、三井・三菱と天下を三分すると言われるまでに大発展しました。

　第一次世界大戦の戦争特需で大儲けしていた鈴木商店は、戦争のさらなる長期化を見込んで工場を次々と増設しました。ここまでは地合を正しく読み、順張りで利乗せをしながら買い建玉を膨らませていく名相場師のようです。

　ところが、戦争はやがて終結。残ったのは莫大な在庫の山と借金でした。本来なら、ここで工場の縮小と人員整理を始めるべきでしたが、金子は「従業員を守る」と言い切り、まわりの反対を押し切ってリストラはせずに、逆に借金を増やすことで危機を乗り切ろうとしました。このあたりは、追証が発生しているにもかかわらず、建玉を整理するどころか、借金をしてまで追証に応じる、多くの個人投資家のようです。

　戦争特需で異常に膨らんだ経済がいったん天井を打って下げに転じると、すべての歯車が逆回転し始め、そう簡単には下げ止まらないのも、相場と同じです。金子は当時の国家予算の数パーセントにも匹敵する金額にまで借金を膨らませ、昭和初期の金融恐慌で耐えられなくなります。そしてついに、鈴木商店は倒産しました。これは、信用取引で信用枠一杯に玉を建て、家屋敷を担保に入れて、さらに借金を重ねて破産する、一部の個人投資家の姿とまったく同じです。金子は晩年、「後輩諸氏は私の轍を踏まないように」と言ったそうです。やはり経営でも、相場でも、「君子は豹変する【注】」の故事は大切な普遍的真理です。

【注】人格者は過ちを犯したとき、すぐにそれを認めて正しいことを行うという意味。出展は中国五経のひとつ、易経。

　以下は今までの経験から感じたわたしの言葉です。

「愚者は経験しても学ばず、同じ失敗と付和雷同を繰り返すが、君子は歴史に学び、先人の失敗を避け、環境の変化に応じて豹変することをためらわない」　優利加

参考文献：鈴木商店
http://ja.wikipedia.org/wiki/%E9%88%B4%E6%9C%A8%E5%95%86%E5%BA%97
http://members.jcom.home.ne.jp/qanai.7070/company/02company_suzuki.html

> **本講義のおさらい**
>
> やろうとしていることとやっていることの差を埋め、買った（あるいは売った）後にどう相場に合わせていくのかを考えることが大事。うまくいかないときには何かが違うのであるから、早く損切りしてその原因を明らかにすること。

第2時限目
無知と怠慢が最大の敵

> **本講義のポイント**
>
> ◎すぐに大儲けできるほど、知るべきことを知らないままで生き残れるほど相場は甘くない
> ◎投資はギャンブルではない。
> ◎上達することを放棄しては勝てない。

　株式投資でうまくいってない人々には、いくつかの直接的な原因があります。でも、本当の原因、つまり真因はごくわずかであるのも事実です。具体的に言うと、無知と怠慢がその真因なのです。

1　無知

　株式投資（相場）に必要な知識が著しく乏しいにもかかわらず、無謀にも「相場」という真剣勝負の荒海へ飛び込むこと。これを無知と言います。誰かから何か良い「情報」を得て、「材料」にいち早く飛び付き、「人気」化した銘柄に提灯をつけて追いかけ、数日から数週間で大儲けすることが株式投資の王道だ。こういう致命的な誤解をしている人のことです（でも、こういう人は多いのです）。

　すぐに大儲けできることを前提にしているので、少しでも調整して戻すとオロオロして右往左往します。まれに運良く、結果オーライでうまくいくと、その後、「うまくいったやり方」に固執し（中毒症となり）、「正しい道」に戻れなくなるのです。

　なかには、困ったことに、エコノミストやアナリストのファンダメ

ンタルズ分析どおりに株価が動くはずだと真剣に思っている人もいます。特に、高学歴のインテリにこのタイプが多いようです。

　ファンダメンタルズ分析は、財務分析に代表されるように基本的には確定した過去の決算数字をもとに行う方法です。構造的に"過去"を見て株価を静的にとらえようとするものです。ここに、ファンダメンタルズ分析の限界があるのです。なぜなら、株価は常に"将来"を次々と織り込んで動的に変化しているからです。

　ただ、上に挙げたような限界はあるものの、ファンダメンタルズ分析にも使える手法はいくつかあります。なかでも"良い"と思われるのは、ＤＣＦ法（ディスカウント・キャッシュフロー法：５年から１０年先までの将来のキャッシュフローを推定して、それを現在価値に還元した値から理論株価を計算する方法）です。Ｍ＆Ａなどで買収される企業の価値を算定するときに使われています。もともとは債券の価格決定理論。数学的に明快でわかりやすく美しい価格決定理論です。

　ただし、「想定期間中は"変わらない"という何らかの前提を立てて、将来のキャッシュフローを推定することからＤＣＦ法は始まる」ことには注意が必要です。債券の将来のキャッシュフローは事前に確定しているのに対して、企業が将来生み出すキャッシュフローは不確定で不安定です。こういう状況があるにもかかわらず、ＤＣＦ法は"強引"に理論株価を導くのです。ですから、少しでも前提が崩れると、当然、実際のキャッシュフローも変化し、その結果としての理論株価も変化します。どんな手法であれ、理論株価は、想定期間中は変わらないある前提を立てて計算するから、やはり静的分析なのです。このことを頭に入れておいてください。

　株価が「人間の群集心理というフィルターを介して決定され、絶えず群集心理の動揺を反映して変動している」という事実を知らない人もよく見かけます。株価は将来の業績変化予想を先取りして変動しているのですが、客観的に織り込んでいるわけではないのです。マーケットに参加している数十万人、あるいは数百万人の人間の発する個々の小さな心の波紋が一大合成波動となって価格形成されているのです。「史上最高益を発表した途端に株価が下がる」などがよく観察されるの

もそのためです。"発表"されたときにはもうすでに、最高益という好材料は織り込まれているのです。織り込み済みなわけですから、これ以上上がることなく、下がるという現象が見られるようになるのです。

そして、相場の難しさと真理はそこ（＝群集心理）にあります。なぜなら、人間の群集心理というものは両極端に振れやすいからです。強気のときはとことん強気になり、反対に、弱気のときはとことん弱気になります。だからこそ、上げ過ぎたり、下げ過ぎたりして、その後に必然的な修正波動がやってくるわけです。

このことを十分に理解しておかないと、**群集心理に惑わされて、売るべきところで買ってしまい、逆に、買うべきところで売ってしまうことになります**。理論偏重のエコノミストやアナリストが頻繁に相場を読み間違える理由は、彼らが相場の実践家ではないが故に、この相場の真理の重要性を軽視して、いつ修正されるかもしれない「企業業績見通し」や「材料」のみで判断しようとするところにあるのです。

2 怠慢

株式投資に必要な一通りの知識と、株価変動のメカニズムを理解してはいる。だが、それを積極的に活用するために必要な「強靭な精神力（忍耐力を含む）」が欠けているため、自分の感情に振り回され、定石を無視した我流をいつまでも続けていて上達できない。

つまり、**知ってはいるけれど自己規律がなく、せっかくの知識を「実行」せずに無駄にして、上達することを自ら放棄していること。これが怠慢です。**

こういう人々が株式相場に参加する理由は、「ギャンブルのように手っ取り早く小遣いが稼げそう」「スリルがある」などにあるのかもしれません。継続的に資産を増やすために株式投資をするという発想は、おそらくほとんどないのでしょう。

このような怠慢な人々も無知な人々と同様に、真剣勝負の株式相場の荒海では、上級者にとってありがたい「貢ぐ君」となります。上級者が大量に売りたいときに歓喜してプレミアム価格で買ってくれ、上

級者が大量に買いたいときには恐怖におののいて赤札バーゲン価格で投げ売りをしてくれるからです。

　株式相場の荒海を安全に末永く航海するには、知識だけでは不十分です。知識に加えて、その知識を確実に実行する決断力に裏付された技術が絶対不可欠です。技術とは価値あるものです。**価値あるものを手に入れようとするなら、それ相応の対価を払わなければなりません。対価も払わずに、大した努力もせずに、価値あるものを安易に手に入れようとするような、さもしい精神の人は上達できません。**

　本講義の締めくくりとして、最後に、以下の言葉を贈ります。

「力を尽くして狭き門より入れ。滅びに至る門は大きく、その路は広く、之より入るもの多し。生命に至る門は狭く、その路は細く、之を見出すもの少なし」
　　　　　　　　　　――新約聖書「ルカ伝」第１３章２４節

本講義のおさらい

無知と怠慢で通用するほど、相場は甘くない。やるべきことはしっかりやること。

本日のまとめ

相場技術を上達させたかったら"手っ取り早く"とは思わずに、知識を蓄積し、蓄積した知識を実行に移して上達を図ることである。その際、自分のやろうとしていることと実際にやっていることがミスマッチになっていないか、たえず確認すること。

第5日目

学び方について

第1時限目
自分で調べる

本講義のポイント

◎何かを調べることは難しいことではない。わからないことがあれば、一度は自分で調べるべし。そのくらいは自分でやらないと身につかない。
◎自分で何もやらない（学ばない）では何もマスターできない。

　「株なら、簡単に努力もせずに儲けることができる」というのは錯覚です。**知らない言葉に出合ったら、まず、ヤフー（Yahoo!）などのサーチエンジンで検索します**。ほとんどの場合はこれで簡単に解決します。
　このような単純な努力もせずに、安易に誰かに尋ねる受け身の姿勢では、相場に限らず、どんな仕事でも三流未満の現状を甘受するしかありません。**本当に真剣に上達する決意があるならば、わからないことに出くわしたら、まず自力で調べてみるのが筋です**。それでもわからないことがあったときにはじめて、自分が理解している範囲のことをまとめたうえで、さらに詳しいことに精通している誰かに尋ねる。このような能動的思考および積極的行動が必要です。
　株式トレードでも、普通の「技術仕事」とまったく同じ方法をとれば、生涯現役のトレーダーを目指せます。その分野で必要な知識を深耕しながら、実践を通して知識の検証・研究・微調整を繰り返し、判断技術（体系的な知識、体験、経験、ノウハウおよびそれらを縦横無尽に活用できる知恵）を涵養します。同時に、心・感情を適切にコントロールしながら、「判断」を実行する「技能」へと高めます。

> **本講義のおさらい**
>
> わからないことを調べるというのは、基本中の基本の行為である。

第2時限目
他人の失敗から学ぶ

> **本講義のポイント**
>
> ◎失敗を悔やんでいるばかりでは駄目。失敗したときには「なぜ失敗したのか」、その原因を突き止めておくこと。
> ◎先人たちの失敗からも多くのことが学べる。参考にするべきである。
> ◎成功よりも多くのことを学べるのが失敗である。

1　賢者は歴史に学び、凡夫は経験に学び、愚者は経験しても学ばない

　ビスマルクは「賢者は歴史に学び、愚者は経験に学ぶ」と言ったそうですが、これは正確な表現ではないと思います。私のバージョン（ビスマルクの言葉を私なりに修正したもの）では、「**賢者は歴史に学び、凡夫は経験に学び、愚者は経験しても学ばない**」です。株式投資で損ばかりしている人は「なぜ、損するのか」を探求しない限り、同じ過ちを何度も何度も繰り返すことになります。経験したにもかかわらず何も学び取らないが故に、また同じ失敗を繰り返すわけです。
　反対に、歴史から何かを学び取ろうとする人は、「歴史は繰り返す」という真理に気づいているだけでなく、それを積極的に利用しようとしています。**多くの先人や他人の失敗を研究・分析して、そこから失敗しないための何かを学び取るので、自らはあまり失敗しないで済む**のです。失敗したとしても浅い傷で済みます。
　おそらく９０％以上の個人投資家が「人の意見や人気に惑わされる」「材料株や急騰株に飛び付いて高値づかみをする」「高値を付けた後、

下げトレンドに入ったにもかかわらず高値覚えで売れない」「損切りできない」「塩漬けにする」「暴落時に耐えきれず、恐怖に負けて底値で投げ売り」「買いでダメならと、安値更新時の追撃売りでリバウンドされて踏み上げられる」など、数え切れないほどの「失敗への定石」を繰り返しています。

　過去は現在に途切れなくつながり、現在は未来へ途切れなくつながっていきます。ここに、過去を学び、現在を正確に認識することの意味と重要性があるのです。このことがわかれば、少し先の未来はある程度見えてきます。歴史は人間心理の変動の波が作るものです。そして、人間の心理は千年や二千年程度ではほとんど変わらないのも事実なのです。現代の人間が生命の危機に直面して怖いと感じることは、古代の人間も同様に怖かったはずです。だからこそ、「歴史は繰り返す」のです。

　そして、人間の心理が状況によって揺らぎ、波を形成する以上、その影響を受ける企業業績も景気も、その結果としての株価も、各個人の心の揺らぎの合成波動となり循環するのです。株式投資で成功する鍵は、「失敗への定石」を避け、株価の波動の転換前後をできるだけ早く感知して、種をまいておくことにあるのです。

　とはいうものの、波動の転換をどうやって感知したら良いのでしょうか。

　まずは戦略的思考が必要です。**株価の波動を大勢（月足）、中勢（週足）、小勢（日足）に分けて観察するのです**。ちなみに、相場の見通しに関して、高値圏および安値圏でほとんどの人の意見が一致したとき、それは、その逆に相場が動く兆候です。採用すべき戦略は、**強靭な精神力で群集心理の反対をいくこと**です。なぜなら、ウォール・ストリートの相場格言が言うように「相場は悲観の中で生まれ、懐疑の中で育ち、楽観と共に成熟し、幸福と陶酔のうちに終わる」からです。

2　失敗から学べることは多い

　人は自分自身の失敗はもちろん、先人達の失敗からも多くのことを学ぶことができます。例えば、故立花義正氏の「あなたも株のプロになれる」（同友館刊）は相場技術の習得を目指す初級者・中級者にとっては、彼の失敗を通して相場の冷徹さと恐さを学べる教科書的な必読書と言えるでしょう。自分自身のスタイルを決める手掛かりを模索している人は、ぜひ読んでみてください。ほかには、林輝太郎氏や板垣浩氏の著作もとても参考になります。私も彼らの著作はすべて読みました。初期の頃の私の売買の型に大きな影響を与えています。

　立花正義氏と同様、ジェシー・リバモアという栄光と挫折を極めたアメリカの相場師の話も非常に参考になります。リバモアの成功からはもちろん、失敗からも多くのことを学べます。リバモアについては数多くの本が出版されていますが、『世紀の相場師ジェシー・リバモア』（リチャード・スミッテン著、角川書店刊）から、彼の投資手法のキーワードのみをいくつか整理してみましょう。

（1）タイミング
（2）資金管理
（3）感情の抑制
（4）打診玉を利用する
（5）分割売買
（6）相場の研究は周期性の研究
（7）取引銘柄は限定する（傍流銘柄には手を出さず主力銘柄のみ）
（8）損切りは早く

となります。ほかにも非常に多くの示唆に富んだ記述があります。生涯現役トレーダーを目指す方は必読です。彼は巨万の富を手に入れましたが、その代わりに私生活は乱れ、不幸の種をまきちらし、最後に

は生きるモチベーションを失い拳銃で自らの頭を打ち抜きました。天は二物を与えなかったとも言えますが、リバモアについては相場においても人生においても「心・感情のコントロール」がいかに大切かを伝える教訓としたいですね。

他方、『世紀の相場師ジェシー・リバモア』には彼の栄光と挫折の連続を通して、栄光の部分で「何をなすべきか」、挫折の部分で「何をしてはいけないか」が彼の赤裸々な生きざまを通して、対照的に、そして鮮明に読者に語られています。それは相場だけでなく、人生全般についても当てはまります。

成功例から学べることは多いですが、それに優るとも劣らず、失敗例からも多くのことを学べるのです。そして、最も大切なことは、成功例からでは決して学べないことを、失敗例からは学べるということです。 偉大な先達がなぜ失敗したのかを学ぶことは、自分がその失敗を疑似体験することにつながります。それによって、同じような失敗をする可能性が低くなるわけです。ここに失敗例を学ぶ意義があります。「破」の段階（後述）にある人は、成功例よりも、こういう偉大な先達が実際に犯した失敗から、より多くのことを学べると思います。正に「賢者は歴史に学ぶ」のです。

ほとんどの人は光の部分ばかりを見たがりますが、光の部分だけを見ていても、本当の意味で物事がわかったとは言えません。光と闇で一体であり、全体なのです。

ですから、物事の事象を本当に理解するには全体像を知る必要があります。光の部分だけではなく、闇の部分を知る必要もあるのです。株式投資での利食いを光とすれば、損切りは闇です。そういう意味で、リバモアの生涯を知ることはとても有益です。彼は幾度かの破産の後、資金管理と試し玉の重要性を悟り、それ以後は立ち直れないほどの致命的な失敗を犯すことはなかったのです。具体的に言うと、万が一に備えて、相場に戻る資金を信託基金として、別途、運用管理し始めたのです。彼は「経験」に学んだわけです。そういう意味では彼も私たち同様、「凡人」の部類に入ります。

彼が「ウォール街のグレートベア」として一躍その名を轟かせたの

は、１９２９年１０月の「暗黒の木曜日」でした。彼はいくつもの兆候から、相場の転換が間もなくやって来ると確信し、大恐慌が始まる数カ月も前に、当時の金で１億ドルにものぼる１００万株の主力株（仕手株ではありません）を売り建てていたのです。暴落が始まってからは何もせずに下げ止まるまでじっと待っていただけです。無知で嫉妬深い大衆は「暗黒の木曜日」はリバモアが引き起こしたと非難しましたが、見当外れも甚だしい限りです。いくら偉大な投機家であっても、一個人がニューヨークという巨大市場を崩壊させることなどできないことくらい少し冷静に考えればわかることです。

　また、彼は傍流銘柄には目もくれず、ずっと主力銘柄のみを手掛けていました。私生活では半面教師ですが、彼の誰の真似でもない独自の売買手法、不死鳥のように何度も破産から蘇った精神力、アメリカ資本市場を救うために二度も巨額の利益を放棄した（一度目はＪ・Ｐ・モルガンの依頼で、二度目はウィルソン大統領の依頼で）度量の大きさなど、相場を実践していない人たちが書いた、商業的な相場本からは学ぶことのできない話が『世紀の相場師ジェシー・リバモア』には赤裸々に書いてあります。

　相場の手法以外で私がリバモアの生涯から学んだ一番大切なことは、どんなに仕事が順調でも私生活を乱してはならないということ、どんなにお金があろうとお金を湯水のごとく自由に家族に使わせてはならないことです。お金は使い方次第で、人を幸せにも不幸にもします。人格に不釣り合いなほどあり余るお金は、その人を不幸にします。気をつけたいものです。

本講義のおさらい

◎失敗は、「なぜ失敗したのか」の原因を突き止めておくことで「宝」に生まれ変わる。

◎先人たちの失敗を疑似体験すること。実に多くのことが学べる。歴史に学ぶこと。

第3時限目

「守・破・離」を心得る

> **本講義のポイント**

◎物事の上達には、道理にかなったプロセスがある
◎プロセスには、師から学ぶ「守・破・離」の上達プロセスと、自分の体験から始まる「体験・経験・ノウハウ・オリジナリティ・理念」という上達プロセスの2つがある。

　物事の上達には、道理にかなったプロセスがあります。道理にかなったプロセスに従えば、より早く上達できるだけでなく、**我流では不可能な本物の上達が期待できます。**
　例えば、武道には守・破・離の3段階の修養過程があります。これを相場技術に当てはめてみると次のようになります。
　「守」とは、師または信頼できる書物の教えを守り、それを繰り返し、着実に我がものにすることです。この守を励行するようになると、損を覚悟して実際にある銘柄を繰り返し売買できるようになります。そして、慣れてくると、自分の中である種の法則めいたものを感じるようになります。やがて、少しの利益なら取れるケースが多くなる段階にまで自分を高めることができるようになります。ただし、これはあくまで「守」を励行した場合の話です。「守」を学んでも、我流を続けている場合はこの限りではありません。
　株式相場では守の段階を完全にマスターすると、自然と師の教えを基本としながらも、それを応用発展させるようになります。これが「破」の段階です。株式相場では、破の段階になると「株で生活」できるようになります。

さらに、達人になると、師の教えを内在しながらも独自の境地に到達し、「離」となるのです。
　守・破・離のほかに、「体験・経験・ノウハウ・オリジナリティ・理念」という上達プロセスもあります。これは経営コンサルタントである竹原義朗先生から私が直接学んだことですが、私なりの解釈は次のとおりです。

体験
　物事を学ぶには、まず、「体験」してみる。

経験
　体験を反省し、成功を伸ばす一方、失敗を繰り返さないためにどうすれば良いかを十分に分析して何かを学び取る。すると、それは単なる体験ではなく「経験」になる。

ノウハウ
　経験をたくさん積み重ねると、経験は「ノウハウ」へ進化する。
　自分自身の体験（個々人の内で直接に感得される経験。知性的な一般化を経ていない点で経験よりも人格的・個性的な意味を持つ）と経験（直接触れたり、見たり、実際にやってみたりすること。また、そのようにして得た知識や技術）が相互に結び付いて体系化されてくると、自分独自のノウハウ（ある専門分野における技術およびその蓄積。暗黙知の部分が多い）ができます。誰にも必ずそのようなノウハウが何かあるはずです。ノウハウは読んで字のごとく単なる知識ではありません。知識は言葉で伝えることができますが、ノウハウを言葉だけで伝えることはできません。自転車の乗り方を言葉だけで教えることはできません。水泳を言葉だけで教えることはできません。新規工場の立ち上げも、精密な金型を作ることも言葉（マニュアル）だけではできません。ノウハウは正確な知識はもちろん、積み重ねられた体験と経験の基礎があってはじめて習得できるものです。

オリジナリティ

実証に耐えてきた独自のノウハウが蓄積されてくると、それまでは誰も気づかなかった「オリジナリティ」が芽生えてきます。

理念

オリジナリティが究極的に昇華すると、最終的に「理念」へ向かいます。

守・破・離は師から学ぶところから始まりますが、このプロセスは自らの体験から始まります。ところが、最終的に到達する境地はほとんど同じです。登る道筋は違えども、目指す頂上はひとつということです。「我、万里の道を見ず、只、万里の空を見るのみ」なのです。ちなみに、私は自らの実体験で気づいたことがあります。

（1）体験
（2）経験
（3）ノウハウ
（4）オリジナリティ
（5）理念

の五段階に加えて、もう一段階あるということです。それは

（6）啓蒙活動

という段階です。自分が築き上げてきたノウハウを真剣に学ぼうとしている誰かに継承し、さらに発展させ役立ててもらいたいという境地です。

最後に、あえてお話ししておきます。（1）から（6）までは絶えず同時進行していなければなりません。また、「守・破・離」のプロセスにも、「体験・経験・ノウハウ・オリジナリティ・理念・啓蒙活動」のプロセスにも、誰かが何かをやってくれることをただ待つだけの受動

的な姿勢ではなく、困難でも自らの意思と創意工夫で道を切り拓く能動的な姿勢が必要なことを覚えておいてください。

「己こそ己の寄るべ、己を措きて誰に寄るべぞ、良く整えし己こそまこと得がたき寄るべなり」

——少林寺拳法　聖句第一

> **本講義のおさらい**
>
> 「技術を上げよう」とやみくもに動くよりも、道理にかなったプロセスに従えば、より早く上達できるだけでなく、我流では不可能な本物の上達が期待できる。上達にはどのようなプロセスがあるのか、自分は今どの段階にいるのかを知ることはとても大事。

本日のまとめ

技術の上達を考えるとき、常に心得て(心にとどめて)おくべきことがある。それが「わからないことは調べること」と「失敗から学ぶこと」、そして「上達にはプロセスがあることを知ること」である。これらは、相場に没頭するとつい忘れがちになるが、いつも心のどこかに置いておくべき重要な要素である。

第6日目

相場技術上達への道のり

第1時限目
トレーディングスタイルと型の決定について

本講義のポイント

◎プロには自分の「型」がある。
◎自分の性格に合った型と、それに合った売買ルールの細則を決め、それを実行することが大切。
◎「型」を構築するに当たってはまずはトレーディングスタイルから決める。次に相場の見方の型を決め、有望銘柄候補絞込みの型を決め、絞り込んだ有望銘柄群の中から具体的に手掛ける銘柄を選別する型を決める。さらに、仕掛け・手仕舞いの型を決め 毎日やるべき作業とその順番を決める。必ず検証すること。

1　型の構築

【ステップ1：プロがプロでいられる理由を知る】

　相場では、買いたい人のほとんどが買ってしまったら、買い手が潜在的売り手に豹変し、今度は売りたい人が圧倒的大多数になります。同様に、売りたい人のほとんどが売ってしまったら、空売りで売りから仕掛けた人も潜在的買い手に豹変し、買いたい人が大多数になります。ということは、株価の上昇速度の鈍化や株価位置、日柄と出来高推移（相場観測のチェック項目参照）を観察していれば、危険水域に入った兆候を感じ取ることができる、ということでもあるのです。
　例えば、株価が1ヶ月くらいで2倍以上に急騰したにもかかわらず、いつまでも追いかけて買い続けたり、反対に、急落している銘柄をい

つまでも追いかけて空売りし続けたりするのはとても危険で難しいことです。例えば、東証一部の大型株が直近安値から数カ月の短期間で2倍以上に上昇し、かつ出来高が急上昇の後減少してきたら、ほとんどの場合、非常に高い確率で目先の天井はすぐにやってきます。

このように株価はたえず変動しています。ある日突然、株価のトレンドは反転することもあるのですから、うまく乗れないとなかなか利が伸びないなど、思い描いていた通りの結果にならないこともあるわけです。最悪の場合、損をしてしまうこともあります。

株価は先の読めない変動を続けているので、圧倒的大多数の投資家がうまくいかない状況に陥ることがあり得ることは想像に難くないと思います。さて、ここで質問です。圧倒的大多数の投資家がうまくいかない状況に陥ったとしても、一部のセミプロとプロは、ある期間のトータルでは着実に儲けることができるのです。何故だかわかりますか。

その答えは、そのような達人が自分の決まりごと、いわゆる自分の「型」を決め、それを実行しているところにあります。「大局的に上げ相場か、下げ相場かを判断し、手掛ける銘柄を絞り込む」という自分独自の型を持ち（戦略）、「どのような状況で出動し、どうなったら手仕舞うか」という自分独自の型（戦術）も持ち、かつ、その戦術を確実に実行するための細則という自分独自の型（＝戦闘法）を決め、それを守っているからなのです。この事実はとても大事なことです。覚えておいてください。

【ステップ2：自分の性格と技量を知る】

相場では、**自分の性格と技量に合った「型」を採用すべきです**（詳細は後述）。短期間で結果を出そうとすればするほど、高度な相場技術が必要です。

もし、自分の相場技術が未熟だと感じるなら、成功する確率がより高い戦術を採用すべきです。例えば、投資期間を長くします。そして、月足で見て、陰線が連続して出ている銘柄に寄り引き同事線や陽線などがちらほら見え始めたり、安値を更新しなくなったり（大局的に相

場を判断＝戦略の一部)、月足ベースの下降トレンドラインを上に抜けてきたようなときに、まだ安値圏を少ない出来高でうろうろしているなら、分割で少しずつ買いためておくのです（買い場を判断＝戦術)。あとは、半年とか、1年とか、人気が出てきて大きく上昇するまで待ちます。そして、出来高が急上昇して上値が重くなったら迷わず売る（＝建玉操作中心の戦闘法)、というような方法を採用するのです。

　前置きが長くなりましたが、ここで言いたいことをまとめると以下のとおりになります。

自分の性格と技量に合った型を決め、かつ、その型に合った細則を決め、それを実行する。

　自分の性格に合った、もっとわかりやすくいうと、自分にとって精神的ストレスが少なく、心地良い「型」を作ること、これが基本です。

【ステップ3：自分のトレーディングスタイルを決める】

　さて、プロのプロたる所以、自分の性格に合った型の構築の大切さを理解したら、投資（トレード）のベースとなるトレーディングスタイルを決めます。

　トレーディングスタイルは、玉の建て方で大別すれば、順張りと逆張りに分かれます。さらに、仕掛けから手仕舞いまでの時間軸の長さによって、デイトレード、スイングトレード（オーバーナイトから2週間程度)、ポジショントレード（2週間以上、半年から1年くらいまで)、投資（1年超）というように分岐します。つまり、建玉のやり方（順張りあるいは逆張り）と時間軸（超短期か短期か中期か長期など）を決めること＝自分のトレーディングスタイルの決定になるのです。

　組み合わせ方により、リスクの取り方や仕掛け、手仕舞い、建玉操作にも数多くのバリエーションが出てきますが、自分自身の性格や資金量などを考慮して、具体的にどのスタイルを目指したいのか——例えば、デイトレードなのか、スイングトレードなのか——を決めれば、

努力すべき方向性は見えてきます。

　私の場合、ポジショントレードのひとつである「うねり取り」から始めて、「リズム取り」「スイングトレード」「デイトレード」と持ち技を増やしてきました。デイトレードは時折やりますが、自分の得意技に悪影響を及ぼさないように頻繁にはやりません。どのスタイルでも、最大の難関は、揺れ動く己の心をどのようにコントロールするかなのです。

　上げ相場では、例えば、２００３年５月から２００４年４月末までは、大多数の人がかなりの利益を出すことができたと思います。ただ、多くの方は勘違いされていると思います。「買いポジションに有利な状態がたまたま続いたから儲けることができたこと、その人の『相場技術』が上達した結果ではないこと」を意識している人はほとんどいないと思います。

　"意識していなかった"人は、おそらく、その後の調整相場で資産を減らし始めたか、保ち合い相場でジリ貧に陥ったのではないかと思います。

　生涯現役を目指すなら、上げ相場でも下げ相場でも、どんな相場環境でも比較的安定的に儲けられる技術を、そして「再現性」を高める「相場技術」を向上させなければなりません。その第一歩が自分のトレーディングスタイルの決定なのです。

【ステップ４：自分の「不動の型」を確立する】

　「トレーディングスタイルを決めればそれでいいか」というとそんなことはありません。さらに、その**スタイルに合った「型」を確立しておかなければなりません**。「型」がなければ、そのときどきの相場の動きに右往左往させられることになるでしょう。

１）外部環境に左右されないために不動の型を決める

　トレードのうまい人は皆、例外なくその人独自の得意な型を持っており、それを実行しています。そしてまた、**その人独自の得意な型と**

は、いかなる外部環境にも左右されない「不動の型」でもあるのです。

　例えば、ゴルフ。そのときどきによってスイングが毎回違うようでは球筋が安定しません。プロゴルファーの球筋がアマチュアと比べて安定しているのは、スイングフォームが安定しており、打ち方が毎回ほとんど変わらないからです。

　これ（＝型があると安定する）は、相場でも同じです。相場はつかみどころもなく、絶えず変化しているものです。だからといって、自分のトレードスタイルや型までも節操なく変化させていたら、相場とかみ合うことはほとんどないでしょう。だからこそ、**決まりごととしての「不動の型」**が求められるのです。

　私は、立花義正氏の書いた『あなたも株のプロになれる』の３５４ページにある「自分なりの売買してゆく（自分に合った型を基準にして売買する）」の一文から啓示を受けて、「外部環境に左右されない不動の型」を探求し始めました（ここでいう外部環境とは、その時々で熱病のようにはやる材料、テーマ、人気などを指しています）。そして、以下のものについては、「不動の型」として自分の内に確立しておかなければならないという結論に達しました。

◎相場の見方の型を決める
◎有望銘柄候補群絞込みの型を決める
◎絞り込んだ有望銘柄群の中から、具体的に手掛ける銘柄を選別する型を決める
◎ 仕掛け・手仕舞いの型を決める
◎ 毎日やるべき作業とその順番を決める。つまり、日々の作業の型を決める。（例）株価データダウンロード、場帖記入、相場観測・アクションチェックリスト記入、売買の発注、持ち株及び監視銘柄に関する企業ニュースの整理保存、相場研究用資料の作成と保存、反省・ひらめきノートの記録、相場研究、ブログ・掲示板への書込みなど。

◎自分の型に適した銘柄のみを手掛け、手掛けていた銘柄が自分の手法に合わなくなったら、自分の手法に合う別の銘柄を手掛けること。

　第１日目にふれたことや、上記に列挙したことでおそらく理解できたと思いますが、大事なことなのであえて説明します。
　第１日目で説明した「相場の見方」や「銘柄の選び方」という戦略も「型」であり、「自分に合った４つの買い場・４つの売り場で出動（手仕舞い）する」という戦術も「型」であり、「建玉操作を中心とした細則」という戦闘法も実は「型」なのです。しかも、外部環境に左右されない「不動の型」として、決まりごととして確立しておかなければならないものなのです。
　さらに、売買に直接関係する「戦術」という型と「戦闘法」という型を足したものが"売買ルール"という中枠での「型」に、上記に挙げたような相場にまつわる「すべての型」を決めてはじめて成立するのが"売買システム"という大枠での「型」になるのです。
　株価や材料に右往左往されないようにあらかじめ決まりごと（型）を作っておいてください。これが相場でうまくいくためのコツです。

２）自分なりの不動の型をどのように構築するか
　さて、自分自身の不動の型をどのように構築したらよいでしょうか？　概略を説明すると、次ページのようになります。

①株価波動の周期やトレンドライン、天井圏、底値圏、中段保ち合い圏のそれぞれの特徴的なフォーメーション、3段上げ・3段下げなどの段上げ・段下げ、4つの買い場・4つの売り場など、株価の動きを長期にわたって冷静に観察する（戦略）。株価の観察と同時に株価がトレンドを形成しているときは、株価と業績見通しの変化を対応させてチャートを読むことが重要。局面に応じて揺れ動く群集心理が織り成す株価のパターンから、自分の性格に合った仕掛け・手仕舞いの型（戦術）とそれを支える細則（戦闘法）を決める。つまり自分自身の売買システム（戦略＋戦術＋戦闘法という大枠の型）を作る。自分にとって"やりやすい"ものでなければならないことは言うまでもない。

②その売買システムの有効性を1980年代以降の上げ相場と1990年以降の下げ相場の両方で検証する。検証の仕方は次の通り。まず、チャートソフトを活用して、半年くらいを1区間として、チャートの先を見ないで自分の型どおりに建玉し、その結果を売買譜に記録する。上げ相場でも下げ相場でも有効でなければ、実用的ではない。もし、検証結果に大きな問題がなければ、次の半年を検証してみる。このようにできるだけ長い期間を検証する。この検証の作業が決断の訓練にもなる。

③もし、どこかの局面で有効性に大きな問題があれば、その原因を検討し、必要に応じて問題のある部分を修正して再度検証する。ある銘柄で有効性が確認できたら、ほかのいくつかの相性の良さそうな銘柄でも検証する。

④検証により、最終的に売買システムの有効性を確認できたら、「強靭な精神力」で「恐怖」と「欲望」を克服し、どんな場合でもそのシステム（大枠での型）どおりに売買する。

以上のことに尽きます。しかし、これは「言うは易し、行うは難し」です。これまで、いろいろなところで「強靭な精神力」の重要性を力説してきましたが、私自身、いつも実行できているわけではありません。理性が感情に負けて、ルール違反を犯すことがあります。そういうときは、ほぼ確実に負けています。だからこそ「強靭な精神力」の重要性を説いているのです。

　十分な研究・検証に裏付けられた、自分の性格に合った「型（不動の型）」が完成したら、あとは「無我の境地」で、いつ、どんなときでもその「型」どおりに売買することです。これができるようになったとき、その人は「達人」の境地に達するのだと思います。ちなみに、私はまだ、そのはるかなる達人への険しい山道を登り続けているところです。

　相場技術とは、突き詰めて表現すれば、場帖とチャートをいかに読み、値動きをどのように受け止め、それに合わせてどのように建玉操作するかに尽きます。決算発表を除けば、雑多な材料やニュースは雑音にすぎません。それらの雑音はすぐに株価に反映されます。心静かにチャートを読み、次の建玉の手をどう打つかに意識を集中しましょう。株価はいつまでも上げ続けないし、いつまでも下げ続けません。必ずどこかで反転します。順行している限りはトレーリングストップを活用して利益をできるだけ伸ばします。しかし、いつか順行は止まり、やがて反転します。そして、その際（反転の前後）には、多くのサイン――注意深い観察者には見えるサイン――を発してくれます。そのサインを見逃さないように意識を集中させ、サインに気づいたら、試し玉を建てましょう。

補足コラム　　私の売買の型（売買ルール）を紹介

　何度も述べますが、大切なことは、まず自分の売買の型を決めることです。そして、その売買の型と相性が良い銘柄群を絞り込み、その

売買の型の間合いに飛び込んできた銘柄のみを、その売買の型の通り手掛けることです。間違っても、誰かが推奨したからとか、知人が買っているからという理由で、自分も買うような行為はしないでください。あなたの資産を増やせるのは「あなた」だけなのです。あなたがすべてを決断するのです。だから、あなたがしっかりしなければいけないのです。この事実を脳に刻み込み、心に焼きつけてください。

　以下に、単純な売買の型（売買ルール＝戦術＋戦闘法＝中位の型）を紹介します。このような要領で、各自、自分の売買ルールを決めてみてください。

【スイングトレードの場合の売買の型】
①保ち合い中は手を出さず、保ち合い放れにより短期トレンドが発生したときのみ出動する。
②４つの買い場を意識しながら、安値が切り上がったら１０日移動平均線上抜け直後を逆指値待ち伏せ買い。反対に、４つの売り場を意識しながら、高値が切り下がったら１０移動平均線下抜け直後を逆指値待ち伏せ売り。
③約定後はストップロスを設定して損は数％以内に限定する。ストップロスは直前安値の少し下（買いの場合）または直前高値の少し上（空売りの場合）におくことを基本とする。
④約定と同時に、チャートでロスカットポイントを決め、逆指値でロスカットまたは反対玉の予約を入れておく。また、逆行が止まったと判断し、反対玉を手仕舞いするタイミングもルールで事前に決めておく。
⑤トレーリングストップを活用して、順行する値動きに付いていくことにより利はできる限り伸ばす。
⑥安値が切り上がる限りは買い狙い、高値が切り下がる限りは売り狙い。特に、３～６ヶ月の下降トレンドラインを上抜けし、かつ、その前後で２点底を形成しているなら買い狙い。その後、安値が切り上がる限りは買い狙い継続。反対に、３～６ヶ月の上昇トレンドラインを下抜けし、その前後で２点天井を形成していたら売り狙い、その後、

１８０２大林組―下降トレンドライン上抜け＋２点底例

高値が切り下がる限りは売り狙い継続（１８０２大林組―下降トレンドライン上抜け＋２点底例を参照）。
※巻末に「成功するスイングトレードの構成要素」と「リボルビングスイングトレード」の図解を載せました。成功するスイングトレードのイメージを掴んでください。

　さて、暫定売買ルールが決まったら、そのルールの有効性を過去に遡って、できるだけ長く検証します。検証しながら、売買ルールを微調整します。この検証を自分自身で苦労して行わない限り、そのルールの有効性を確信できません。結局、期待や恐怖が邪魔をしてルール通りの売買ができなくなります。逆に言うと、自ら苦労して検証した人のみが自信をもって自分の型通りのトレードができるのです。そして、すぐに結果を出せるのです。実戦売買を試合に例えれば、売買ルールに則ったシ

ュミレーションによる訓練は普段の練習に相当します。スポーツと同様、試合で安定した成果を上げるためには、日々の単調な練習の積み重ねが必要です。ただし、売買ルールではなく変動感覚で売買する人はシュミレーションによる訓練は効果が少ないか逆効果かもしれません。なぜなら、実戦売買と比べて精神的ストレスが少ないからです。また、"変動感覚"の場合は、実践者の勘に依存する部分がほとんどと言えるからです。同じ状況でも常に同じ売買ができるとは限らないため検証が難しいと思われます。

　さて、検証することで有効性が確認できたら、自分だけの売買ルールが決まったことになります。この後で毎日やるべきことは、そのルールにしたがって機械的に決断し、売買する訓練をすることです。Fchart (http://www.sankayo-jp.com/) などのチャートソフトの画面を見ながら先を隠し、いろいろな銘柄で、いろいろな局面でルールを適用しながらシミュレーションを繰り返すのです。その主な目的は、相場の先を当てることではありません。歴史認識と現状認識を的確に行い、ためらわず決断をすることに慣れるための訓練をすることにあります。

2　型を決めたらあとは待つのみ

　自分のトレーディングスタイルと型が決まったら、あとは「待つ」だけです。自分で決めた型どおりに大局を判断し銘柄を選択し、その銘柄が自分で決めた「型」の間合い（＝4つの買い場・4つの売り場）に飛び込んできたときのみに手がけるのです。そして、出動した後は自分で決めた型（細則）どおりに動いていくのです（戦略の型＋戦術の型＋戦闘法の型＝売買システムという型になる）。第3日目に紹介した次の文章を思い出してください。

　武道の「型」を固め、「間合いを取る」とは、相場で言えば、株価の動きを冷静に見ながら4つの買い場と4つの売り場で条件反射的に発注

できるように常に心の準備をしておくことです。どんなときでも「相場の間合い」を適切に取れるように感覚を研ぎ澄まし、意識を集中しておきましょう。

大事なのは、「常に自分の間合いで待ちかまえ、自分の"型"の間合いに銘柄が飛び込んできたとき、決めた"型"どおりに出動し、そして手仕舞う」ことなのです。覚えておいてください。

3 ちまたの雑音に惑わされないように自分が強くなる

相場の世界にはゴルフのようなハンデはありません。まったくの素人も、百戦錬磨の熟練相場師と同じ土俵の上で戦っています。相場の世界は魑魅魍魎（ちみもうりょう）の集まる世界でもあります。特定銘柄を買いあおって、無知な人々を利用しようとする老獪な仕手集団や悪徳投資顧問は常に存在します。そのような買いあおりを逆手に取って要領よく儲ける少数の敏腕トレーダーもいますが、技術もないのに欲で眼がくらみ、耳寄りな儲け話に安易に飛びつき、簡単に利用されてしまう甘い考えの人々もまた、常にたくさん存在しています。

私の持論ですが、学校でのいじめは、どんなに社会的なキャンペーンで「いじめは悪いことだからやめよう」と言っても、永久になくならないと思っています。

社会的風潮としては、いじめる側だけを非難しますが、それは、いじめをなくす効果的な方法にはなりません。一番効果的ないじめ防止策は、いじめられる側の生徒をいじめることが難しいような生徒に変えることです。簡単に言ってしまえば、精神的・肉体的に強くさせることです。自分よりも精神的、肉体的に強い相手をいじめることはできませんし、そんな難しいことはやろうとも思わないでしょう。

相場の世界でも同じです。買いあおって無知な個人投資家を利用しようとする仕手集団や悪徳投資顧問を逆に利用するくらいの賢い個人

投資家になれば良いのです。
　そのためにも、**自分自身の不動の型を持ち、その型の通りに動くこと**——具体的には相場観測、銘柄選択、仕掛けから手仕舞いに至る建玉操作、資金管理などを実行していくこと——が大事なのです。
　このとき、一番大切なものは、どんなときでも自分の型（決まりごと＝ルール）を遵守するという「**強靭な精神力**」です。今まで何度も述べてきたことの繰り返しですが、精神的な要素はそれほど重要なのです。

本講義のおさらい

◎株価の動きに翻弄されないようにするためには、自分なりの型（売買システム＝大枠の型）を構築する必要がある。その際、自分の性格に合った型を構築すること。

◎型（売買システム＝大枠の型）を構築するに当たっては以下のことを決めること。

　・トレーディングスタイル
　・相場の見方の型。有望銘柄候補絞込みの型
　・絞り込んだ有望銘柄群の中から具体的に手掛ける銘柄を選別する型
　・仕掛け・手仕舞いの型
　・毎日やるべき作業とその順番

第2時限目
オンリー・ワンであれ

> **本講義のポイント**
>
> ◎実戦あるのみ。
> ◎実戦を通して強靭な精神力を養うこと。
> ◎自分に合った、正しいことを効率的に実行する。
> ◎株式トレードは究極の個人事業。

1　知識を習得しながら実戦で心を鍛える

　ある程度の知識を得たら、実戦で体を通して失敗を体験しながら上達への道を歩みましょう。失敗を恐れている限り上達はあり得ません。小さな失敗（少額のロスカット）を何度も経験しながら、「ここぞ！」というチャンスのときに逡巡せずに仕掛けられる「強靭な精神力」を養う必要があります。

　仮に、想定以上に逆行したとしても、損が小さいうちにロスカットして仕切り直せば良いだけのこと。それだけのことです。しかし、ほとんどの初級者にとって、この「それだけのこと」を実行するのは至難の技だと思います。だからこそ、実戦の場数を踏んで精進を続けるしか方法はないのです。

　実戦で試してみると、知識だけではどうにもならないことを痛感します。何が足りないかを真剣に考えるようになります。例えば、剣道の本を幾千冊読んで剣道の知識を身につけた後、いざ真剣を構えて敵と対峙したときのことを想像してみてください。自分に何が足りないかを思い浮かべてみると、わかりやすいと思います。

知識は単なるエントリーチケットにすぎません。どんなに知識を身につけても、相場の先行きを１００％読むことは不可能です。相場の天才でも、超短期予測で６０％から７０％がギリギリ可能な確率ではないでしょうか。かなり優秀な人でも５５％から６０％くらいの確率でしょう。その程度の確率でも、かなり儲けられるのです。ここに「予測技術」以外の要素の重要性が暗示されています。

　体系的な知識を身につける目的は、何度も述べているように、自分の売買の型を構築することにあります。そして、型を決め、場数を踏み、ある程度の水準に達すると、遅かれ早かれ、**本当に必要なものは自分の売買の型を断固遵守するという「強靭な精神力」**だという結論に辿り着きます。別の表現をすれば、「恐怖」と「欲望」の間で揺れ動く「心・感情」をいかに自然に制御するかということが最大の課題であり、一番重要であるとわかるのです。そこまでたどり着けば、私のような者が助言すべきことは、もう何もありません。そこまでいけば、単なる「術」ではなく、「道」を求めることになるでしょう。

2　オンリー・ワン

　株式トレードにはいろいろな手法がありますが、自分の性格に合った手法であれば、何でも良いと思います。ただし、その手法は

（Ａ）"effective"＝目的にかなった正しいことをやっている
（Ｂ）"efficient"＝やっていることをできるだけ短い時間で行う

である必要があります。

　特に（Ａ）は極めて重要です。多くの個人投資家は（Ａ）で間違うため、パソコンやチャートソフト等を活用して効率的にやろうとしても、結果として、間違ったことを"効率的"にやってしまうことにな

ります。

　オートバイのＧＰレーサーのように、難関のレーシングサーキットを限界速度に挑みながら急加速（数万株から数十万株の建玉を一気に建てる）し、急減速で走り抜ける（一括で全玉手仕舞う）華麗なスタイルも、その実践者にとっては「オンリー・ワン」です。主に新興市場銘柄を手掛け、デイトレードとスイングを得意技とするスーパートレーダーがこのタイプです。

　他方、ランドクルーザーで高原をドライブするように、限界速度の３分の１から２分の１くらいの速度（１０００のトレード資金があっても通常は３００～５００くらいしか投入しない）しかあえて出さず、まわりの景色を楽しみながら余裕で巡航を続けるスタイルも「オンリー・ワン」です。余裕で巡航しているので、遠くから迫ってくる雨雲や嵐にも事前に気づくことができ、嵐の中に突入してもすでに心の準備ができているので慌てません。さらに、ランドクルーザーなので安定感がありますから、大抵の嵐ではびくともせずに走り続けることができます。また、オートクルーズに切り替えて走れば（逆指値でプロテクトすれば）、昼寝もできますし、平気で海外旅行にも出かけることができます（大きなポジションを持っていても安心して出かけられる）。ランドクルーザー型の一例として、「銘柄数を限定した"建玉操作"で企業業績見通しの推移に裏付けされた実需が作る潮流（トレンド）を意識する一方、仮儒のバランスの崩れがもたらす一時的な逆行波流には反対玉を維持しながらある基準時点から買い下がり、反騰してきたら同じく反対玉を維持しながらある基準時点から売り上がることで株価の波に乗る手法」が挙げられます。

　ここまで話したように「オンリー・ワン」を手にし、**建玉操作に熟練してくると、一時的に苦しい局面を迎えても最終的には負ける気がしなくなります。**

3　株式トレードは究極の個人事業

　私は、株式トレードは会社経営と同じだと思っています。それも究極の個人事業だと思っています。そう思う理由を、以下に説明します。

◎１０〜２０万円の設備投資で開始できる
　もし、小売業や飲食業でも始めようと思えば、数千万円の設備投資が必要になります。製造業なら数億円は必要でしょう。でも、株式トレードは違います。参入障壁が極めて小さいのです。
◎事業資金は数百万円の自己資金があれば開始できる
　通常の個人事業では、支払いが先で売り上げ回収が後になるので、運転資金だけでももっと必要でしょう。
◎従業員を雇う必要がない
　リクルート費用はもちろん、人件費もゼロです。
◎販売先開拓が必要ない
　通常の個人事業では販売先（得意先）開拓は至上命令です。株式トレードでは販売先は常に株式市場です。
◎仕入先開拓が必要ない
　株式トレードでは仕入れ先は常に株式市場です。
◎すぐに撤退できる
　業績が悪くて通常の個人事業をたたむとき、ほとんどの場合、解雇する従業員をどうするか、設備をどうするか、得意先や仕入先などへの説明と理解を得る、などの煩雑な手間と時間がかかります。そのうえ、残るのは多額の借金だけです。
　しかし、株式トレードという個人事業の場合、もし、私のように東証一部大型株と中型株だけなら、市場全体の異常事態を除けば、いつでも成り行き手仕舞いできます。事業を辞める決断をし、キーボードを叩けば、数秒で綺麗さっぱり事業から撤退できます。自己資金で運営している限り、そのときの時価は確実に残ります。退出障壁が極めて低いのです。

上記以外は、以下のように通常個人事業とまったく同じです。

◎取り扱い商品が服ではなく、電気製品でもなく、ラーメンでもなく「株」というだけのことです。
◎資金繰り、リスク管理、会計処理はどの事業でも必要です。
◎小売業や製造業が季節に応じて品物を入れ替える（売れ筋の商品を入れる）ように、必要に応じて銘柄を入れ替えます。
◎例えば、売り切れる見込みがなくなった商品（売れ残り）は、バーゲンセールで資金の一部を回収するように、株式トレードでは「損切り」をします。
◎どんな事業でも、短期、中期、長期事業計画を立てて行います。個人事業としてやるからには、株式トレードも同様に行えば良いのです。事業ですから、一攫千金を狙った博打は打たないほうがいいでしょう。

　株式トレードは究極の個人事業です。しかし、誰にでも開業できるわけではありません。例えば、ラーメン屋。お金があれば開業できるというわけにはいきません。うまいラーメンを作る「技術」がないことには何も始まりません。医者ならもっと大変な「技術」と国家資格が必要となります。幸い、株式トレードでは資格は不要ですが、うまくて売れるラーメンを作る程度の技術は不可欠です。それでも、医者を開業するよりははるかに習得しやすい技術だと思います。

本講義のおさらい

実戦を通して強靭な精神力を養いつつ、自分に合った正しいことを効率的に実行することで、自分なりの売買ができるようになる。株式トレードとは、言ってみれば究極の個人事業である。ほかの商売と同じように"稼ぐ"ための技術は必要だが、開業しやすい商売である。逆に言えば、技術さえあれば、いつでも開業できる。

本日のまとめ

◎株価の動きに翻弄されないように、自分の性格に合った自分なりの売買システムを構築すること。
◎株式トレードとは、究極の個人事業である。"稼ぐ"ための技術を手に入れることができれば、いつでも開業できる。

付録

上昇トレンド銘柄

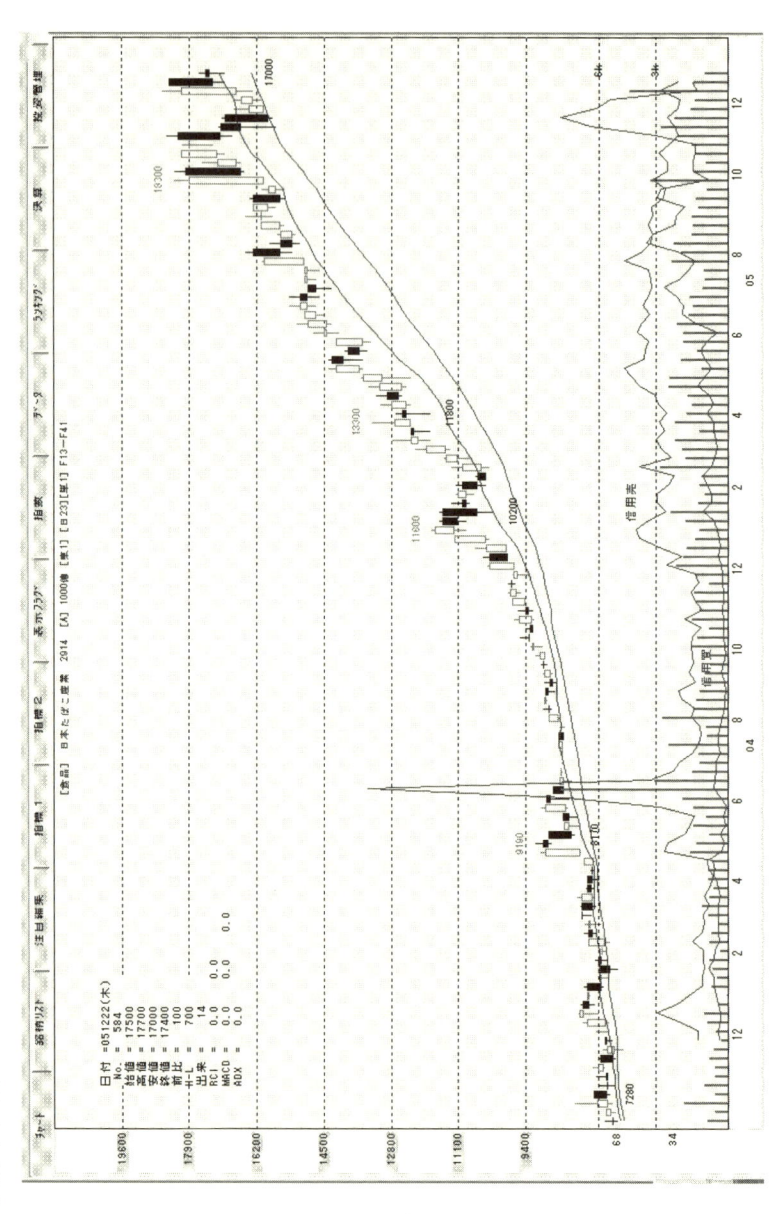

● 2914　JT

●2914 JT

2005年3月期	売り上げ	営業利益	経常利益	当期利益	一株利益	会社四季報
予想	4,600,000	195,000	180,000	90,000	45,000.0	2003年夏
予想	4,600,000	195,000	180,000	90,000	45,000.0	2003年秋
予想	4,680,000	205,000	192,000	95,000	47,500.0	2004年新春
予想	4,680,000	225,000	225,000	80,000	40,000.0	2004年春
予想	4,570,000	234,000	225,000	78,000	39,000.0	2004年夏
予想	4,570,000	234,000	225,000	78,000	39,000.0	2004年秋
予想	4,670,000	260,000	253,000	79,000	39,500.0	2005年新春
予想	4,660,000	268,000	263,000	56,000	28,000.0	2005年春
確定	4,664,513	273,371	270,251	62,583	32,000.0	2005年夏

2006年3月期	売り上げ	営業利益	経常利益	当期利益	一株利益	会社四季報
予想	4,495,000	240,000	240,000	120,000	60,000.0	2004年夏
予想	4,495,000	240,000	240,000	120,000	60,000.0	2004年秋
予想	4,600,000	265,000	258,000	150,000	75,000.0	2005年新春
予想	4,700,000	275,000	270,000	160,000	80,000.0	2005年春
予想	4,640,000	297,000	293,000	180,000	90,000.0	2005年夏
予想	4,640,000	297,000	293,000	180,000	90,000.0	2005年秋
予想	4,620,000	298,000	291,000	189,000	94,500.0	2006年新春
予想						2006年春
確定						2006年夏

2007年3月期	売り上げ	営業利益	経常利益	当期利益	一株利益	会社四季報
予想	4,700,000	300,000	296,000	180,000	90,000.0	2005年夏
予想	4,700,000	300,000	296,000	180,000	90,000.0	2005年秋
予想	4,600,000	300,000	294,000	190,000	95,000.0	2006年新春

上昇トレンド銘柄

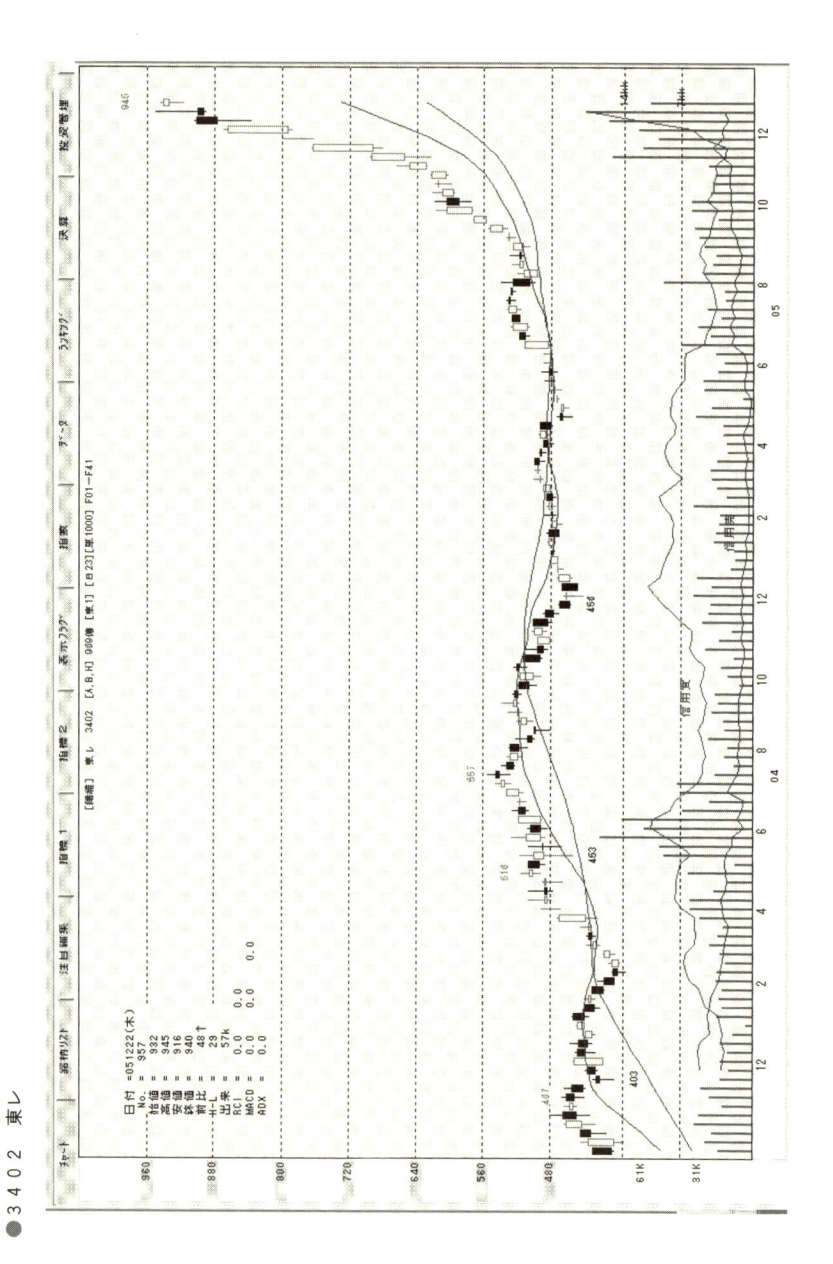

● 3 4 0 2 　東レ

● 3402 東レ

	売り上げ	営業利益	経常利益	当期利益	一株利益	会社四季報
2005年3月期						
予想	1,090,000	49,000	42,000	17,000	12.1	2003年夏
予想	1,090,000	52,000	47,000	18,000	12.8	2003年秋
予想	1,140,000	70,000	66,000	30,000	21.4	2004年新春
予想	1,125,000	71,000	67,000	31,000	22.1	2004年春
予想	1,150,000	74,000	74,000	38,000	27.1	2004年夏
予想	1,305,000	81,000	80,000	40,500	28.9	2004年秋
予想	1,320,000	81,000	77,000	39,500	28.2	2005年新春
予想	1,310,000	80,000	76,000	33,000	23.5	2005年春
確定	1,298,606	81,052	76,800	34,397	24.5	2005年夏
2006年3月期						
予想	1,200,000	90,000	90,000	46,000	32.8	2004年夏
予想	1,450,000	92,000	91,000	46,500	33.2	2004年秋
予想	1,450,000	92,000	91,000	46,500	33.2	2005年新春
予想	1,440,000	91,000	90,000	45,500	32.5	2005年春
予想	1,480,000	92,000	88,000	44,000	31.4	2005年夏
予想	1,480,000	92,000	88,000	44,000	31.4	2005年秋
予想	1,430,000	94,000	89,000	44,000	31.4	2006年新春
予想						2006年春
確定						2006年夏
2007年3月期						
予想	1,550,000	100,000	96,000	53,000	37.8	2005年夏
予想	1,550,000	100,000	96,000	53,000	37.8	2005年秋
予想	1,520,000	103,000	98,000	53,000	37.8	2006年新春

付録 205

上昇トレンド銘柄

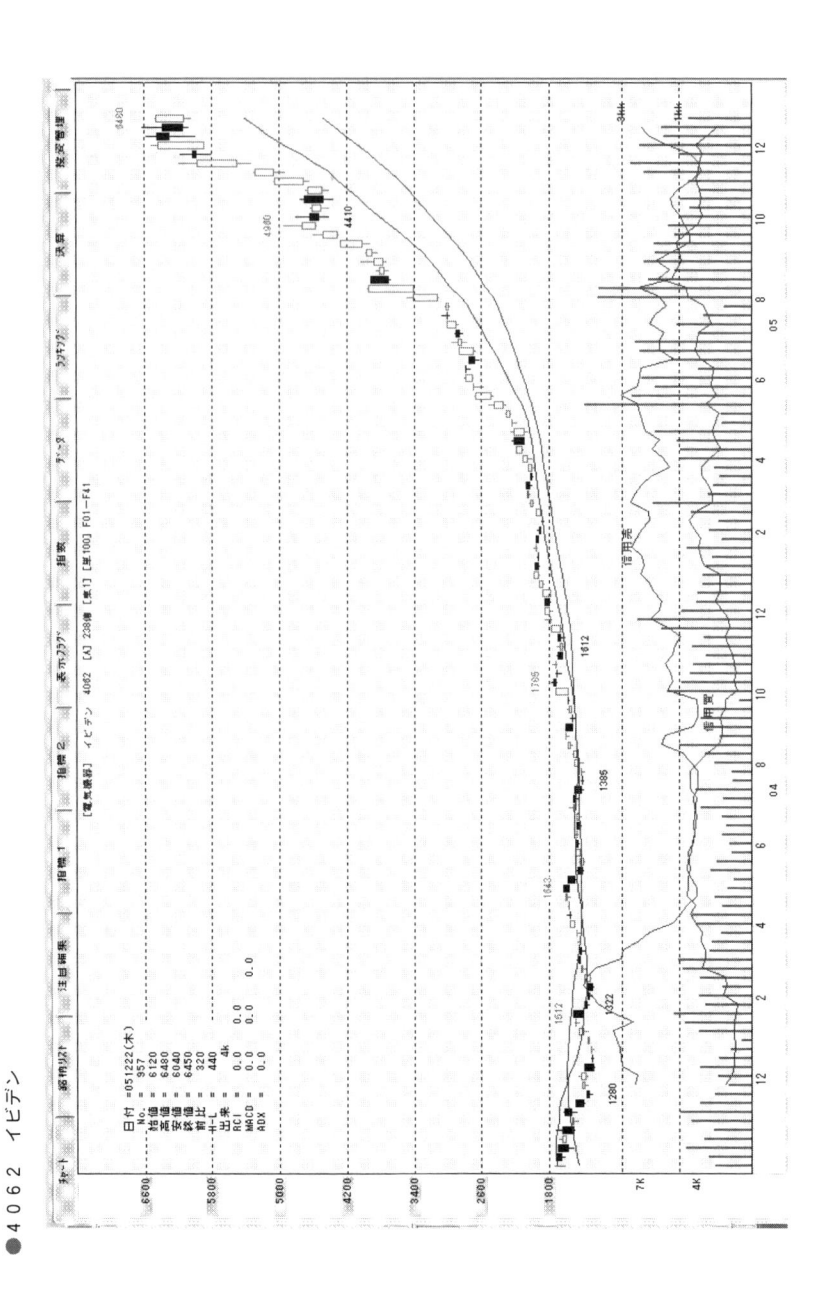

●4062 イビデン

●4062 イビデン

	売り上げ	営業利益	経常利益	当期利益	一株利益	会社四季報
2005年3月期						
予想	228,000	16,500	16,500	9,300	76.1	2003年夏
予想	230,000	16,500	16,500	9,200	75.3	2003年秋
予想	228,000	15,000	15,000	8,300	67.9	2004年新春
予想	229,000	13,000	13,000	7,000	57.3	2004年春
予想	233,000	15,500	15,500	8,900	72.8	2004年夏
予想	245,000	18,100	18,600	10,400	85.1	2004年秋
予想	240,000	18,200	19,400	10,500	85.9	2005年新春
予想	240,000	18,200	19,400	10,500	85.9	2005年春
確定	247,593	20,090	21,711	12,071	101.1	2005年夏
2006年3月期						
予想	241,000	16,000	16,000	9,200	75.2	2004年夏
予想	246,000	18,200	18,500	10,300	84.2	2004年秋
予想	246,000	18,600	19,800	10,700	87.5	2005年新春
予想	246,000	18,600	19,800	10,700	87.5	2005年春
予想	275,000	27,500	28,600	16,200	132.5	2005年夏
予想	286,000	31,900	33,000	20,000	149.9	2005年秋
予想	310,000	40,000	40,000	26,300	177.7	2006年新春
予想						2006年春
確定						2006年夏
2007年3月期						
予想	295,000	29,300	30,500	17,500	143.1	2005年夏
予想	305,000	33,500	34,600	21,500	161.1	2005年秋
予想	335,000	43,000	43,000	27,500	185.3	2006年新春

上昇トレンド銘柄

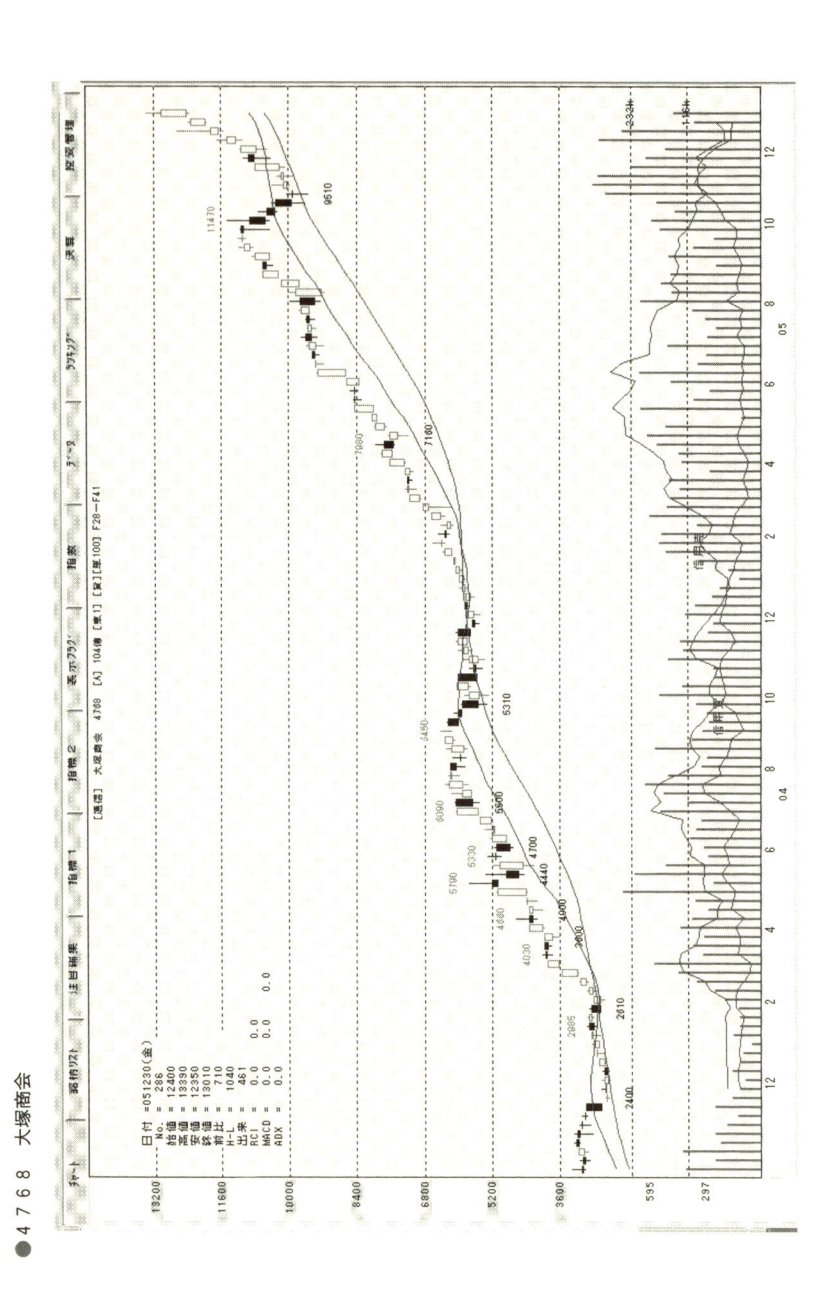

● 4768　大塚商会

● 4768　大塚商会

2004年12月期	売り上げ	営業利益	経常利益	当期利益	一株利益	会社四季報
予想	331,500	9,000	8,750	2,600	82.1	2003年春
予想	348,500	9,700	9,500	3,500	110.5	2003年夏
予想	356,000	9,900	9,700	3,600	113.7	2003年秋
予想	356,000	9,900	9,700	3,600	113.7	2004年新春
予想	359,000	10,200	10,100	6,000	189.5	2004年春
予想	359,000	10,200	10,100	6,000	189.5	2004年夏
予想	370,000	14,200	14,100	9,700	306.3	2004年秋
予想	373,000	15,400	15,300	10,100	318.9	2005年新春
確定	372,481	17,009	17,036	11,247	355.9	2005年春

2005年12月期	売り上げ	営業利益	経常利益	当期利益	一株利益	会社四季報
予想	375,000	11,300	11,200	5,000	157.9	2004年春
予想	375,000	11,300	11,200	5,000	157.9	2004年夏
予想	385,000	16,000	16,000	10,000	315.8	2004年秋
予想	400,000	19,000	19,000	11,000	347.4	2005年新春
予想	400,000	20,000	20,000	9,500	300.0	2005年春
予想	400,000	22,000	22,000	10,500	331.6	2005年夏
予想	405,000	24,000	24,000	11,500	363.2	2005年秋
予想	405,000	23,000	23,000	11,500	363.2	2006年新春
確定						2006年春

2006年12月期	売り上げ	営業利益	経常利益	当期利益	一株利益	会社四季報
予想	420,000	23,000	23,000	12,500	394.7	2005年春
予想	425,000	25,000	25,000	13,500	426.3	2005年夏
予想	430,000	28,000	28,000	15,000	473.7	2005年秋

上昇トレンド銘柄

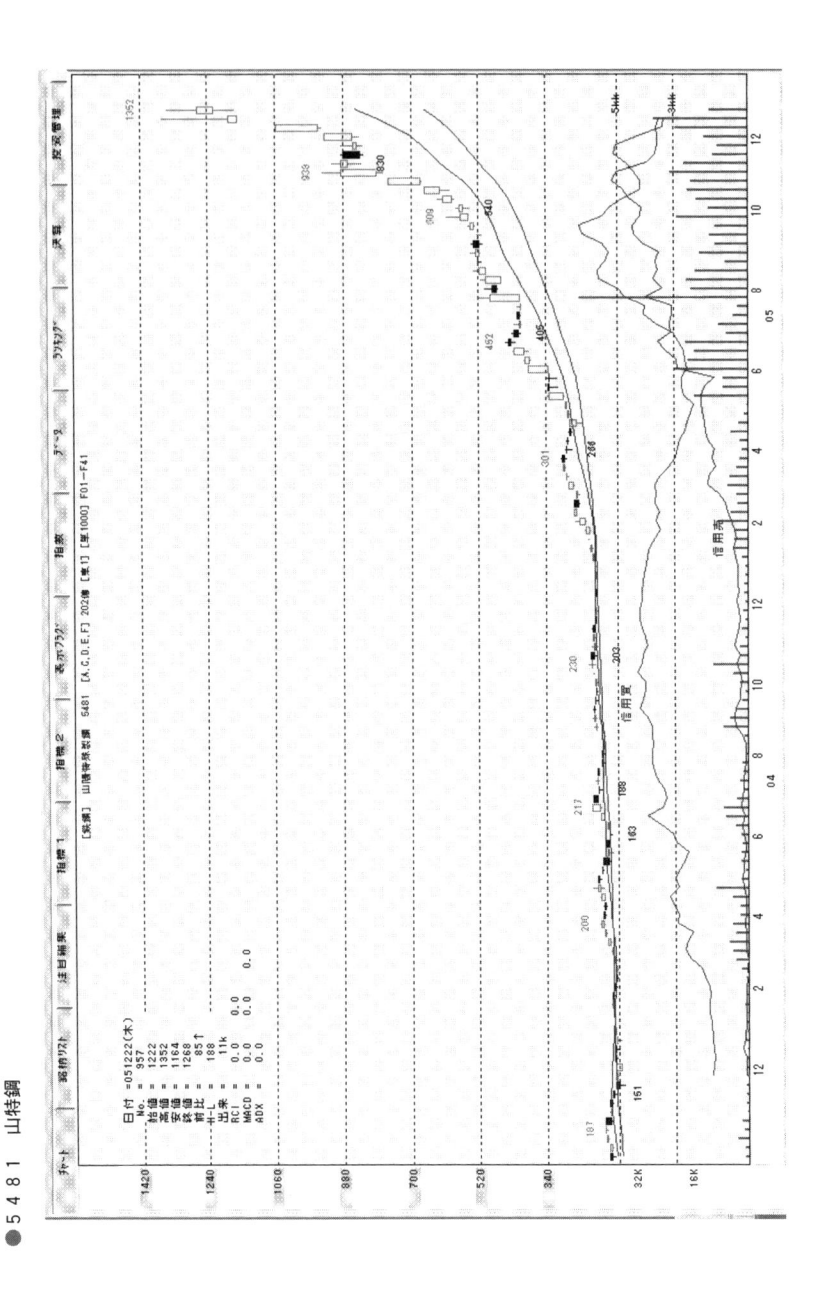

●5481 山特鋼

● 5 4 8 1　山特鋼

	売り上げ	営業利益	経常利益	当期利益	一株利益	会社四季報
2005年3月期						
予想	90,000	4,400	4,000	1,500	9.0	2003年夏
予想	90,000	4,400	4,000	1,500	9.0	2003年秋
予想	90,000	3,400	3,000	1,400	8.4	2004年新春
予想	90,000	3,400	3,000	1,400	8.4	2004年春
予想	98,000	3,900	3,500	1,500	9.0	2004年夏
予想	103,000	3,400	3,000	2,300	13.8	2004年秋
予想	105,000	5,100	4,700	2,100	12.6	2005年新春
予想	105,000	5,200	4,800	2,150	12.9	2005年春
確定	108,189	6,529	5,523	2,681	16.5	2005年夏
2006年3月期						
予想	99,000	4,000	3,600	1,800	10.8	2004年夏
予想	105,000	5,500	3,200	2,700	16.2	2004年秋
予想	110,000	4,800	4,500	2,000	12.0	2005年新春
予想	115,000	5,700	5,300	2,400	14.4	2005年春
予想	127,000	9,900	9,500	5,300	31.7	2005年夏
予想	130,000	13,200	13,000	7,200	43.1	2005年秋
予想	134,000	18,200	18,000	10,000	59.8	2006年新春
予想						2006年春
確定						2006年夏
2007年3月期						
予想	130,000	10,000	9,700	3,400	32.3	2005年夏
予想	132,000	12,000	12,000	6,500	38.9	2005年秋
予想	140,000	19,000	18,800	10,500	62.8	2006年新春

付録　211

上昇トレンド銘柄

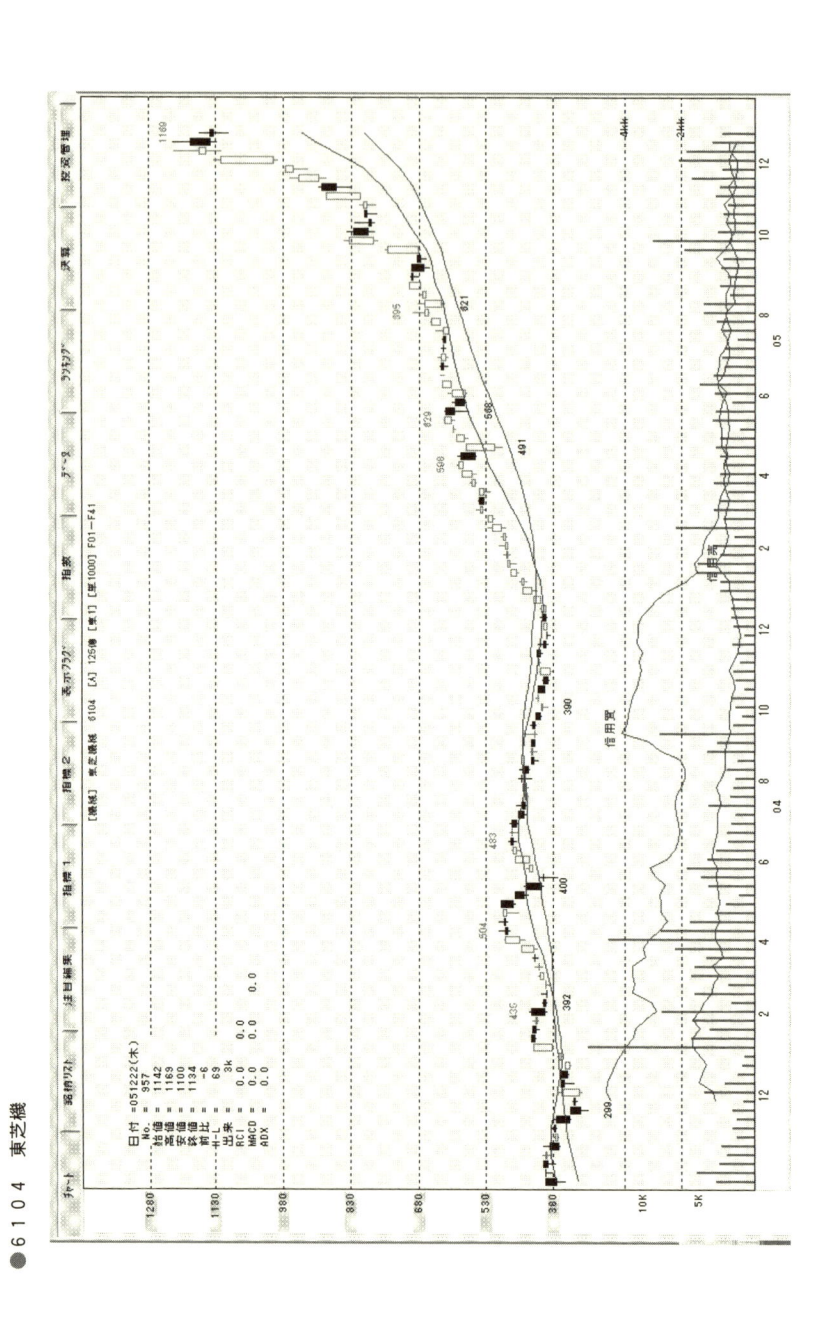

●6104 東芝機械

212

● 6104 東芝機

2005年3月期	売り上げ	営業利益	経常利益	当期利益	一株利益	会社四季報
予想	110,000	4,150	2,200	1,450	8.7	2003年夏
予想	125,000	5,000	3,000	1,900	11.4	2003年秋
予想	125,000	7,500	5,300	3,500	21.0	2004年新春
予想	125,000	7,500	5,300	3,500	21.0	2004年春
予想	115,000	9,600	7,500	4,500	27.0	2004年夏
予想	120,000	11,000	9,000	6,000	36.0	2004年秋
予想	123,000	11,000	10,000	6,700	40.1	2005年新春
予想	123,000	11,000	10,000	6,700	40.1	2005年春
確定	123,572	12,233	10,772	7,093	42.5	2005年夏

2006年3月期	売り上げ	営業利益	経常利益	当期利益	一株利益	会社四季報
予想	125,000	11,600	9,500	5,500	33.0	2004年夏
予想	125,000	12,000	10,000	6,300	37.8	2004年秋
予想	130,000	12,000	11,000	6,600	39.5	2005年新春
予想	136,000	13,000	12,000	7,200	43.1	2005年春
予想	136,000	14,000	13,000	8,000	47.9	2005年夏
予想	136,000	14,000	13,000	8,000	47.9	2005年秋
予想	140,000	15,200	13,700	8,800	52.7	2006年新春
予想						2006年春
確定						2006年夏

2007年3月期	売り上げ	営業利益	経常利益	当期利益	一株利益	会社四季報
予想	140,000	15,000	14,000	8,500	50.9	2005年夏
予想	140,000	15,000	14,000	8,500	50.9	2005年秋
予想	145,000	16,000	14,500	9,000	53.9	2006年新春

上昇トレンド銘柄

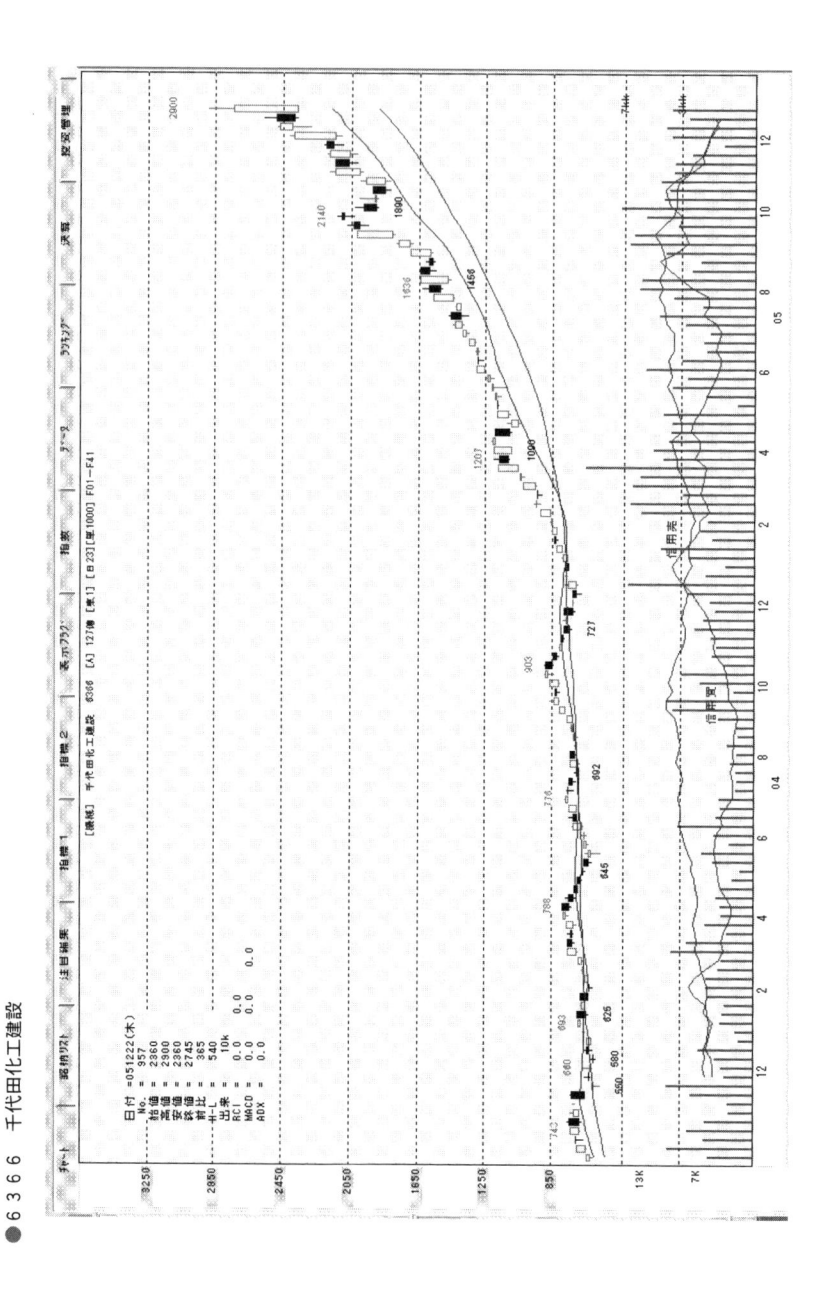

● 6366　千代田化工建設

● 6 3 6 6　千代田化工建設

2005年3月期	売り上げ	営業利益	経常利益	当期利益	一株利益	会社四季報
予想	230,000	6,000	5,700	4,200	22.7	2003年夏
予想	230,000	6,000	5,700	4,200	22.7	2003年秋
予想	230,000	6,000	5,700	4,500	24.3	2004年新春
予想	220,000	6,000	5,700	4,500	24.3	2004年春
予想	220,000	7,100	7,100	7,300	39.4	2004年夏
予想	220,000	7,100	7,100	7,300	39.2	2004年秋
予想	253,000	8,600	9,000	8,500	45.0	2005年新春
予想	253,000	8,800	9,200	10,000	52.7	2005年春
確定	267,655	11,077	11,587	12,863	68.6	2005年夏

2006年3月期	売り上げ	営業利益	経常利益	当期利益	一株利益	会社四季報
予想	240,000	8,000	8,000	4,000	21.6	2004年夏
予想	240,000	9,000	9,000	4,500	24.0	2004年秋
予想	270,000	10,000	10,400	8,700	46.1	2005年新春
予想	300,000	12,000	12,000	11,000	58.0	2005年春
予想	310,000	14,500	14,500	14,800	77.3	2005年夏
予想	310,000	14,500	14,800	14,800	77.1	2005年秋
予想	365,000	22,000	22,000	18,500	96.1	2006年新春
確定						2006年夏

2007年3月期	売り上げ	営業利益	経常利益	当期利益	一株利益	会社四季報
予想	320,000	18,000	18,000	11,300	59.0	2005年夏
予想	320,000	18,000	18,000	11,300	58.9	2005年秋
予想	390,000	25,000	25,000	16,000	83.2	2006年新春

上昇トレンド銘柄

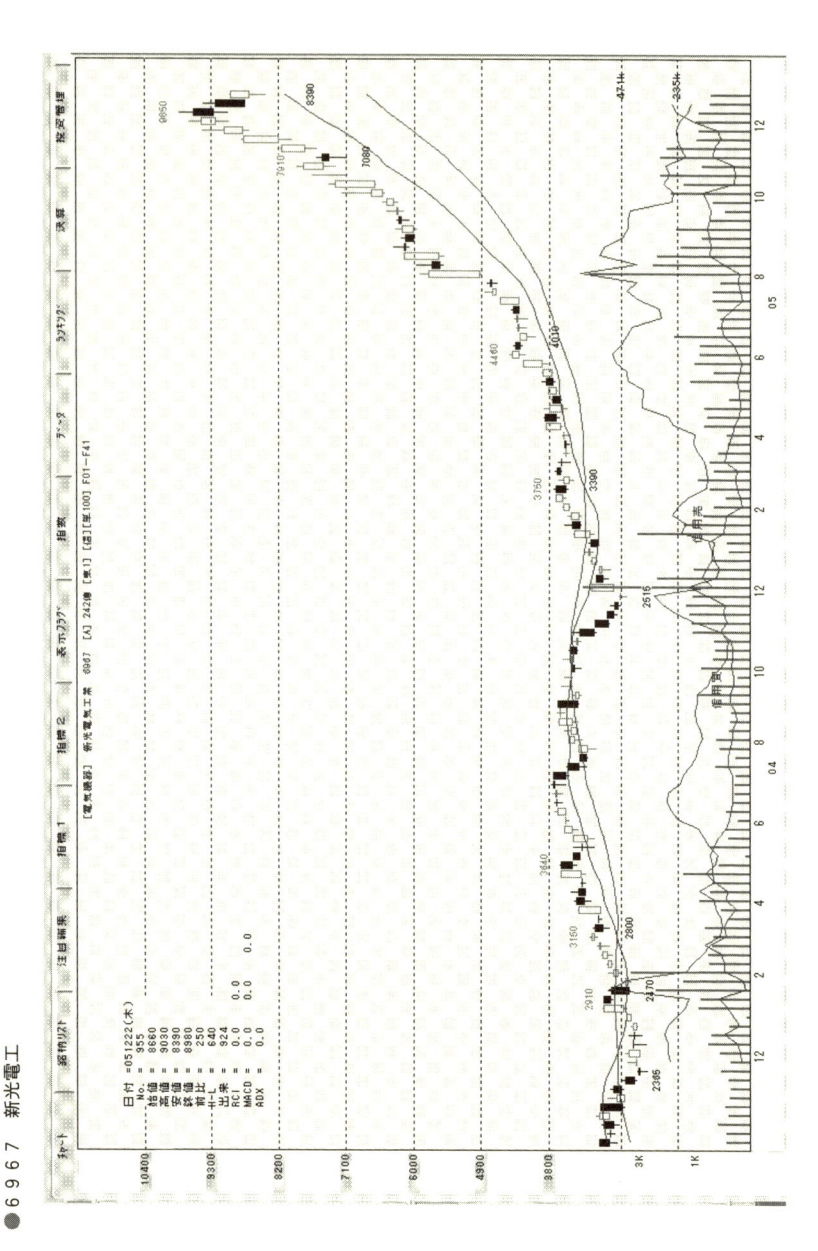

● 6 9 6 7　新光電工

● 6 9 6 7　新光電工

2005年3月期	売り上げ	営業利益	経常利益	当期利益	一株利益	会社四季報
予想	125,000	9,000	7,500	4,000	88.8	2003年夏
予想	130,000	10,400	9,300	4,800	106.5	2003年秋
予想	137,000	11,000	8,800	4,700	104.3	2004年新春
予想	140,000	13,500	10,300	5,700	126.5	2004年春
予想	152,500	13,500	12,500	7,700	170.9	2004年夏
予想	155,600	16,200	15,400	9,100	202.0	2004年秋
予想	147,500	14,100	13,500	7,100	157.6	2005年新春
予想	146,200	16,400	15,000	8,100	179.8	2005年春
確定	150,584	17,918	17,486	9,386	206.8	2005年夏

2006年3月期	売り上げ	営業利益	経常利益	当期利益	一株利益	会社四季報
予想	158,600	14,200	13,100	8,200	182.0	2004年夏
予想	161,000	16,600	15,800	9,500	210.8	2004年秋
予想	153,000	15,900	15,300	9,000	199.7	2005年新春
予想	145,800	16,000	14,600	7,800	173.1	2005年春
予想	148,900	14,600	13,800	7,900	175.3	2005年夏
予想	147,800	21,900	20,100	11,600	257.4	2005年秋
予想	147,800	23,100	21,600	12,200	270.8	2006年新春
予想						2006年春
確定						2006年夏

2007年3月期	売り上げ	営業利益	経常利益	当期利益	一株利益	会社四季報
予想	160,000	16,000	15,000	8,400	186.4	2005年夏
予想	160,000	23,500	22,500	15,500	344.0	2005年秋
予想	160,000	24,000	23,000	16,000	355.1	2006年新春

上昇トレンド銘柄

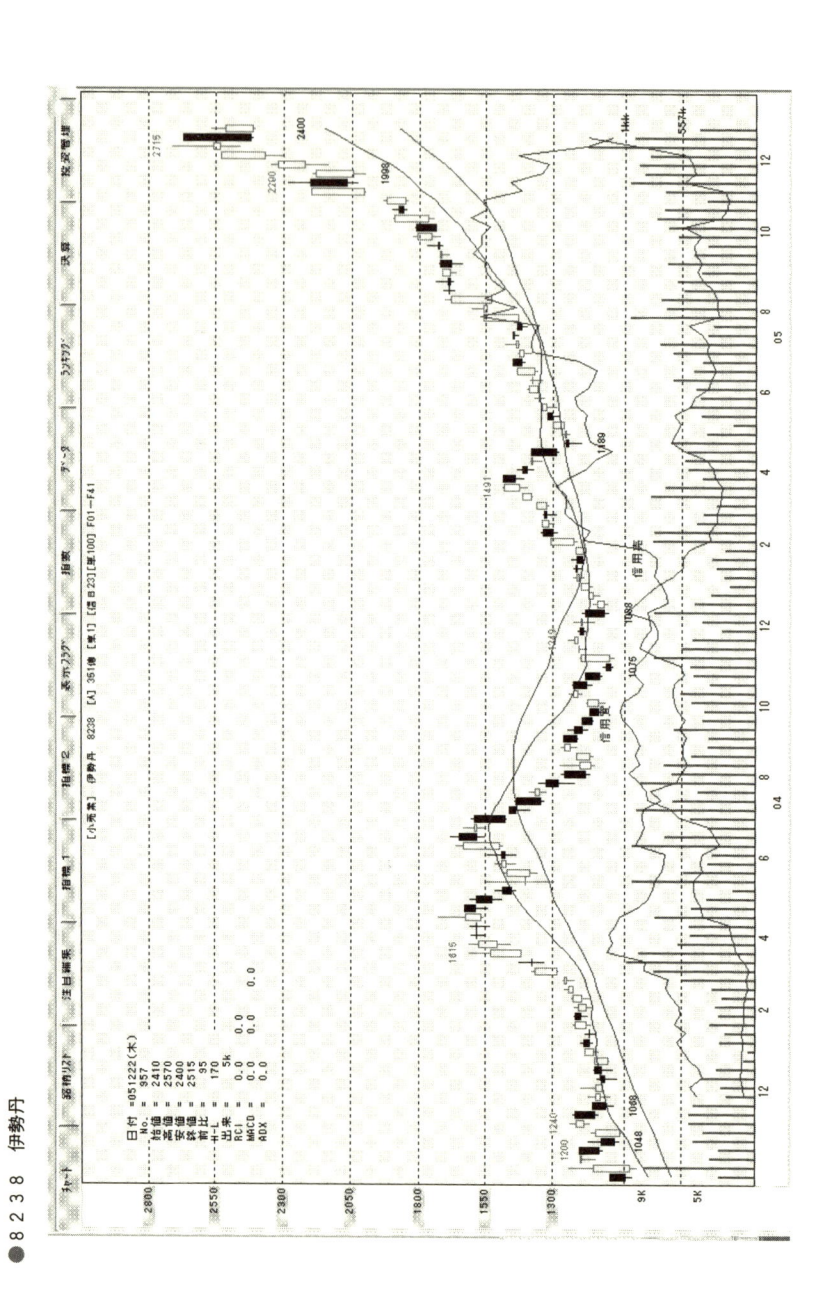

●8238　伊勢丹

218

● 8 2 3 8 　伊勢丹

2005年3月期	売り上げ	営業利益	経常利益	当期利益	一株利益	会社四季報
予想	618,000	15,000	16,000	8,500	38.3	2003年夏
予想	618,000	15,000	16,000	8,500	38.3	2003年秋
予想	635,000	22,000	22,500	10,500	47.3	2004年新春
予想	635,000	22,000	22,500	10,500	47.3	2004年夏
予想	644,000	24,000	25,000	13,000	58.5	2004年夏
予想	632,000	21,000	22,000	13,000	58.5	2004年秋
予想	630,000	21,000	22,000	16,000	71.9	2005年新春
予想	630,000	21,000	22,000	16,000	71.9	2005年夏
確定	628,996	19,192	21,907	12,619	56.5	2005年夏

2006年3月期	売り上げ	営業利益	経常利益	当期利益	一株利益	会社四季報
予想	652,000	24,300	25,300	13,200	59.4	2004年夏
予想	640,000	22,000	23,000	13,200	59.4	2004年秋
予想	630,000	22,000	23,000	13,500	60.7	2005年新春
予想	745,000	25,500	27,500	16,500	74.2	2005年夏
予想	735,000	25,000	26,000	15,000	67.4	2005年秋
予想	740,000	27,000	28,000	16,000	71.6	2006年新春
予想						2006年春
確定						2006年夏

2007年3月期	売り上げ	営業利益	経常利益	当期利益	一株利益	会社四季報
予想	750,000	27,000	28,000	16,000	71.9	2005年夏
予想	750,000	27,000	28,000	16,000	71.8	2005年秋
予想	760,000	29,000	30,000	17,000	76.0	2006年新春

上昇トレンド銘柄

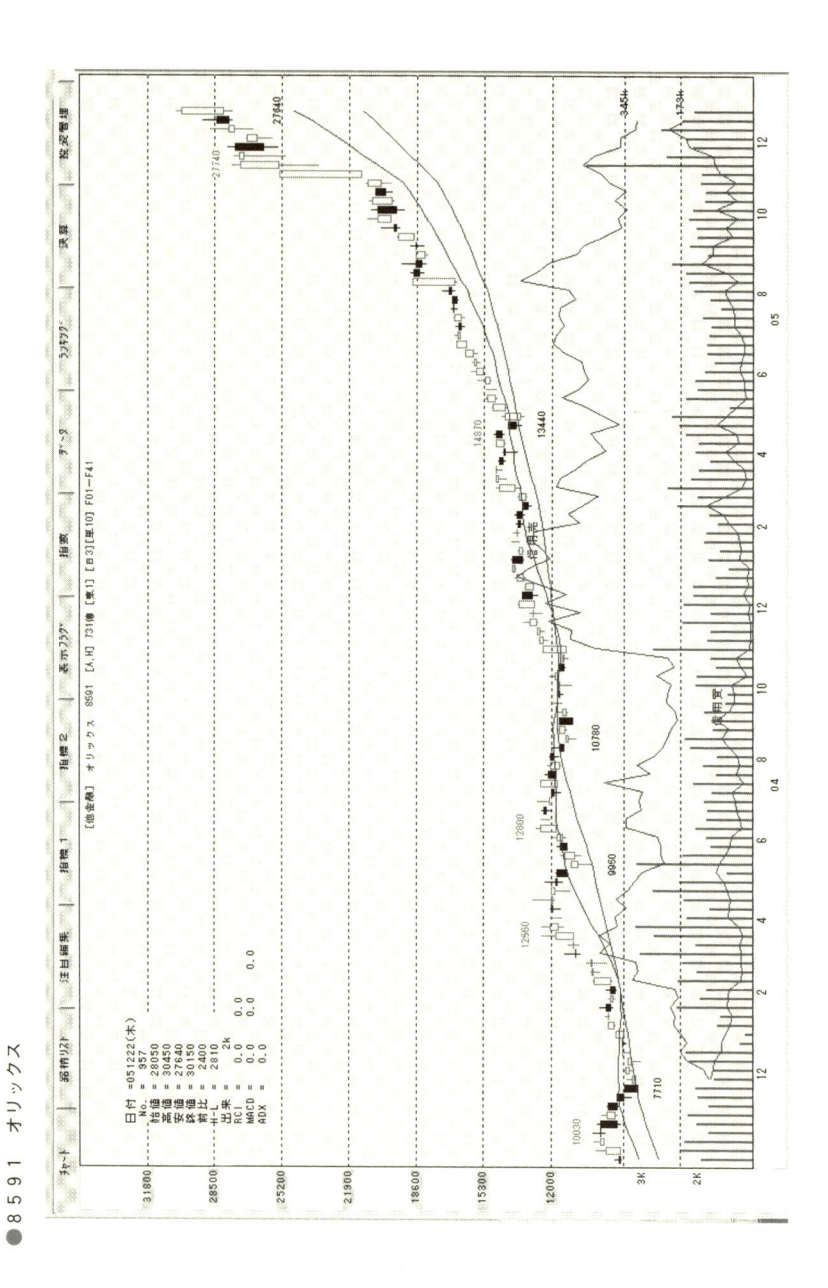

●8591 オリックス

8591 オリックス

2005年3月期	売り上げ	営業利益	経常利益	当期利益	一株利益	会社四季報
予想	750,000	72,000	89,000	49,000	580.8	2003年夏
予想	750,000	72,000	89,000	49,000	580.8	2003年秋
予想	750,000	72,000	89,000	49,000	580.8	2004年新春
予想	750,000	90,000	104,000	57,000	675.6	2004年春
予想	760,000	96,000	109,000	60,000	711.2	2004年夏
予想	760,000	96,000	109,000	60,000	710.8	2004年秋
予想	780,000	100,000	122,000	74,000	876.3	2005年新春
予想	810,000	112,000	134,000	80,000	944.6	2005年春
確定	916,950	130,957	154,347	91,496	1,088.0	2005年夏

2006年3月期	売り上げ	営業利益	経常利益	当期利益	一株利益	会社四季報
予想	780,000	98,000	111,000	62,000	734.9	2004年夏
予想	780,000	98,000	111,000	62,000	734.5	2004年秋
予想	830,000	110,000	134,000	81,000	959.2	2005年新春
予想	890,000	123,500	147,500	88,000	1,039.0	2005年春
予想	880,000	140,000	162,000	96,000	1,091.0	2005年夏
予想	880,000	140,000	162,000	96,000	1,087.0	2005年秋
予想	890,000	200,000	230,000	140,000	1,580.0	2006年新春
予想						2006年春
確定						2006年夏

2007年3月期	売り上げ	営業利益	経常利益	当期利益	一株利益	会社四季報
予想	900,000	148,000	175,000	100,000	1,136.0	2005年夏
予想	900,000	148,000	175,000	100,000	1,133.0	2005年秋
予想	910,000	224,000	258,000	159,000	1,794.0	2006年新春

上昇トレンド銘柄

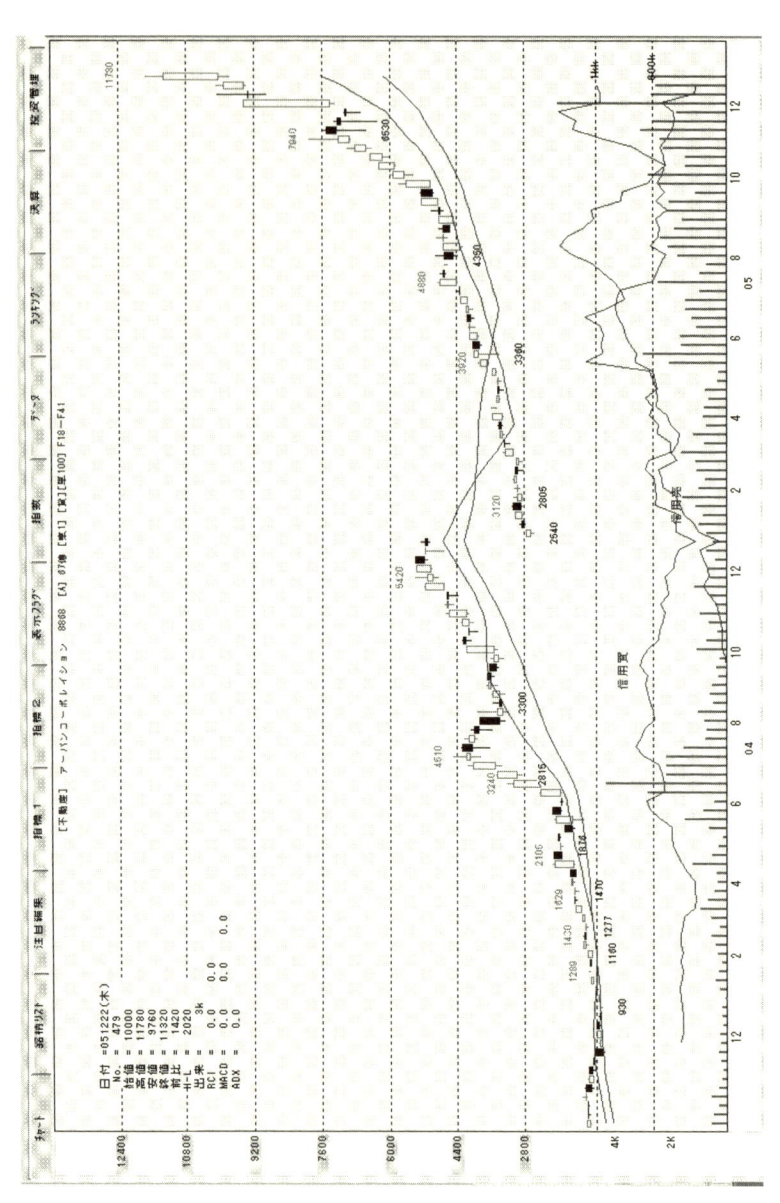

● 8868 アーバン

● 8868 アーバン

2005年3月期	売り上げ	営業利益	経常利益	当期利益	一株利益	会社四季報
予想	44,000	3,700	4,200	2,300	137.8	2003年夏
予想	57,000	6,500	5,700	3,100	485.7	2003年秋
予想	57,000	6,500	5,700	3,100	185.7	2004年新春
予想	47,000	5,000	4,500	2,500	149.8	2004年春
予想	52,900	7,500	6,300	4,500	266.7	2004年夏
予想	52,900	7,500	6,300	4,500	227.5	2004年秋
予想	55,400	10,000	8,800	6,000	149.4	2005年新春
予想	55,400	10,000	8,800	6,000	147.4	2005年春
確定	57,033	10,506	9,479	6,455	170.9	2005年夏

2006年3月期	売り上げ	営業利益	経常利益	当期利益	一株利益	会社四季報
予想	55,000	8,000	6,800	4,700	278.6	2004年夏
予想	55,000	8,000	6,800	4,700	237.6	2004年秋
予想	70,000	11,000	9,500	6,000	149.4	2005年新春
予想	70,000	12,000	10,500	6,200	152.3	2005年春
予想	69,500	14,500	13,000	8,550	210.1	2005年夏
予想	72,500	17,500	16,000	10,500	256.3	2005年秋
予想	68,800	24,100	22,600	15,000	362.9	2006年新春
予想						2006年春
確定						2006年夏

2007年3月期	売り上げ	営業利益	経常利益	当期利益	一株利益	会社四季報
予想	78,500	17,700	16,000	9,000	221.1	2005年夏
予想	82,500	21,200	19,500	10,800	263.6	2005年秋
予想	78,000	31,200	29,500	17,600	425.8	2006年新春

上昇トレンド銘柄

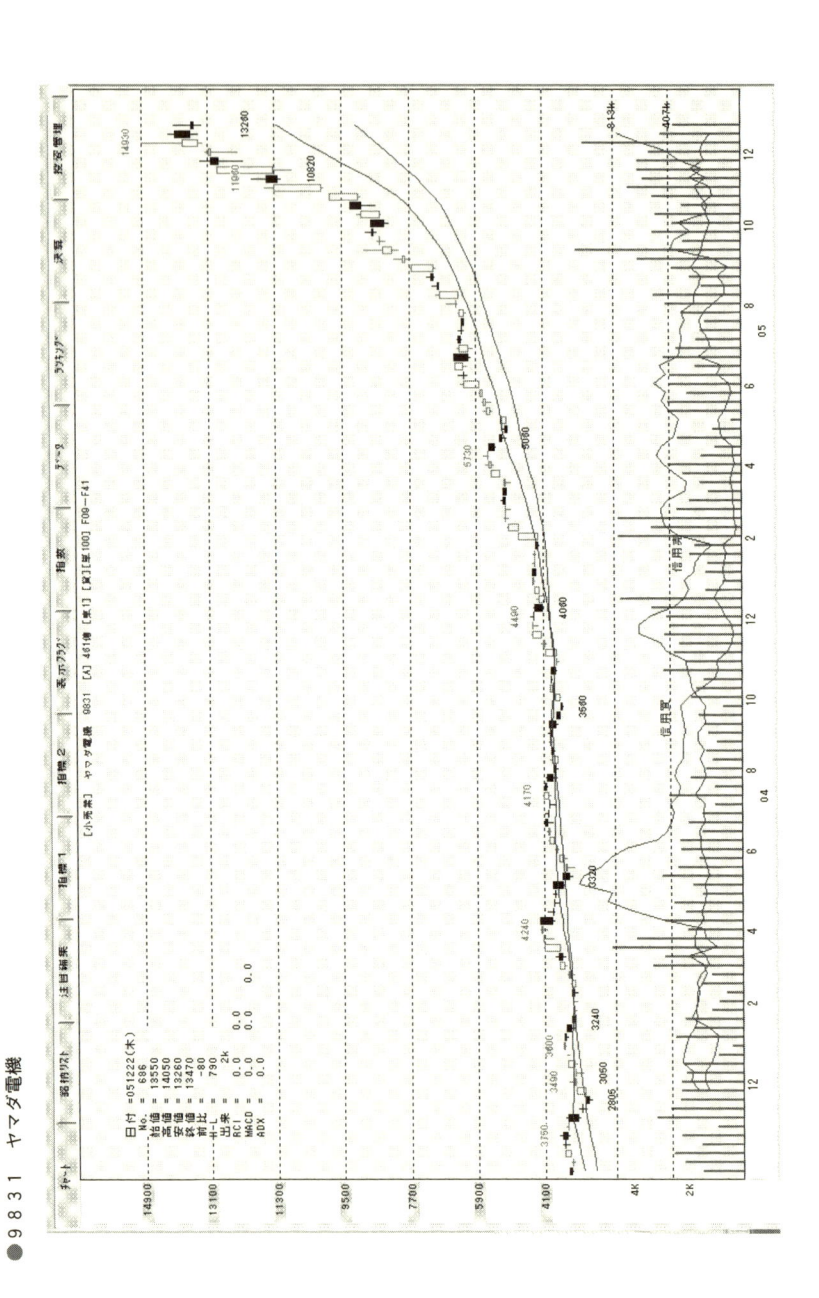

●9831 ヤマダ電機

224

● 9831 ヤマダ電機

		売り上げ	営業利益	経常利益	当期利益	一株利益	会社四季報
2005年3月期	予想	1,050,000	20,000	36,500	20,000	240.0	2003年夏
	予想	1,050,000	20,000	36,500	20,000	240.0	2003年秋
	予想	1,050,000	19,500	37,000	22,000	264.1	2004年新春
	予想	1,050,000	19,500	37,000	22,000	264.1	2004年春
	予想	1,081,000	21,200	37,900	21,700	260.5	2004年夏
	予想	1,081,000	21,200	37,900	21,700	260.5	2004年秋
	予想	1,087,000	22,800	40,200	23,200	278.5	2005年新春
	予想	1,087,000	22,800	40,200	23,200	278.5	2005年春
	確定	1,102,390	29,157	48,186	28,819	344.4	2005年夏
2006年3月期	予想	1,200,000	23,300	38,700	22,800	273.7	2004年夏
	予想	1,200,000	23,300	38,700	22,800	273.7	2004年秋
	予想	1,200,000	25,000	38,700	22,800	273.7	2005年新春
	予想	1,200,000	25,000	38,700	22,800	273.7	2005年春
	予想	1,280,000	40,000	53,200	33,000	395.2	2005年夏
	予想	1,280,000	40,000	53,200	33,000	395.2	2005年秋
	予想	1,300,000	46,600	59,500	36,200	417.3	2006年新春
	予想						2006年春
	確定						2006年夏
2007年3月期	予想	1,400,000	48,000	61,500	36,000	431.2	2005年夏
	予想	1,400,000	48,000	61,500	36,000	431.1	2005年秋
	予想	1,500,000	59,000	73,000	43,000	495.7	2006年新春

下降トレンド銘柄

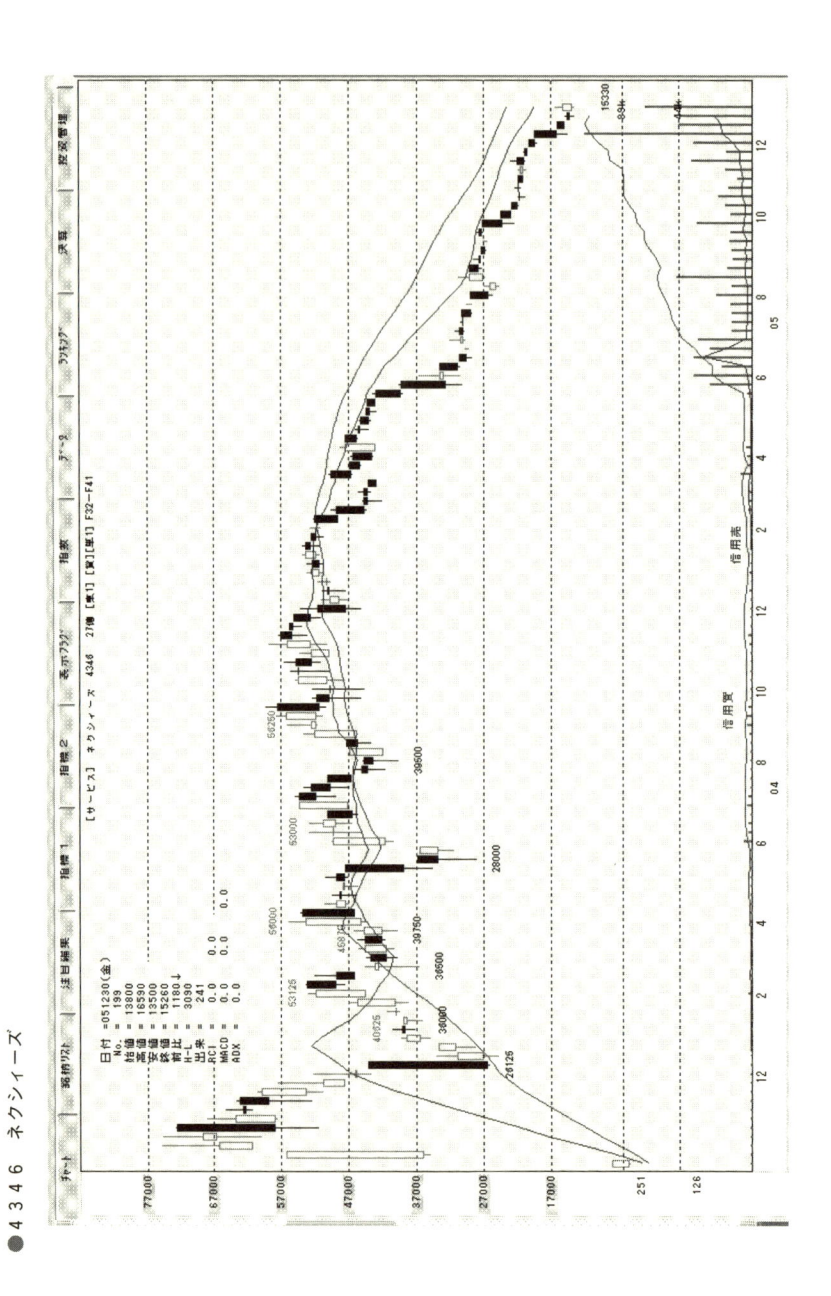

● 4346 ネクシィーズ

● 4346 ネクシィーズ

2004年9月期	売り上げ	営業利益	経常利益	当期利益	一株利益	会社四季報
予想	7,300	650	600	200	7,501.0	2003年新春
予想	7,300	650	600	200	7,501.0	2003年春
予想	7,300	650	600	200	7,501.0	2003年夏
予想	10,200	750	700	400	2,669.0	2003年秋
予想	14,000	850	800	400	2,669.0	2004年新春
予想	14,200	850	800	400	1,334.0	2004年春
予想	14,000	850	800	400	1,334.0	2004年夏
予想	17,000	1,100	1,000	450	1,501.0	2004年秋
確定	18,341	1,289	1,103	506	1,690.0	2005年新春

2005年9月期	売り上げ	営業利益	経常利益	当期利益	一株利益	会社四季報
予想	15,000	1,050	1,000	500	3,336.0	2004年新春
予想	15,000	1,050	1,000	500	1,668.0	2004年春
予想	15,000	1,400	1,000	500	1,668.0	2004年夏
予想	21,000	1,400	1,300	600	2,002.0	2004年秋
予想	21,300	2,000	1,800	1,000	3,336.0	2005年新春
予想	23,400	2,100	2,000	1,200	3,991.0	2005年春
予想	24,900	2,200	2,100	1,200	997.2	2005年夏
予想	24,900	2,200	2,100	1,200	894.6	2005年秋
確定	19,754	1,861	1,876	728	588.6	2006年新春

2006年9月期	売り上げ	営業利益	経常利益	当期利益	一株利益	会社四季報
予想	24,500	2,300	2,100	1,150	3,837.0	2005年新春
予想	25,750	2,350	2,200	1,350	4,489.0	2005年春
予想	27,500	2,450	2,350	1,400	1,163.0	2005年夏
予想	27,500	2,450	2,350	1,400	1,044.0	2005年秋
予想	5,500	-2,800	-3,000	-3,000	-2,237.0	2006年新春
予想						2006年春
予想						2006年夏
予想						2006年秋
確定						2007年新春

2007年9月期	売り上げ	営業利益	経常利益	当期利益	一株利益	会社四季報
予想	8,000	200	0	0	0.0	2006年新春

下降トレンド銘柄

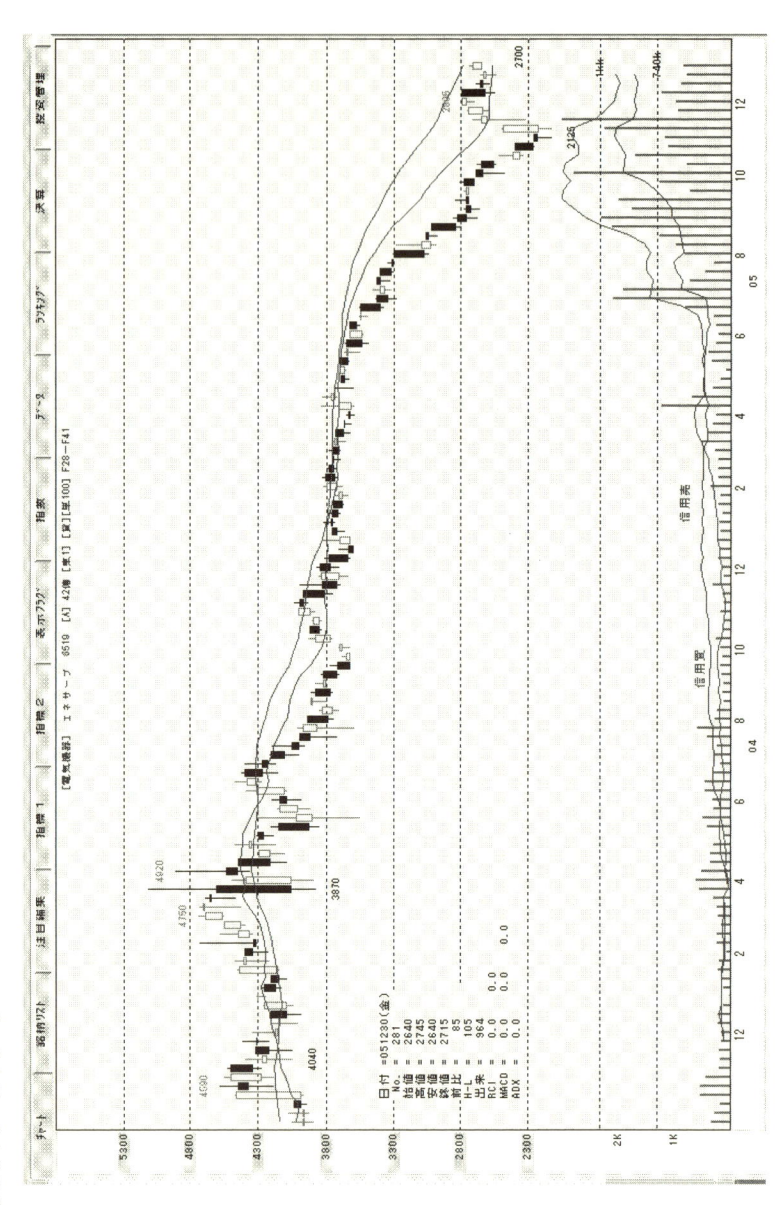

● 6519 エネサーブ

● 6519 エネサーブ

		売り上げ	営業利益	経常利益	当期利益	一株利益	会社四季報
2005年3月期							
	予想	64,000	9,400	9,200	5,100	242.0	2003年夏
	予想	64,000	9,400	9,200	5,100	242.0	2003年秋
	予想	66,000	9,600	9,250	5,060	240.1	2004年新春
	予想	66,000	9,600	9,250	5,060	184.7	2004年春
	予想	69,600	9,950	9,570	5,420	197.8	2004年夏
	予想	69,600	9,950	9,570	5,420	197.8	2004年秋
	予想	72,000	9,950	9,570	5,420	197.8	2005年新春
	予想	70,200	9,950	9,570	5,420	197.8	2005年春
	確定	68,387	9,105	9,839	5,669	207.0	2005年夏
2006年3月期							
		売り上げ	営業利益	経常利益	当期利益	一株利益	会社四季報
	予想	81,000	11,000	10,600	6,200	226.3	2004年夏
	予想	81,000	11,000	10,600	6,200	226.3	2004年秋
	予想	83,000	11,000	10,600	6,200	226.3	2005年新春
	予想	83,000	11,000	10,600	6,200	226.3	2005年春
	予想	87,000	11,500	10,800	6,000	219.0	2005年夏
	予想	86,000	9,500	10,000	5,500	200.7	2005年秋
	予想	77,000	4,400	5,000	2,700	98.5	2006年新春
	予想						2006年春
	確定						2006年夏
2007年3月期							
		売り上げ	営業利益	経常利益	当期利益	一株利益	会社四季報
	予想	100,000	13,000	12,300	6,800	248.2	2005年夏
	予想	93,000	10,000	10,500	5,800	211.7	2005年秋
	予想	76,000	5,500	6,000	3,200	116.8	2006年新春

下降トレンド銘柄

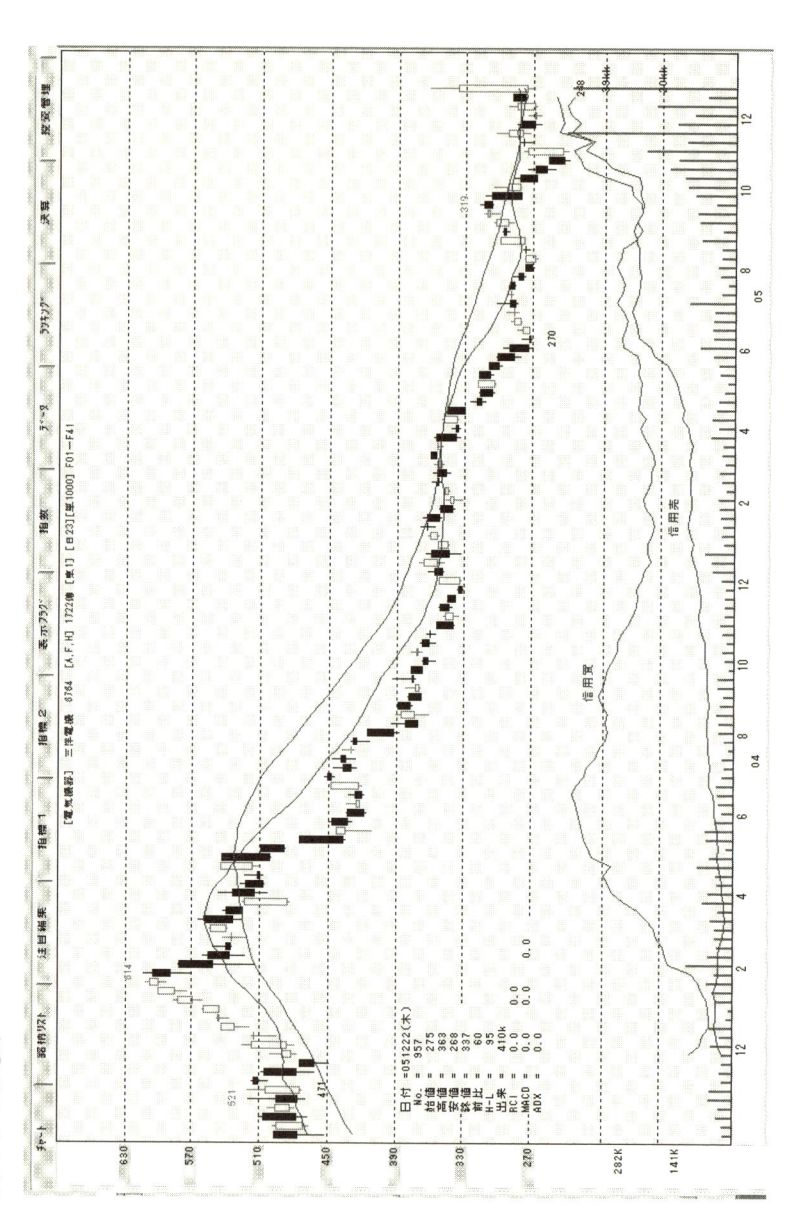

● 6 7 6 4　三洋電機

●6764 三洋電機

		売り上げ	営業利益	経常利益	当期利益	一株利益	会社四季報
2005年3月期	予想	2,690,000	120,000	68,000	30,000	16.0	2003年夏
	予想	2,690,000	120,000	68,000	30,000	16.0	2003年秋
	予想	2,690,000	120,000	68,000	30,000	16.0	2004年新春
	予想	2,690,000	120,000	68,000	30,000	16.0	2004年春
	予想	2,695,000	110,000	50,000	16,000	8.5	2004年夏
	予想	2,695,000	110,000	50,000	16,000	8.5	2004年秋
	予想	2,680,000	97,000	40,000	14,000	7.5	2005年新春
	予想	2,629,000	60,000	-47,000	-71,000	-37.9	2005年春
	確定	2,586,586	42,316	-64,991	-171,544	-92.5	2005年夏
2006年3月期	予想	2,750,000	120,000	60,000	19,500	10.4	2004年夏
	予想	2,750,000	120,000	60,000	19,500	10.4	2004年秋
	予想	2,700,000	110,000	50,000	16,000	8.5	2005年新春
	予想	2,680,000	97,000	40,000	14,000	7.5	2005年春
	予想	2,590,000	65,000	-56,000	-92,000	-49.1	2005年夏
	予想	2,500,000	50,000	-66,000	-96,000	-51.3	2005年秋
	予想	2,540,000	-17,000	-202,000	-233,000	-124.4	2006年新春
	予想						2006年春
	確定						2006年夏
2007年3月期	予想	2,600,000	80,000	50,000	17,000	9.1	2005年夏
	予想	2,500,000	65,000	30,000	17,000	9.1	2005年秋
	予想	2,450,000	27,000	12,000	10,000	5.3	2006年新春

下降トレンド銘柄

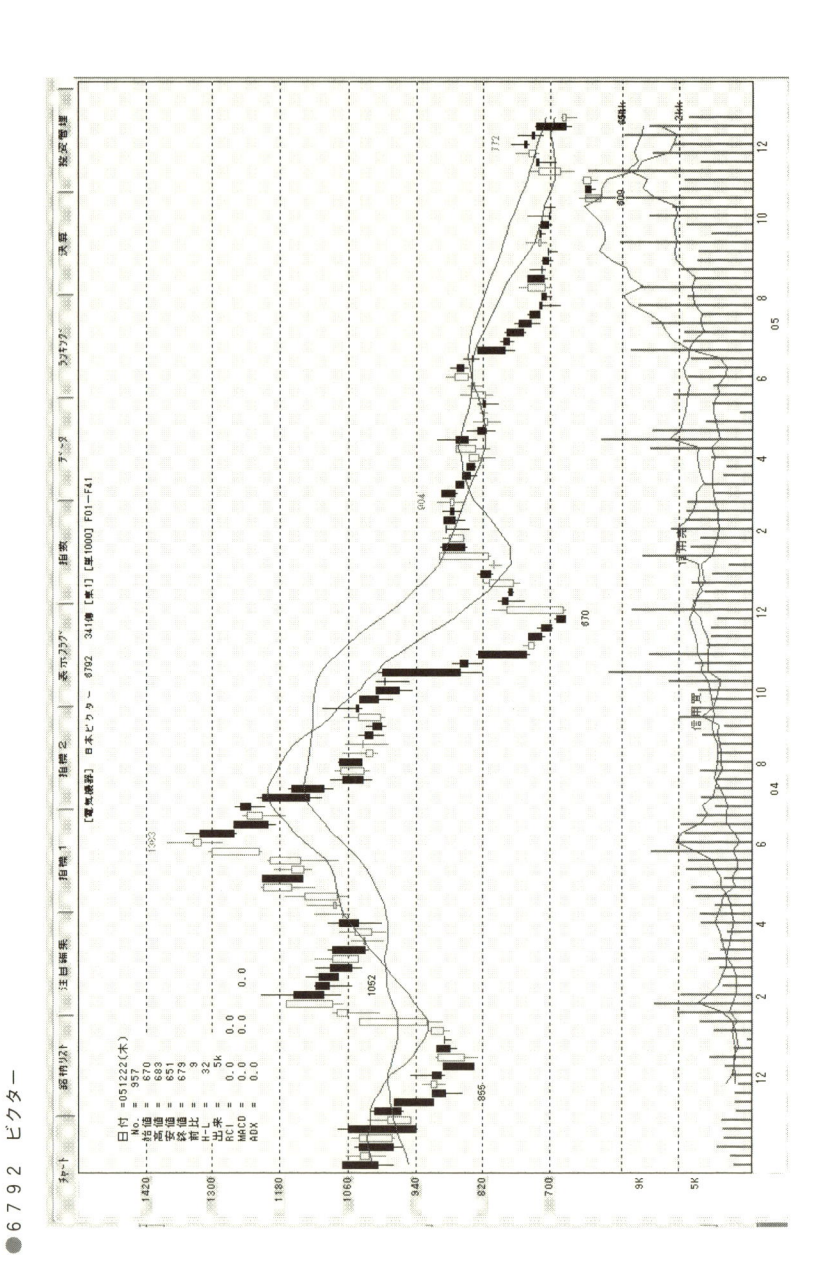

●6792 ビクター

● 6792 ビクター

2005年3月期	売り上げ	営業利益	経常利益	当期利益	一株利益	会社四季報
予想	1,050,000	27,000	22,000	12,000	47.2	2003年夏
予想	1,050,000	27,000	22,000	12,000	47.2	2003年秋
予想	1,050,000	27,000	22,000	12,000	47.2	2004年新春
予想	1,020,000	28,000	23,000	12,500	49.2	2004年夏
予想	935,000	28,000	23,000	8,000	31.5	2004年秋
予想	935,000	28,000	23,000	8,000	31.5	2005年新春
予想	900,000	22,000	16,000	3,500	13.8	2005年春
予想	865,000	17,000	11,000	1,500	5.9	2005年夏
確定	840,590	10,369	7,282	-1,857	-7.7	

2006年3月期	売り上げ	営業利益	経常利益	当期利益	一株利益	会社四季報
予想	955,000	30,000	25,000	8,700	34.2	2004年夏
予想	955,000	30,000	25,000	8,700	34.2	2004年秋
予想	920,000	23,000	17,000	7,000	27.5	2005年新春
予想	880,000	22,000	16,500	7,000	27.5	2005年春
予想	880,000	22,000	15,000	5,500	21.6	2005年夏
予想	830,000	13,000	10,000	3,000	11.8	2005年秋
予想	840,000	1,000	-5,000	-15,000	-59.0	2006年新春
確定						2006年春
						2006年夏

2007年3月期	売り上げ	営業利益	経常利益	当期利益	一株利益	会社四季報
予想	890,000	21,500	16,500	7,000	27.5	2005年夏
予想	840,000	14,500	11,500	4,000	15.7	2005年秋
予想	850,000	6,000	1,000	0	0.0	2006年新春

下降トレンド銘柄

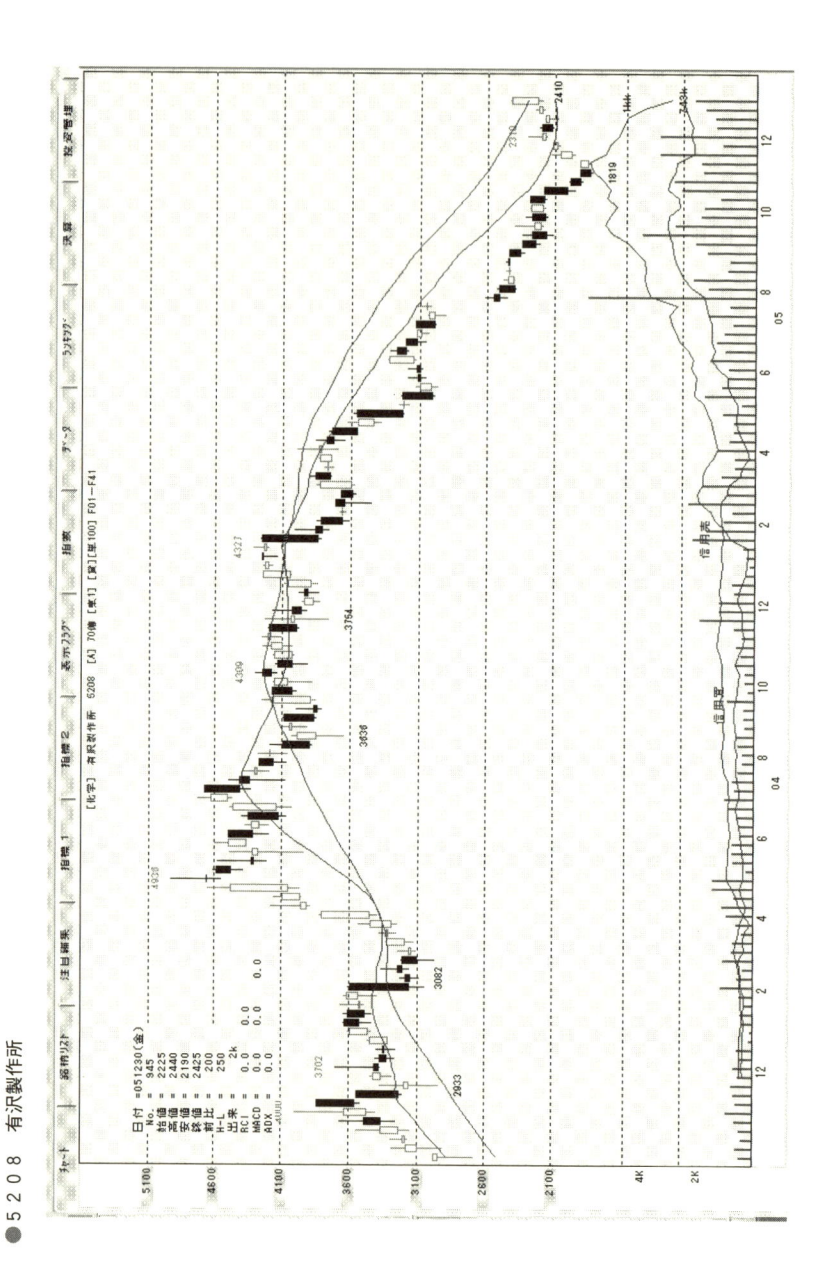

● 5208　有沢製作所

5208　有沢製作所

2005年3月期	売り上げ	営業利益	経常利益	当期利益	一株利益	会社四季報
予想	50,000	7,300	8,000	4,600	155.9	2003年夏
予想	51,000	7,500	8,400	5,000	168.3	2003年秋
予想	52,800	8,150	9,050	5,250	176.2	2004年新春
予想	58,000	9,000	9,800	5,500	167.4	2004年春
予想	59,500	9,800	11,000	6,900	209.6	2004年夏
予想	60,800	10,100	11,300	7,100	215.3	2004年秋
予想	63,900	11,200	12,600	7,800	236.4	2005年新春
予想	58,000	9,800	11,100	7,050	213.0	2005年春
確定	57,552	9,873	11,132	7,156	216.8	2005年夏

2006年3月期	売り上げ	営業利益	経常利益	当期利益	一株利益	会社四季報
予想	67,000	11,500	12,500	7,500	227.8	2004年夏
予想	67,000	11,500	12,500	7,500	227.5	2004年秋
予想	67,000	12,000	13,400	8,000	242.5	2005年新春
予想	64,000	10,200	11,500	7,200	197.8	2005年春
予想	57,700	9,300	10,600	6,700	183.8	2005年夏
予想	46,000	5,600	7,000	4,500	123.3	2005年秋
予想	44,600	3,700	5,150	3,550	97.3	2006年新春
確定						2006年春
						2006年夏

2007年3月期	売り上げ	営業利益	経常利益	当期利益	一株利益	会社四季報
予想	63,000	10,000	11,300	7,000	192.1	2005年夏
予想	50,000	6,100	7,500	4,700	128.8	2005年秋
予想	42,000	2,800	4,200	2,600	71.2	2006年新春

下降トレンド銘柄

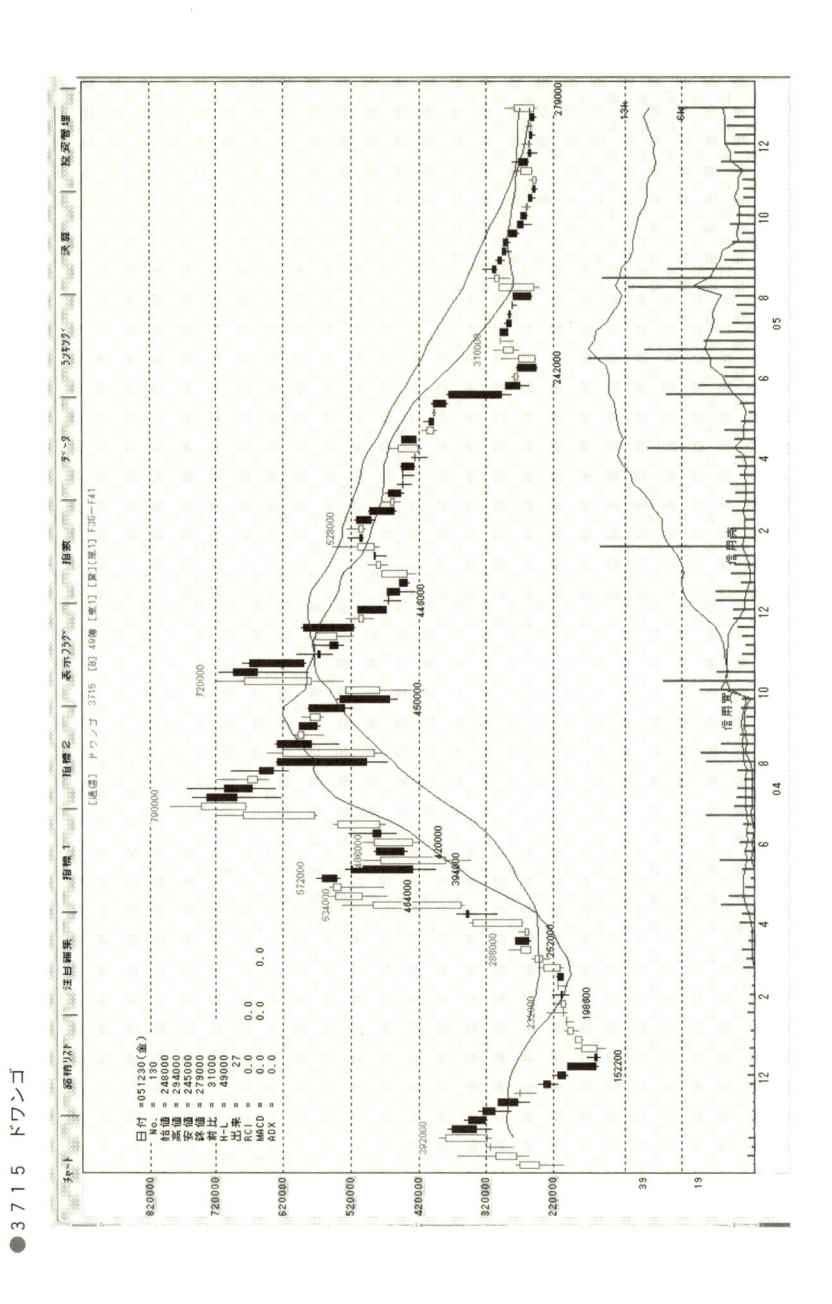

● 3715 ドワンゴ

●3715 ドワンゴ

2005年9月期	売り上げ	営業利益	経常利益	当期利益	一株利益	会社四季報
予想	18,500	2,850	2,800	1,450	50,664.0	2004年新春
予想	18,500	2,850	2,800	1,300	45,323.0	2004年春
予想	18,500	2,850	2,800	1,300	45,235.0	2004年夏
予想	18,500	2,850	2,800	1,300	8,176.0	2004年秋
予想	20,500	3,550	3,500	2,000	12,576.0	2005年新春
予想	20,500	3,550	3,500	2,000	12,563.0	2005年春
予想	18,700	3,150	3,050	570	3,571.0	2005年夏
予想	18,500	3,300	3,200	650	4,065.0	2005年秋
確定	18,087	3,400	3,326	854	5,360.0	2006年新春

2006年9月期	売り上げ	営業利益	経常利益	当期利益	一株利益	会社四季報
予想	23,000	4,000	3,950	2,250	14,148.0	2005年新春
予想	23,000	4,000	3,950	2,250	14,134.0	2005年春
予想	18,500	3,050	3,000	1,750	10,964.0	2005年夏
予想	19,000	3,250	3,150	1,850	11,571.0	2005年秋
予想	21,000	1,800	1,800	500	3,122.0	2006年新春
予想						2006年春
予想						2006年夏
予想						2006年秋
確定						2007年新春

2007年9月期	売り上げ	営業利益	経常利益	当期利益	一株利益	会社四季報
予想	23,000	2,400	2,400	1,300	8,116.0	2006年新春

下降トレンド銘柄

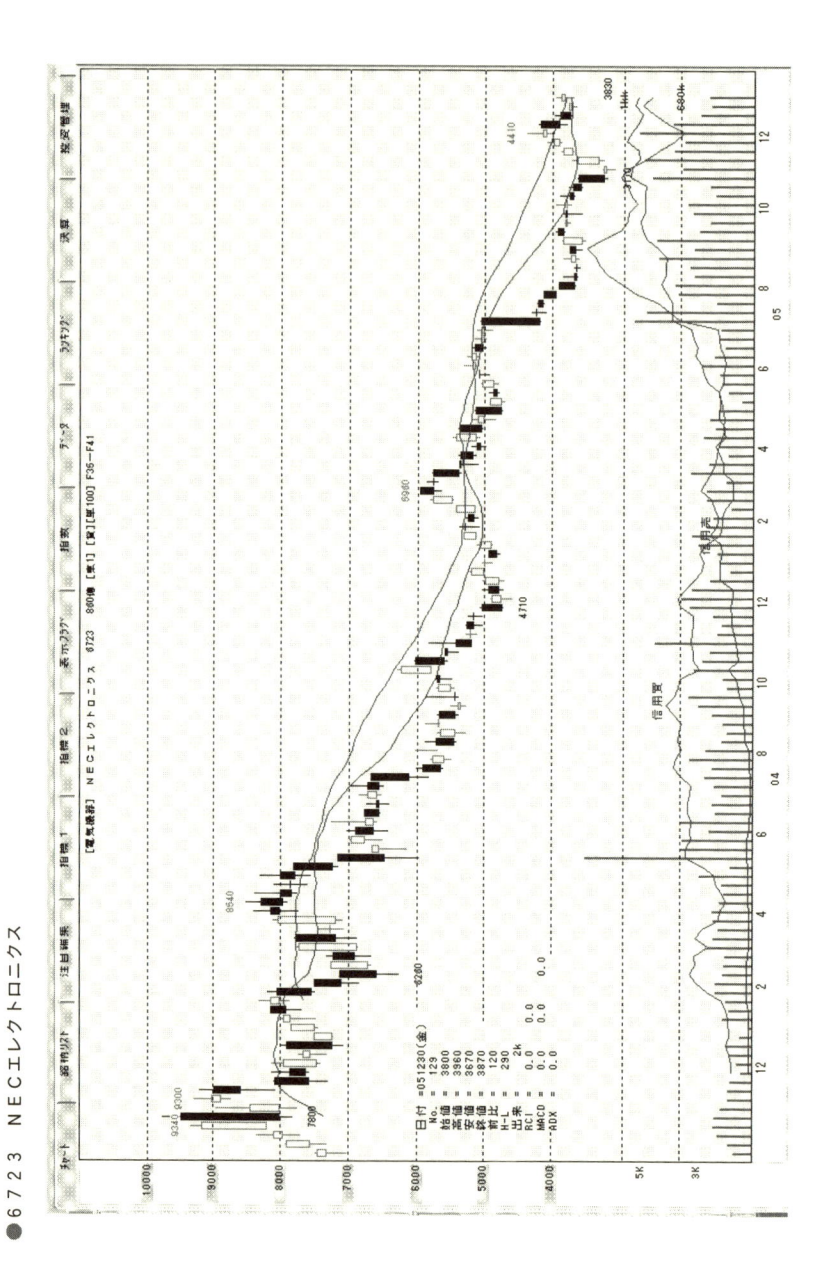

● 6723　NECエレクトロニクス

● 6 7 2 3　ＮＥＣエレクトロニクス

2005年3月期	売り上げ	営業利益	経常利益	当期利益	一株利益	会社四季報
予想	745,000	58,000	52,000	30,500	247.0	2003年夏
予想	765,000	68,000	62,000	37,000	299.6	2003年秋
予想	767,000	66,000	60,000	35,000	283.4	2004年新春
予想	770,000	70,000	60,000	36,000	291.5	2004年夏
予想	770,000	70,000	60,000	36,000	291.5	2004年秋
予想	745,000	50,000	46,000	28,000	226.7	2005年新春
予想	710,000	34,000	30,000	18,500	149.6	2005年春
確定	708,014	33,176	26,409	16,031	129.8	2005年夏

2006年3月期	売り上げ	営業利益	経常利益	当期利益	一株利益	会社四季報
予想	750,000	65,000	55,000	33,000	267.2	2004年夏
予想	750,000	65,000	55,000	33,000	267.2	2004年秋
予想	740,000	48,000	44,000	27,000	218.8	2005年新春
予想	690,000	30,000	26,000	17,000	137.7	2005年春
予想	720,000	25,000	23,000	13,000	105.3	2005年夏
予想	695,000	13,000	10,000	5,500	44.5	2005年秋
予想	635,000	-32,000	-35,000	-20,000	-161.9	2006年新春
予想						2006年春
確定						2006年夏

2007年3月期	売り上げ	営業利益	経常利益	当期利益	一株利益	会社四季報
予想	750,000	32,000	30,000	18,000	145.7	2005年夏
予想	730,000	20,000	17,000	9,500	76.9	2005年秋
予想	665,000	3,000	0	0	0.0	2006年新春

付録

下降トレンド銘柄

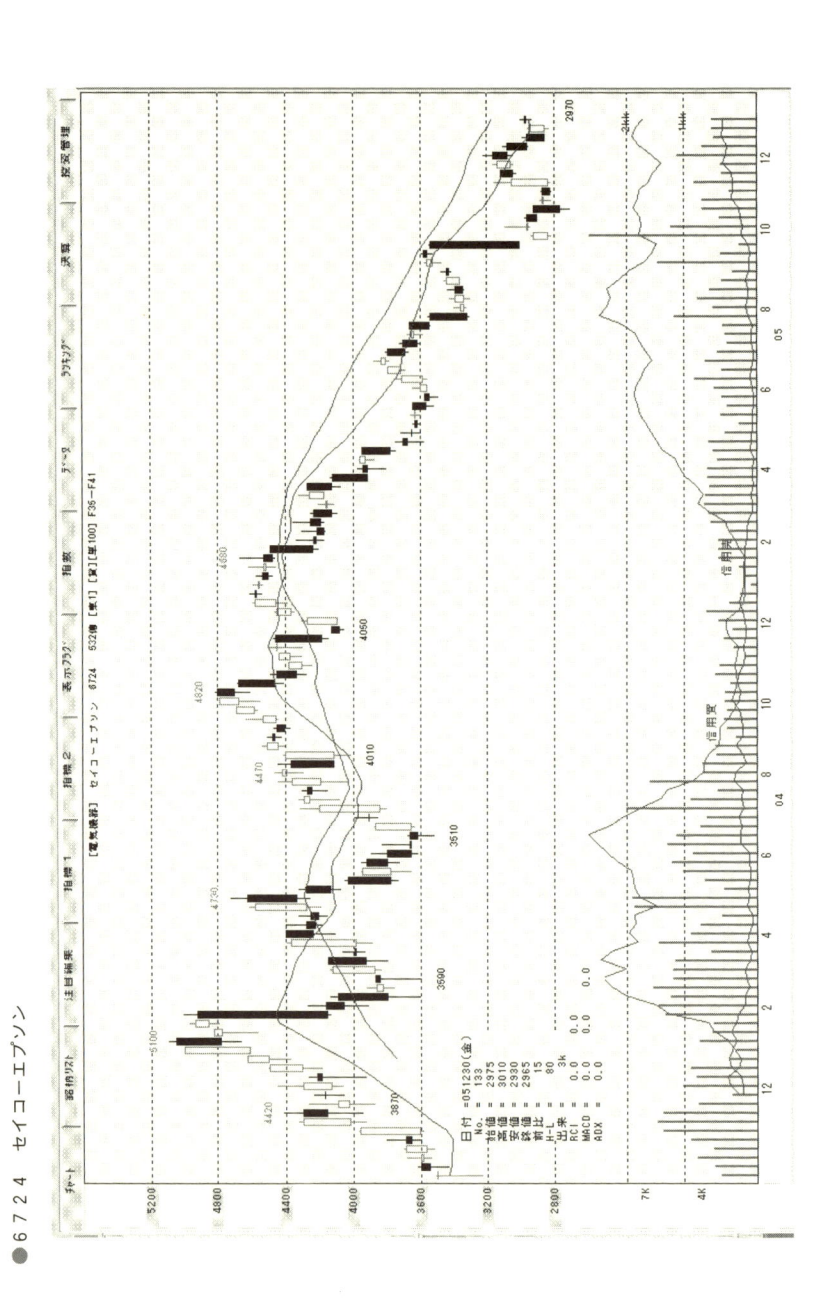

● 6724 セイコーエプソン

●6724 セイコーエプソン

"2003年6月上場"

2005年3月期	売り上げ	営業利益	経常利益	当期利益	一株利益	会社四季報
予想	1,460,000	68,000	61,000	29,000	147.7	2003年夏
予想	1,467,000	82,000	76,000	36,000	183.3	2003年秋
予想	1,470,000	86,000	80,000	40,000	203.7	2004年新春
予想	1,539,000	79,000	75,000	43,000	219.0	2004年春
予想	1,567,000	122,000	118,000	68,000	346.3	2004年夏
予想	1,532,000	117,000	113,000	65,000	331.0	2004年秋
予想	1,532,000	117,000	113,000	65,000	331.0	2005年新春
確定	1,479,749	90,967	85,340	55,688	283.6	2005年春
						2005年夏

2006年3月期	売り上げ	営業利益	経常利益	当期利益	一株利益	会社四季報
予想	1,650,000	90,000	86,000	49,000	249.5	2004年夏
予想	1,665,000	120,000	116,000	67,000	341.2	2004年秋
予想	1,664,000	120,000	116,000	67,000	341.2	2005年新春
予想	1,636,000	115,000	111,000	64,000	325.9	2005年春
予想	1,602,000	82,000	78,000	49,000	249.5	2005年夏
予想	1,630,000	80,000	79,000	43,000	219.0	2005年秋
予想	1,613,000	42,000	43,000	21,000	106.9	2006年新春
						2006年春
確定						2006年夏

2007年3月期	売り上げ	営業利益	経常利益	当期利益	一株利益	会社四季報
予想	1,660,000	90,000	86,000	54,000	275.6	2005年夏
予想	1,650,000	90,000	89,000	50,000	254.6	2005年秋
予想	1,700,000	58,000	59,000	32,000	163.0	2006年新春

下降トレンド銘柄

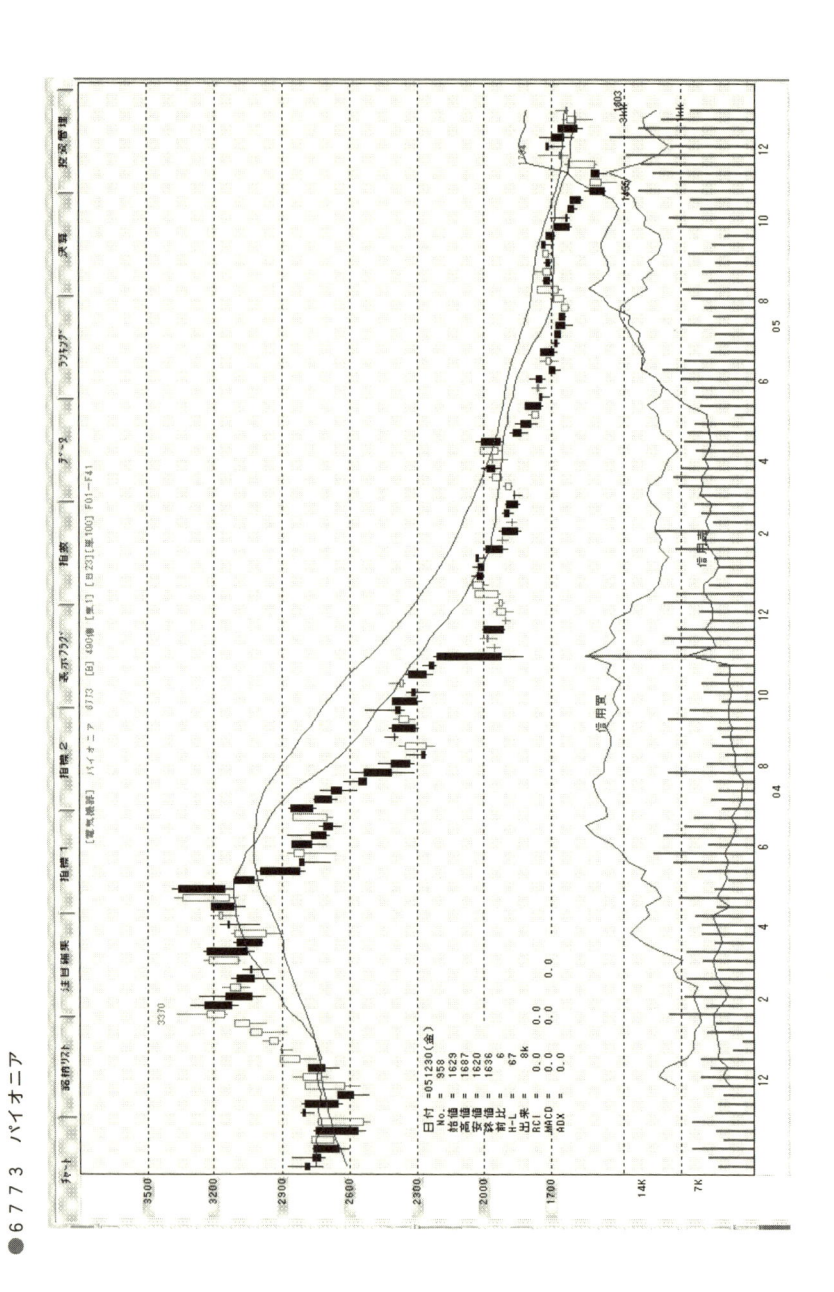

● 6773　パイオニア

● 6 7 7 3　パイオニア

2005年3月期	売り上げ	営業利益	経常利益	当期利益	一株利益	会社四季報
予想	780,000	42,000	38,000	21,000	116.6	2003年夏
予想	780,000	45,000	41,000	21,500	119.4	2003年秋
予想	750,000	48,000	44,000	23,000	127.7	2004年新春
予想	800,000	48,000	45,000	24,000	133.3	2004年春
予想	800,000	50,000	48,000	25,000	138.8	2004年夏
予想	800,000	50,000	48,000	25,000	138.8	2004年秋
予想	800,000	27,000	25,000	10,000	55.5	2005年新春
予想	730,000	2,000	0	-8,000	-44.4	2005年春
確定	733,648	2,592	-187	-8,789	-50.1	2005年夏

2006年3月期	売り上げ	営業利益	経常利益	当期利益	一株利益	会社四季報
予想	830,000	52,500	50,000	26,500	147.2	2004年夏
予想	830,000	52,500	50,000	26,500	147.2	2004年秋
予想	830,000	26,500	24,500	9,500	52.8	2005年新春
予想	740,000	12,000	10,000	4,000	22.2	2005年春
予想	750,000	6,000	5,500	0	0.0	2005年夏
予想	750,000	-2,000	-2,000	-6,000	-33.3	2005年秋
予想	750,000	-25,000	-28,000	-24,000	-133.3	2006年新春
予想						2006年春
確定						2006年夏

2007年3月期	売り上げ	営業利益	経常利益	当期利益	一株利益	会社四季報
予想	760,000	15,000	13,000	6,000	33.3	2005年夏
予想	755,000	6,000	6,000	2,000	11.1	2005年秋
予想	740,000	-5,000	-7,000	-7,000	-38.9	2006年新春

付録　243

下降トレンド銘柄

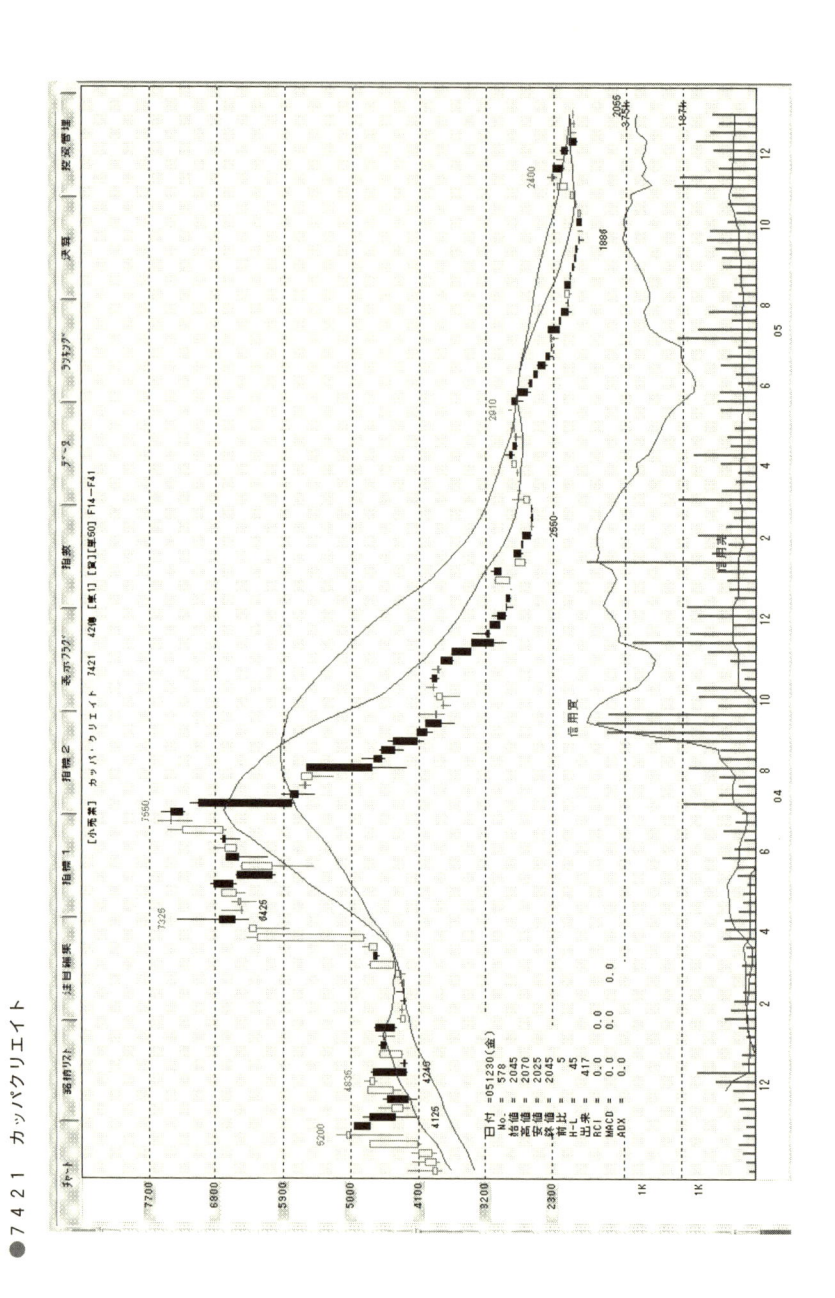

● 7421 カッパ・クリエイト

● 7421 カッパ・クリエイト

2005年5月期		売り上げ	営業利益	経常利益	当期利益	一株利益	会社四季報
	予想	75,000	10,000	9,700	5,200	618.8	2003年秋
	予想	75,000	10,000	9,700	5,200	618.8	2004年新春
	予想	75,000	11,000	10,500	5,900	700.2	2004年春
	予想	75,000	11,000	10,500	5,900	349.7	2004年夏
	予想	71,700	9,350	9,000	4,100	242.9	2004年秋
	予想	70,900	7,760	7,400	3,200	189.6	2005年新春
	予想	67,050	3,250	3,050	1,250	74.0	2005年春
	予想	67,050	3,250	3,050	1,250	74.0	2005年夏
	確定	65,620	2,137	1,860	324	19.5	2005年秋

2006年5月期		売り上げ	営業利益	経常利益	当期利益	一株利益	会社四季報
	予想	74,000	11,000	10,500	4,600	272.5	2004年秋
	予想	73,000	8,500	8,400	4,000	236.9	2005年新春
	予想	68,500	3,800	3,500	1,580	93.6	2005年春
	予想	68,500	3,800	3,500	1,580	93.6	2005年夏
	予想	67,800	2,750	2,600	650	38.5	2005年秋
	予想	67,800	2,750	2,600	650	38.5	2006年新春
	予想						2006年春
	予想						2006年夏
	確定						2006年秋

2007年5月期		売り上げ	営業利益	経常利益	当期利益	一株利益	会社四季報
	予想	68,800	2,900	2,700	1,400	82.9	2005年秋
	予想	68,800	2,900	2,700	1,400	82.9	2006年新春

付録 245

下降トレンド銘柄

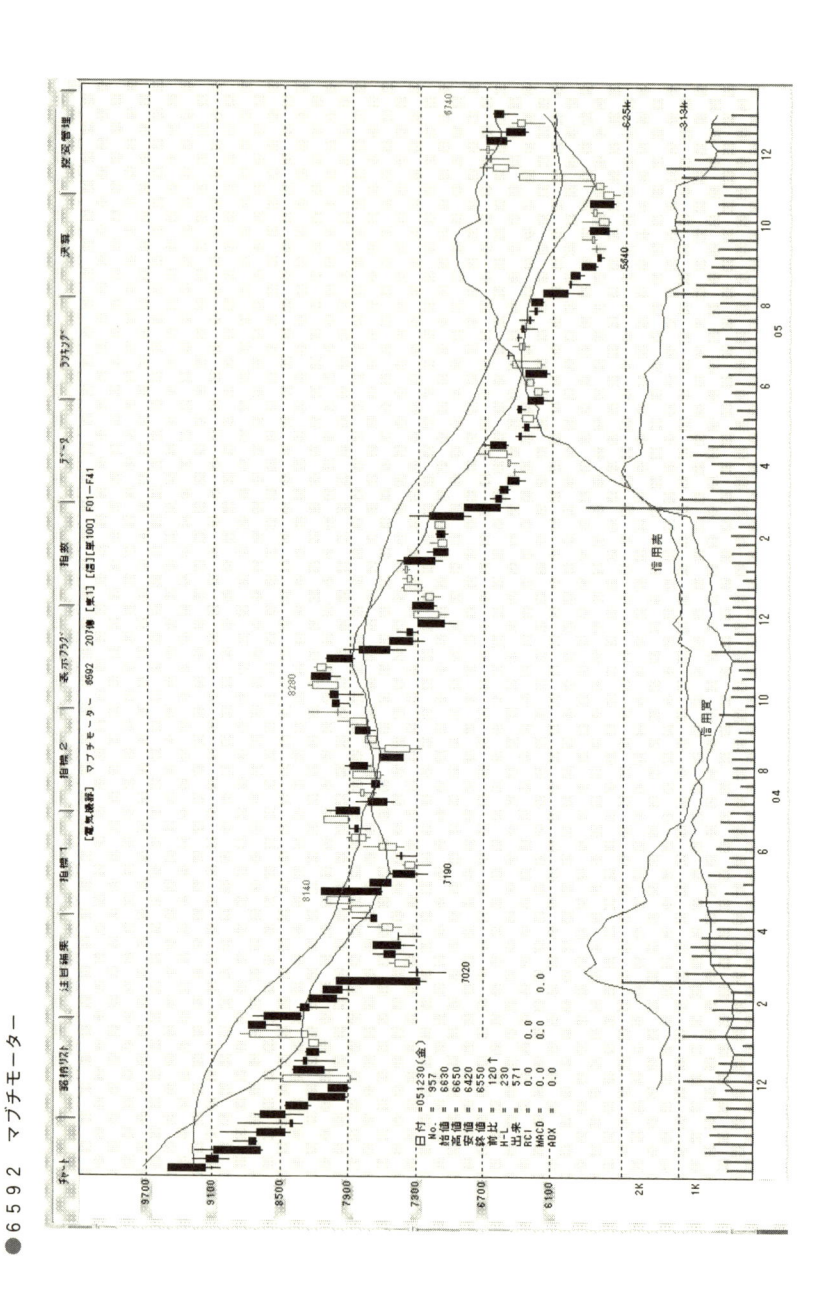

● 6592 マブチモーター

● 6592 マブチモーター

2004年12月期		売り上げ	営業利益	経常利益	当期利益	一株利益	会社四季報	
	予想	120,000	31,000	32,000	19,200	407.9	2003年春	
	予想	120,000	31,000	32,000	19,200	407.9	2003年夏	
	予想	115,000	28,000	30,500	20,000	424.8	2003年秋	
	予想	115,000	28,000	30,500	20,000	424.8	2004年新春	
	予想	93,000	19,500	21,400	14,500	308.0	2004年春	
	予想	96,000	20,800	22,800	15,500	329.3	2004年夏	
	予想	100,500	20,100	22,600	15,800	389.5	2004年秋	
	予想	100,500	20,100	22,600	15,800	389.5	2005年新春	
	確定	99,347	17,312	19,797	13,279	316.1	2005年春	

2005年12月期		売り上げ	営業利益	経常利益	当期利益	一株利益	会社四季報	
	予想	95,000	20,000	22,000	14,900	316.5	2004年春	
	予想	100,000	23,000	25,000	17,000	361.1	2004年夏	
	予想	101,500	20,500	23,000	16,000	394.4	2004年秋	
	予想	102,000	21,000	23,500	16,400	404.3	2005年新春	
	予想	96,000	13,000	14,600	10,400	256.4	2005年春	
	予想	93,000	11,400	13,000	9,600	236.7	2005年夏	
	予想	92,000	8,400	11,800	6,950	171.3	2005年秋	
	予想	93,000	8,500	11,900	7,000	172.6	2006年新春	
	確定						2006年春	

2006年12月期		売り上げ	営業利益	経常利益	当期利益	一株利益	会社四季報	
	予想	97,000	13,500	15,000	10,500	258.9	2005年春	
	予想	92,000	11,000	12,500	9,300	229.3	2005年夏	
	予想	90,000	8,000	11,400	7,100	175.0	2005年秋	
	予想	90,000	8,000	11,400	7,100	175.0	2006年新春	

付録 247

下降トレンド銘柄

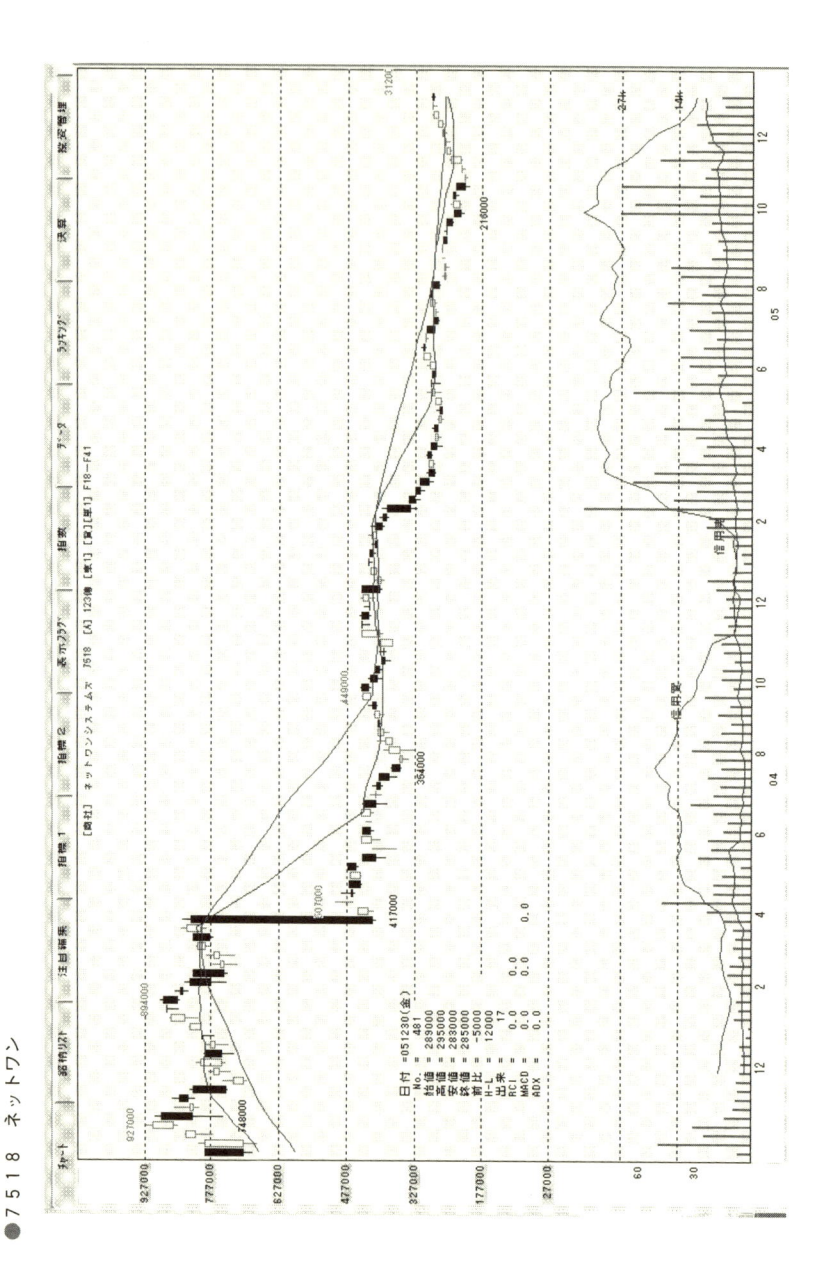

● 7518 ネットワン

●7518 ネットワン

2005年3月期	売り上げ	営業利益	経常利益	当期利益	一株利益	会社四季報
予想	123,000	10,700	10,700	5,900	21,521.0	2003年夏
予想	123,000	10,700	10,700	5,900	21,381.0	2003年秋
予想	145,600	12,400	12,500	7,000	25,367.0	2004年新春
予想	146,000	12,900	12,900	7,200	13,046.0	2004年春
予想	146,000	13,200	13,000	7,200	13,046.0	2004年夏
予想	146,000	13,200	13,000	7,200	13,046.0	2004年秋
予想	146,000	13,200	13,000	7,200	13,048.0	2005年新春
予想	134,000	10,200	10,000	5,600	10,147.0	2005年春
確定	134,739	10,687	10,648	6,124	11,183.0	2005年夏

2006年3月期	売り上げ	営業利益	経常利益	当期利益	一株利益	会社四季報
予想	180,000	17,000	17,000	10,000	18,119.0	2004年夏
予想	180,000	17,000	17,000	10,000	18,119.0	2004年秋
予想	180,000	17,000	17,000	10,000	18,119.0	2005年新春
予想	145,000	11,000	10,800	65,000	11,777.0	2005年春
予想	147,000	13,000	13,000	72,000	13,046.0	2005年夏
予想	147,000	13,000	13,000	72,000	13,046.0	2005年秋
予想	117,000	10,000	10,000	59,000	10,690.0	2006年新春
予想						2006年春
確定						2006年夏

2007年3月期	売り上げ	営業利益	経常利益	当期利益	一株利益	会社四季報
予想	158,000	16,000	16,000	9,000	16,307.0	2005年夏
予想	158,000	16,000	16,000	9,000	16,307.0	2005年秋
予想	123,000	11,000	11,000	6,200	11,234.0	2006年新春

付録 249

トレンドがはっきりしない銘柄

● 2897　日清食

● 2 8 9 7   日清食

		売り上げ	営業利益	経常利益	当期利益	一株利益	会社四季報
2005年3月期	予想	334,000	28,500	30,800	17,000	133.4	2003年夏
	予想	334,000	28,500	30,800	17,000	133.4	2003年秋
	予想	334,000	28,500	30,800	17,000	133.4	2004年新春
	予想	334,000	28,500	30,800	17,000	133.8	2004年夏
	予想	330,000	28,500	30,000	14,500	113.8	2004年秋
	予想	330,000	28,500	30,000	14,500	113.8	2005年新春
	予想	328,000	28,500	30,000	14,500	113.8	2005年春
	予想	328,000	28,500	30,000	14,500	113.8	2005年夏
	確定	316,972	28,962	33,183	16,611	134.4	
2006年3月期	予想	340,000	29,500	31,000	16,500	129.4	2004年夏
	予想	340,000	29,500	31,000	16,500	129.4	2004年秋
	予想	335,000	29,500	31,000	16,500	129.4	2005年新春
	予想	335,000	29,500	31,000	16,500	129.4	2005年春
	予想	328,000	32,000	36,000	17,000	133.4	2005年夏
	予想	328,000	32,000	36,000	17,000	133.4	2005年秋
	予想	328,000	30,000	36,000	17,000	133.4	2006年新春
	予想						2006年春
	確定						2006年夏
2007年3月期	予想	335,000	33,000	37,000	19,000	149.1	2005年夏
	予想	335,000	33,000	37,000	19,000	149.1	2005年秋
	予想	335,000	32,000	37,000	19,000	149.1	2006年新春

トレンドがはっきりしない銘柄

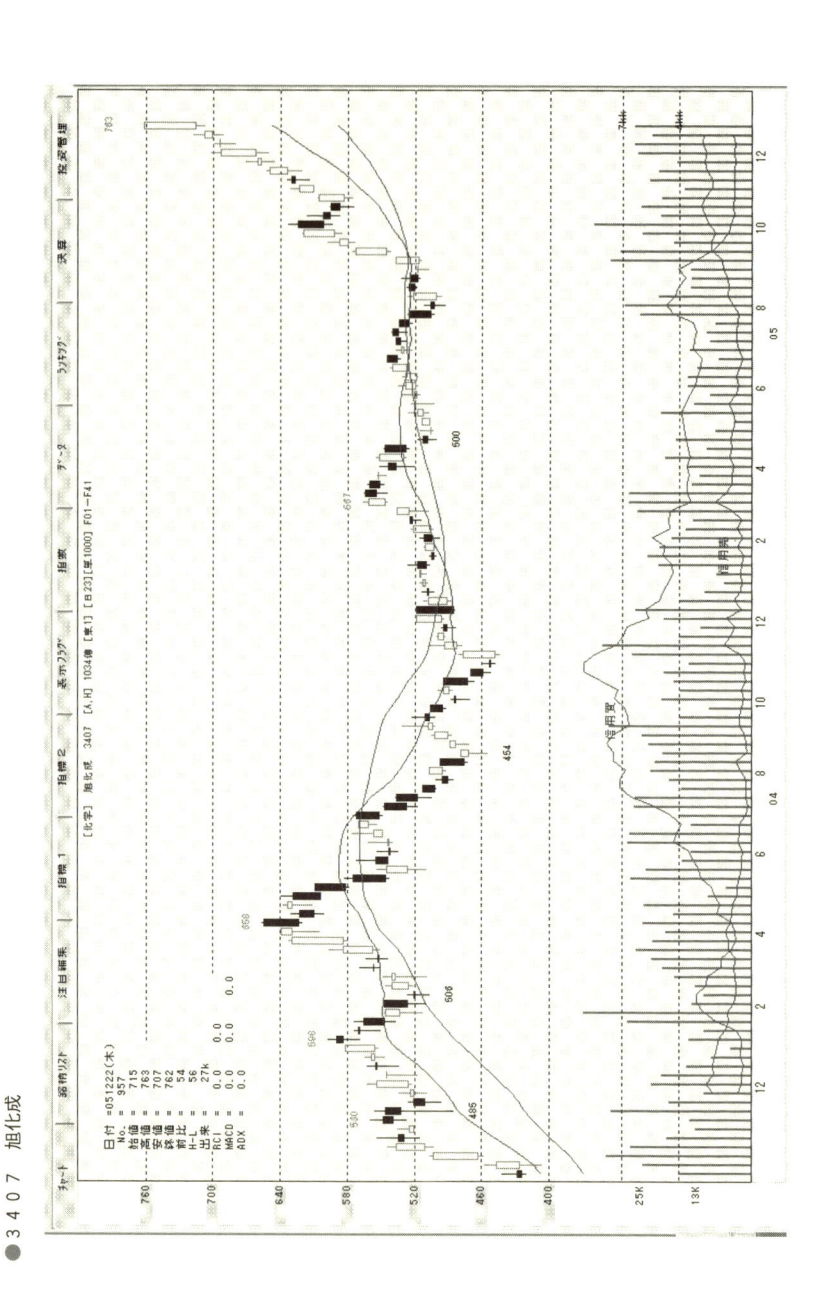

● 3407 旭化成

● 3 4 0 7　旭化成

2005年3月期		売り上げ	営業利益	経常利益	当期利益	一株利益	会社四季報
	予想	1,280,000	78,000	73,000	40,000	27.7	2003年夏
	予想	1,280,000	78,000	73,000	40,000	27.7	2003年秋
	予想	1,320,000	83,000	78,000	42,000	29.1	2004年新春
	予想	1,320,000	88,000	83,000	46,000	31.9	2004年春
	予想	1,325,000	110,000	104,000	51,000	35.4	2004年夏
	予想	1,325,000	111,000	105,000	51,000	35.4	2004年秋
	予想	1,388,000	115,000	112,000	56,000	38.8	2005年新春
	予想	1,380,000	115,000	112,000	56,000	38.8	2005年春
	確定	1,377,697	115,809	1,112,876	56,454	40.2	2005年夏

2006年3月期		売り上げ	営業利益	経常利益	当期利益	一株利益	会社四季報
	予想	1,400,000	100,000	95,000	45,000	31.2	2004年夏
	予想	1,400,000	100,000	95,000	45,000	31.2	2004年秋
	予想	1,450,000	105,000	102,000	51,000	35.4	2005年新春
	予想	1,420,000	110,000	107,000	60,000	41.6	2005年春
	予想	1,470,000	110,000	106,500	58,000	40.2	2005年夏
	予想	1,470,000	110,000	106,500	58,000	40.2	2005年秋
	予想	1,500,000	105,000	103,000	59,000	40.9	2006年新春
	予想						2006年春
	確定						2006年夏

2007年3月期		売り上げ	営業利益	経常利益	当期利益	一株利益	会社四季報
	予想	1,560,000	120,000	118,000	62,000	43.0	2005年夏
	予想	1,560,000	120,000	118,000	62,000	43.0	2005年秋
	予想	1,610,000	112,000	110,000	62,000	43.0	2006年新春

トレンドがはっきりしない銘柄

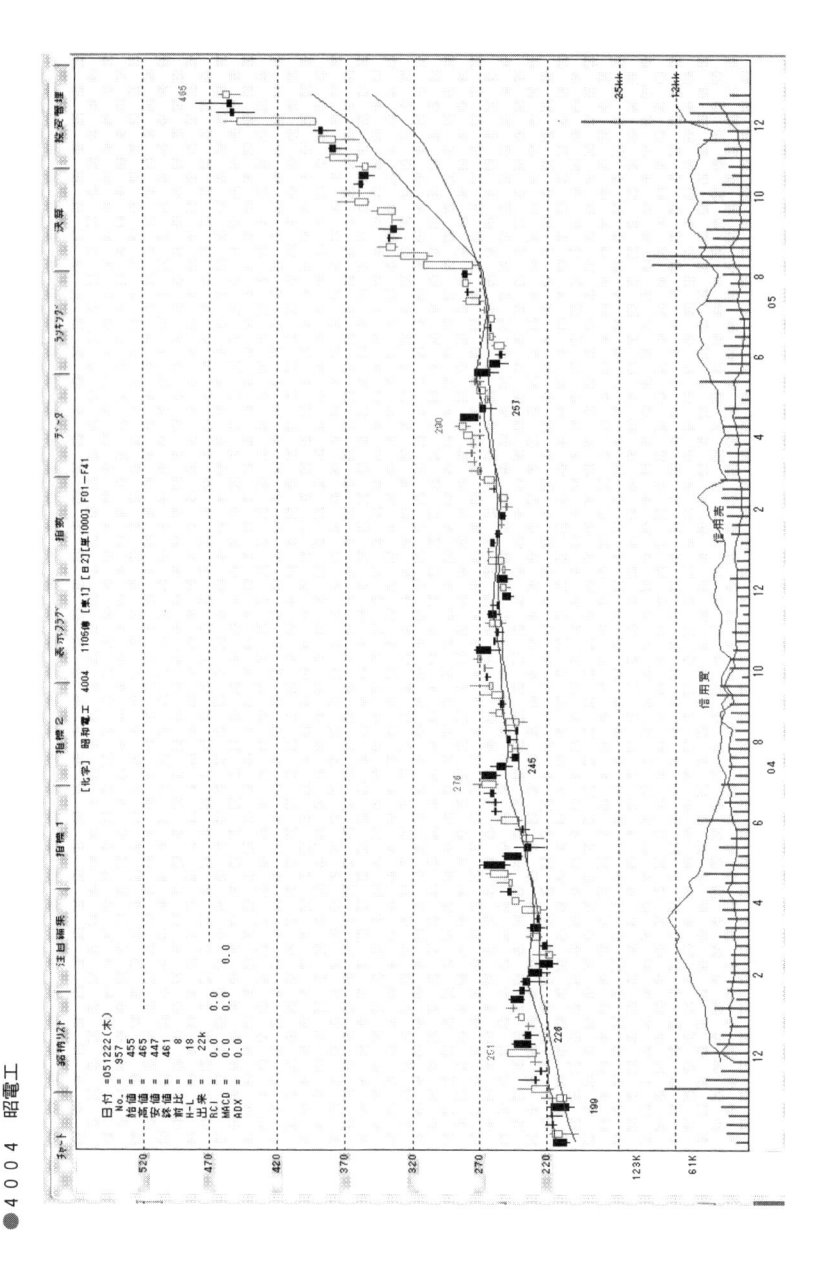

● 4004　昭電工

254

● 4004 昭電工

2004年12月期	売り上げ	営業利益	経常利益	当期利益	一株利益	会社四季報
予想	670,000	41,500	31,000	12,000	10.5	2003年春
予想	675,000	41,500	31,000	12,000	10.5	2003年夏
予想	675,000	41,500	31,000	12,000	10.5	2003年秋
予想	705,000	46,000	35,000	14,000	12.3	2004年新春
予想	695,000	42,000	30,000	11,500	10.1	2004年春
予想	695,000	42,000	30,000	11,500	10.1	2004年夏
予想	720,000	47,000	35,000	13,000	11.4	2004年秋
予想	735,000	50,000	37,500	7,000	6.1	2005年新春
確定	740,706	52,071	38,912	7,956	6.7	2005年春

2005年12月期	売り上げ	営業利益	経常利益	当期利益	一株利益	会社四季報
予想	705,000	46,000	35,000	14,000	12.3	2004年春
予想	705,000	46,000	35,000	14,000	12.3	2004年夏
予想	740,000	52,000	41,000	16,000	14.0	2004年秋
予想	755,000	55,000	43,000	17,000	14.9	2005年新春
予想	780,000	52,500	40,500	18,500	16.2	2005年春
予想	780,000	52,500	40,500	18,500	16.2	2005年夏
予想	790,000	56,000	46,500	31,000	27.1	2005年秋
予想	810,000	56,000	46,500	15,000	13.1	2006年新春
確定						2006年春

2006年12月期	売り上げ	営業利益	経常利益	当期利益	一株利益	会社四季報
予想	820,000	54,000	42,000	19,500	17.1	2005年春
予想	820,000	54,000	42,000	19,500	17.1	2005年夏
予想	840,000	60,000	51,000	26,000	22.8	2005年秋
予想	850,000	60,000	51,000	26,000	22.8	2006年新春

トレンドがはっきりしない銘柄

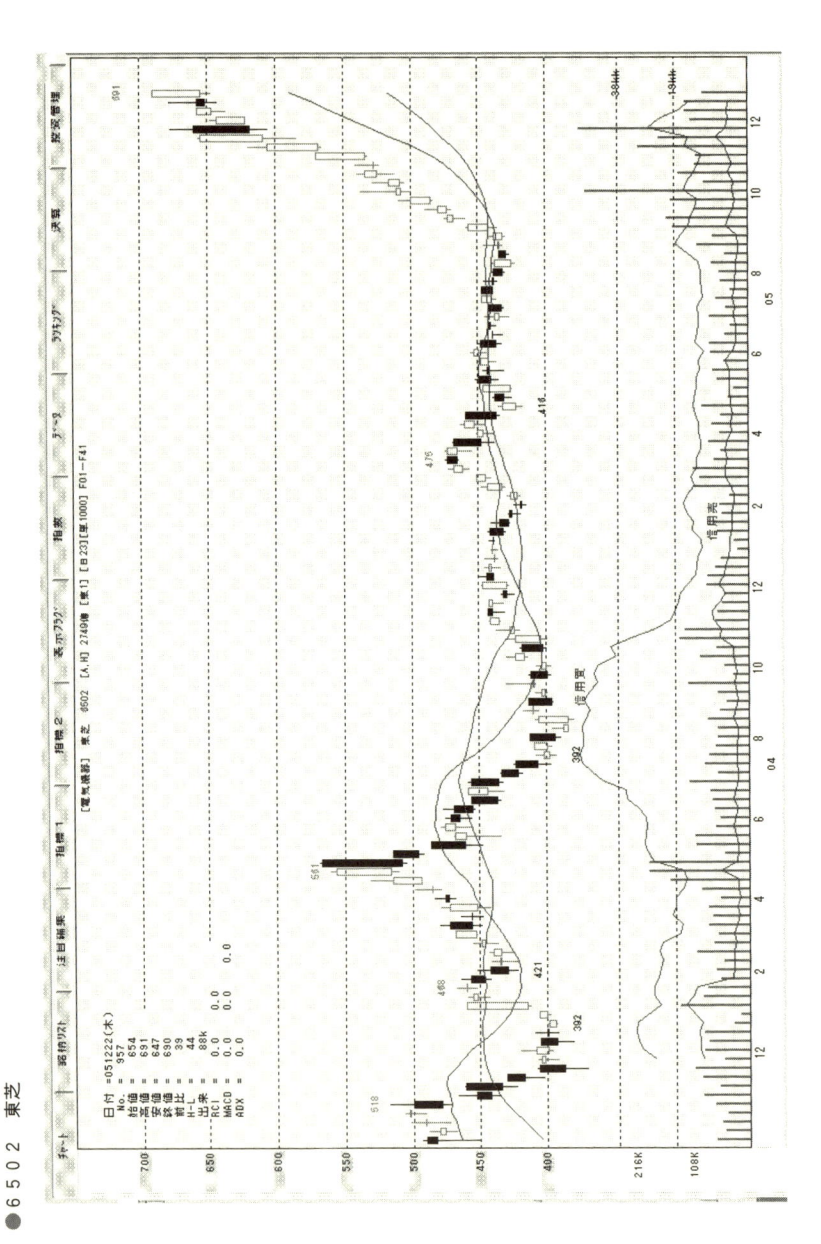

● 6 5 0 2 　東芝

6502 東芝

	売り上げ	営業利益	経常利益	当期利益	一株利益	会社四季報
2005年3月期						
予想	5,750,000	175,000	120,000	55,000	17.1	2003年夏
予想	5,750,000	175,000	90,000	55,000	17.1	2003年秋
予想	5,750,000	175,000	120,000	55,000	17.1	2004年新春
予想	5,750,000	175,000	120,000	55,000	17.1	2004年春
予想	5,800,000	190,000	110,000	30,000	9.3	2004年夏
予想	5,800,000	190,000	110,000	30,000	9.3	2004年秋
予想	5,870,000	190,000	130,000	50,000	15.5	2005年新春
予想	5,860,000	160,000	110,000	45,000	14.0	2005年春
確定	5,836,139	154,807	110,567	46,041	14.3	2005年夏
2006年3月期						
予想	6,000,000	170,000	130,000	40,000	12.4	2004年夏
予想	6,000,000	200,000	140,000	50,000	15.5	2004年秋
予想	6,000,000	210,000	140,000	55,000	17.1	2005年新春
予想	6,000,000	190,000	130,000	55,000	17.1	2005年春
予想	6,000,000	160,000	120,000	50,000	15.5	2005年夏
予想	6,000,000	160,000	120,000	50,000	15.5	2005年秋
予想	6,100,000	180,000	140,000	60,000	18.6	2006年新春
予想						2006年春
確定						2006年夏
2007年3月期						
予想	6,200,000	190,000	145,000	63,000	19.6	2005年夏
予想	6,200,000	190,000	145,000	63,000	19.6	2005年秋
予想	6,200,000	190,000	145,000	63,000	19.6	2006年新春

トレンドがはっきりしない銘柄

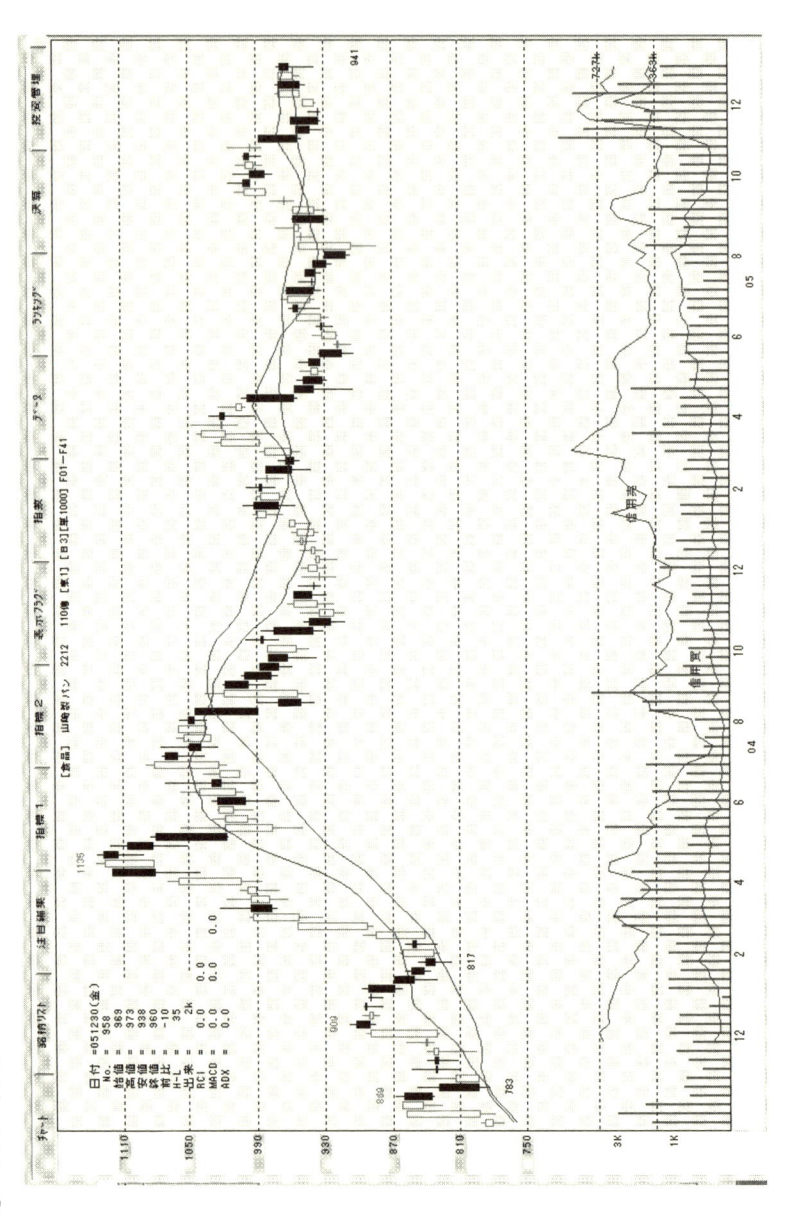

● 2 2 1 2 山パン

● 2 2 1 2 山パン

		営業利益	経常利益	当期利益	一株利益	会社四季報
2004年12月期	売り上げ					
予想	735,000	16,000	16,000	7,000	31.8	2003年夏
予想	735,000	16,000	16,000	7,000	31.8	2003年秋
予想	735,000	16,000	16,000	7,000	31.8	2004年新春
予想	735,000	21,000	21,000	9,200	41.8	2004年春
予想	735,000	21,000	21,000	9,200	41.8	2004年夏
予想	735,000	21,000	21,000	9,200	41.8	2004年秋
予想	735,000	21,000	21,000	9,200	41.8	2005年新春
予想	735,000	21,000	21,000	9,200	41.8	2005年春
確定	737,387	20,082	20,100	8,178	36.6	2005年夏
2005年12月期	売り上げ	営業利益	経常利益	当期利益	一株利益	会社四季報
予想	745,000	23,000	23,000	9,800	44.5	2004年夏
予想	745,000	23,000	23,000	9,800	44.5	2004年秋
予想	745,000	23,000	23,000	9,800	44.5	2005年新春
予想	744,000	22,400	22,400	9,200	41.8	2005年春
予想	744,000	22,400	22,400	9,200	41.8	2005年夏
予想	744,000	21,000	21,000	8,800	39.9	2005年秋
予想	739,000	16,600	17,800	7,200	32.7	2006年新春
確定						2006年春
						2006年夏
2006年12月期	売り上げ	営業利益	経常利益	当期利益	一株利益	会社四季報
予想	750,000	22,000	22,000	8,900	40.4	2005年夏
予想	750,000	22,000	22,000	8,900	40.4	2005年秋
予想	750,000	17,000	18,200	7,400	33.6	2006年新春

付録 259

トレンドがはっきりしない銘柄

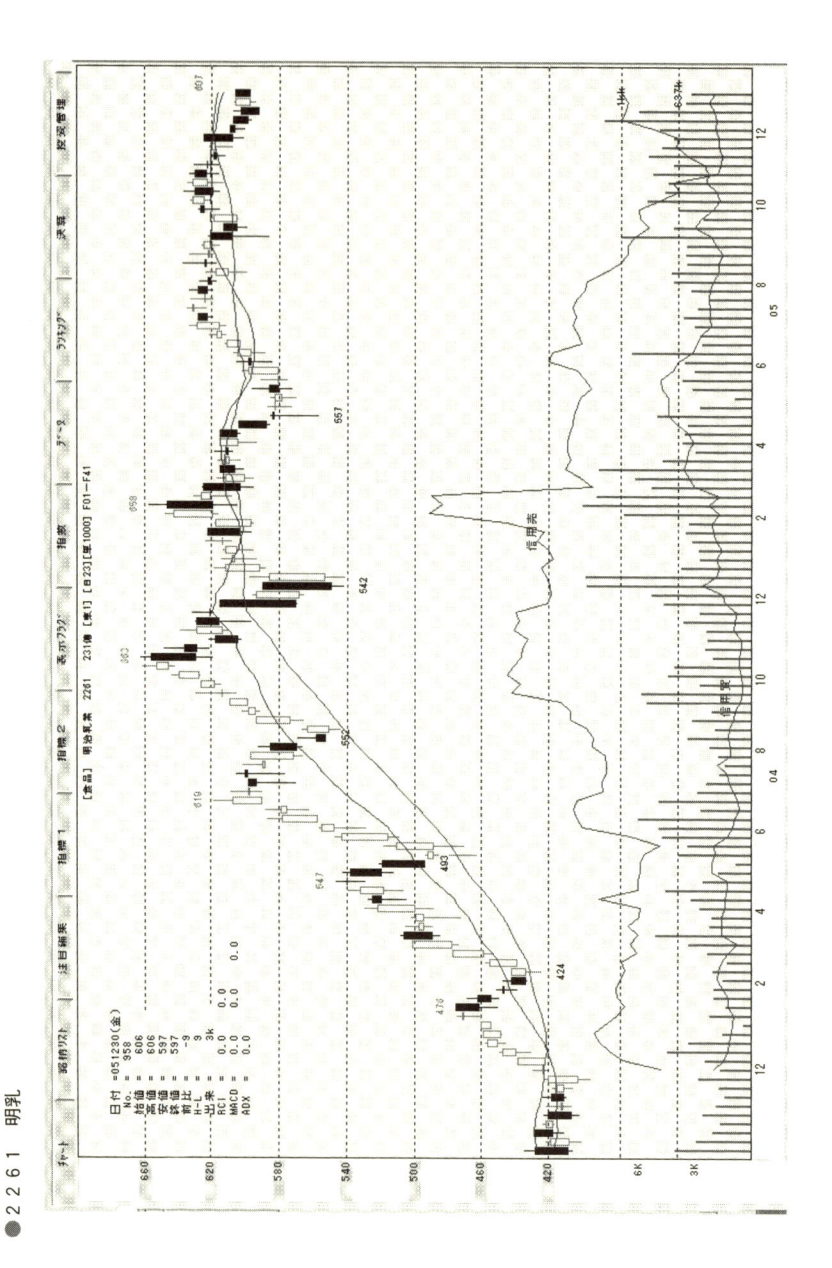

● 2261 明乳

2261 明乳

2005年3月期	売り上げ	営業利益	経常利益	当期利益	一株利益	会社四季報
予想	745,500	17,500	17,000	7,500	25.3	2003年夏
予想	745,500	17,500	17,000	7,500	25.3	2003年秋
予想	745,500	17,000	16,500	8,300	28.0	2004年新春
予想	740,000	17,000	16,500	8,300	28.0	2004年春
予想	737,000	18,800	18,800	9,100	30.7	2004年夏
予想	740,000	19,500	19,500	9,300	31.4	2004年秋
予想	740,100	20,900	20,600	10,300	34.7	2005年新春
予想	727,400	18,500	18,400	8,500	28.7	2005年春
確定	725,024	19,415	19,081	9,722	32.7	2005年夏

2006年3月期	売り上げ	営業利益	経常利益	当期利益	一株利益	会社四季報
予想	747,000	20,000	20,000	10,500	35.4	2004年夏
予想	747,000	20,000	20,000	10,500	35.4	2004年秋
予想	747,000	21,500	21,500	11,000	37.1	2005年新春
予想	738,000	19,500	19,500	10,000	33.7	2005年春
予想	720,000	21,000	21,000	9,800	33.0	2005年夏
予想	720,000	21,000	21,000	9,800	33.0	2005年秋
予想	710,000	19,400	20,000	9,800	33.0	2006年新春
予想						2006年春
確定						2006年夏

2007年3月期	売り上げ	営業利益	経常利益	当期利益	一株利益	会社四季報
予想	730,000	22,000	22,000	10,300	34.7	2005年夏
予想	730,000	22,000	22,000	10,300	34.7	2005年秋
予想	720,000	20,000	20,600	10,000	33.7	2006年新春

トレンドがはっきりしない銘柄

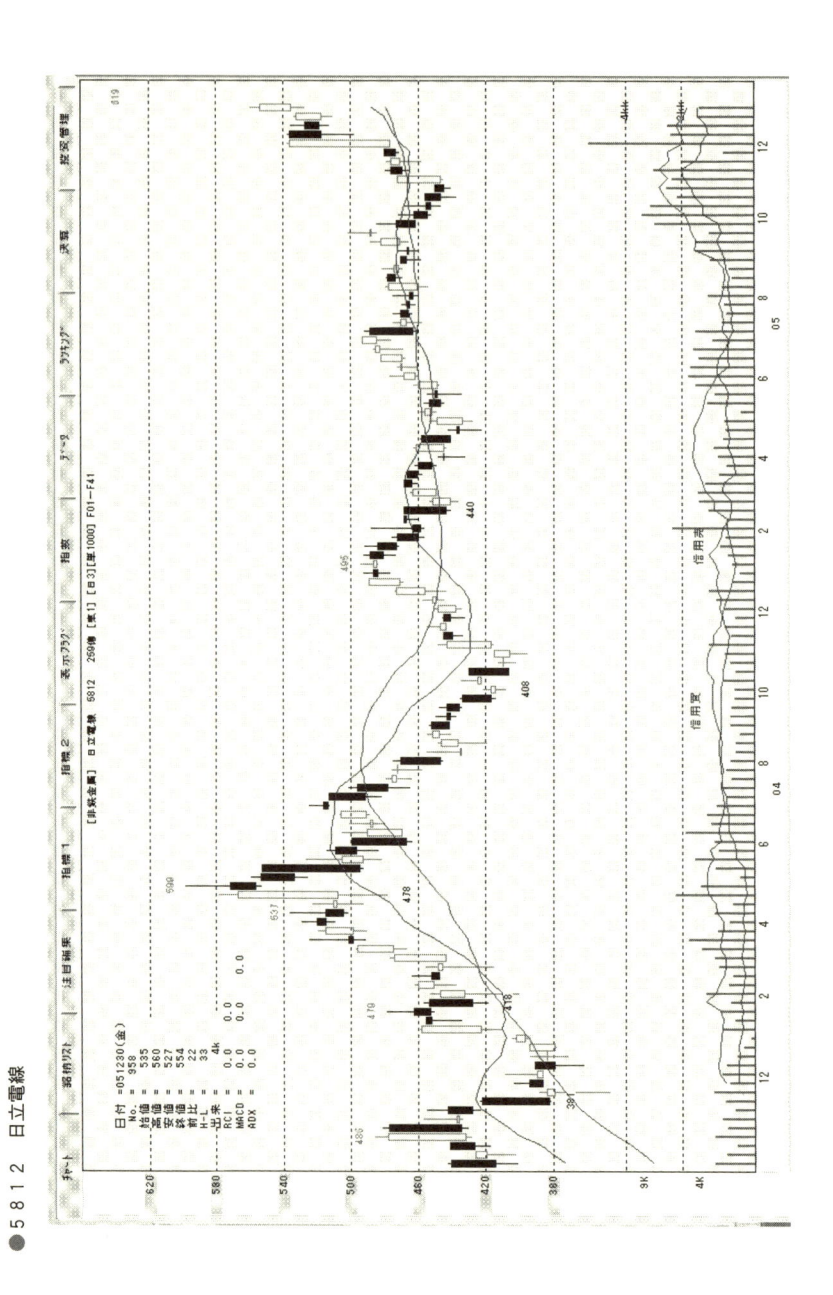

5812 日立電線

● 5812 日立電線

2005年3月期	売り上げ	営業利益	経常利益	当期利益	一株利益	会社四季報
予想	325,500	5,400	4,400	2,700	7.2	2003年夏
予想	340,000	15,000	14,000	5,000	13.4	2003年秋
予想	340,000	15,000	14,000	5,000	13.4	2004年新春
予想	340,000	8,000	7,000	4,000	10.7	2004年春
予想	370,000	13,000	14,000	6,000	16.0	2004年夏
予想	370,000	13,000	14,000	6,000	16.0	2004年秋
予想	370,000	13,000	14,000	6,000	16.0	2005年新春
予想	385,000	10,000	11,000	4,500	12.0	2005年春
確定	386,909	10,031	10,740	4,991	13.5	2005年夏

2006年3月期	売り上げ	営業利益	経常利益	当期利益	一株利益	会社四季報
予想	380,000	19,000	20,000	9,000	24.1	2004年夏
予想	380,000	15,000	16,000	7,000	18.7	2004年秋
予想	380,000	19,000	20,000	9,000	24.1	2005年新春
予想	400,000	17,000	18,000	7,500	20.1	2005年春
予想	390,000	16,500	17,500	7,600	20.3	2005年夏
予想	390,000	16,500	17,500	7,600	20.3	2005年秋
予想	395,000	11,000	12,000	5,400	14.4	2006年新春
予想						2006年春
確定						2006年夏

2007年3月期	売り上げ	営業利益	経常利益	当期利益	一株利益	会社四季報
予想	420,000	19,500	20,500	11,000	29.4	2005年夏
予想	420,000	19,500	20,500	11,000	29.4	2005年秋
予想	420,000	12,000	13,000	5,900	15.8	2006年新春

トレンドがはっきりしない銘柄

● 6704　岩崎通信機

● 6704　岩崎通信機

	売り上げ	営業利益	経常利益	当期利益	一株利益	会社四季報
2005年3月期						
予想	43,000	1,200	1,200	800	7.9	2003年夏
予想	43,000	1,200	1,200	800	7.9	2003年秋
予想	42,000	1,500	1,500	1,000	9.9	2004年新春
予想	41,500	1,300	1,400	1,100	10.9	2004年春
予想	43,300	1,400	1,400	1,200	11.9	2004年夏
予想	43,300	1,400	1,400	1,200	11.9	2004年秋
予想	44,000	1,600	1,600	1,400	13.9	2005年新春
予想	43,000	300	300	400	4.0	2005年春
確定	43,300	902	536	597	5.3	2005年夏
2006年3月期						
予想	46,000	2,000	1,900	1,700	16.9	2004年夏
予想	46,000	2,000	1,900	1,700	16.9	2004年秋
予想	46,500	2,100	2,000	1,700	16.9	2005年新春
予想	44,000	700	700	400	4.0	2005年春
予想	45,000	1,200	1,200	1,100	10.9	2005年夏
予想	43,200	1,000	1,000	1,000	9.9	2005年秋
予想	43,200	800	1,000	800	7.9	2006年新春
						2006年春
確定						2006年夏
2007年3月期						
予想	47,000	1,500	1,500	1,000	9.9	2005年夏
予想	45,000	1,200	1,200	900	8.9	2005年秋
予想	45,000	1,200	1,200	900	8.9	2006年新春

付録　265

トレンドがはっきりしない銘柄

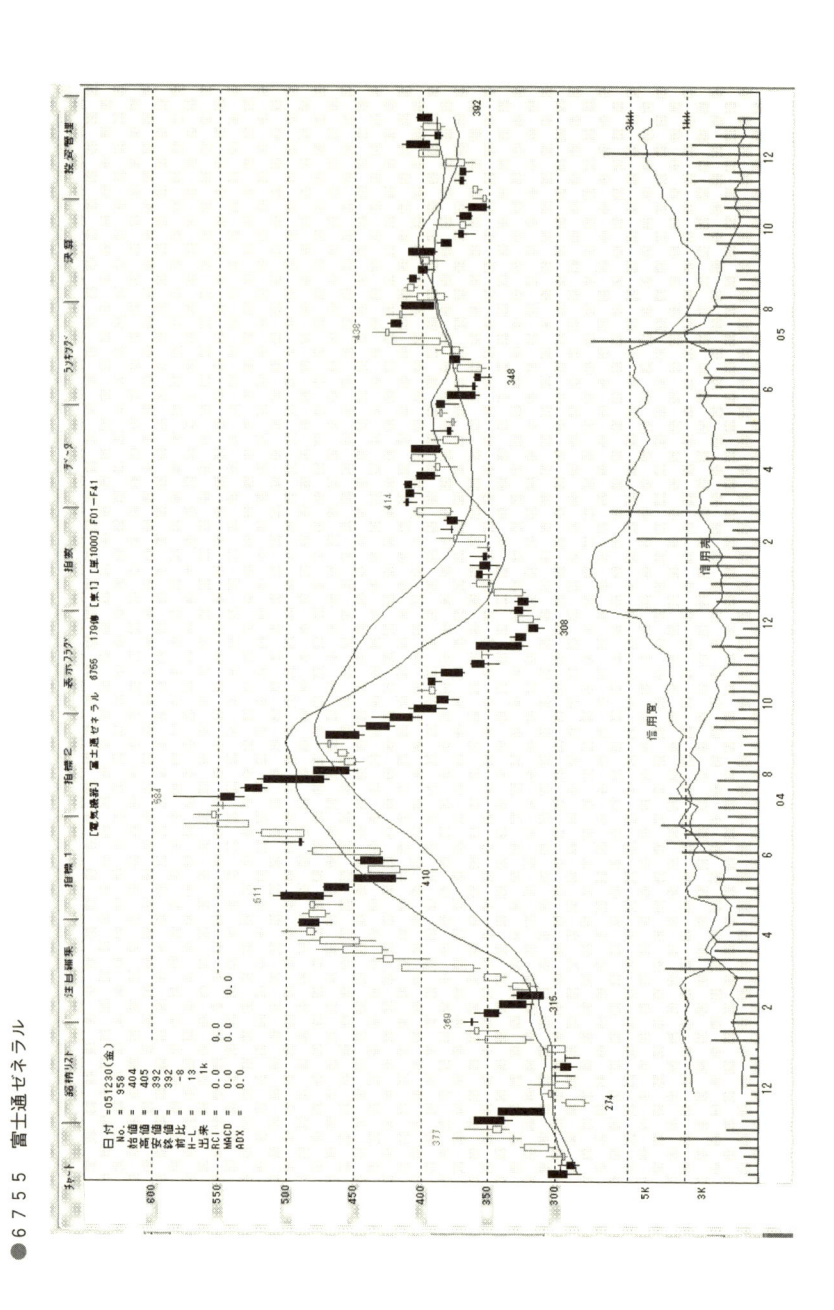

● 6755　富士通ゼネラル

● 6 7 5 5　富士通ゼネラル

2005年3月期

	売り上げ	営業利益	経常利益	当期利益	一株利益	会社四季報
予想	190,000	10,000	6,500	3,800	35.6	2003年夏
予想	190,000	10,000	6,500	3,800	35.6	2003年秋
予想	185,000	9,500	6,500	3,300	30.9	2004年新春
予想	190,000	10,000	6,500	3,800	35.6	2004年春
予想	178,000	9,500	6,500	3,700	34.6	2004年夏
予想	178,000	9,500	6,500	3,700	34.1	2004年秋
予想	178,000	9,500	6,500	3,700	34.1	2005年新春
予想	174,000	9,500	6,500	3,700	34.1	2005年春
確定	170,607	8,773	6,436	3,725	34.5	2005年夏

2006年3月期

	売り上げ	営業利益	経常利益	当期利益	一株利益	会社四季報
予想	188,000	10,500	7,500	4,200	39.3	2004年夏
予想	185,000	10,300	7,300	4,200	38.7	2004年秋
予想	183,000	10,300	7,300	4,200	38.7	2005年新春
予想	180,000	10,300	7,300	4,200	38.7	2005年春
予想	183,000	9,000	6,500	3,750	34.6	2005年夏
予想	183,000	9,000	6,000	3,500	32.2	2005年秋
予想	180,000	8,000	5,500	4,100	37.8	2006年新春
予想						2006年春
確定						2006年夏

2007年3月期

	売り上げ	営業利益	経常利益	当期利益	一株利益	会社四季報
予想	190,000	9,500	7,000	4,000	36.9	2005年夏
予想	190,000	9,500	7,000	4,000	36.9	2005年秋
予想	182,000	8,500	6,500	3,700	34.1	2006年新春

トレンドがはっきりしない銘柄

● 4633 サカタインクス

● 4633　サカタインクス

2005年3月期	売り上げ	営業利益	経常利益	当期利益	一株利益	会社四季報
予想	105,000	5,000	5,000	2,500	39.9	2003年夏
予想	105,000	5,000	5,000	2,500	39.9	2003年秋
予想	99,000	4,700	4,800	2,500	39.9	2004年新春
予想	99,000	4,700	4,800	2,400	38.3	2004年春
予想	97,500	5,000	5,100	3,800	60.7	2004年夏
予想	97,500	5,000	5,100	3,800	60.7	2004年秋
予想	99,500	5,000	5,100	3,600	57.5	2005年新春
予想	99,500	5,000	5,100	3,600	57.5	2005年春
確定	99,799	4,438	5,068	3,421	53.9	2005年夏

2006年3月期	売り上げ	営業利益	経常利益	当期利益	一株利益	会社四季報
予想	98,500	5,200	5,300	2,700	43.1	2004年夏
予想	98,500	5,200	5,300	2,700	43.1	2004年秋
予想	100,000	5,200	5,300	2,700	43.1	2005年新春
予想	102,000	5,200	5,300	2,700	43.1	2005年春
予想	105,000	4,300	5,300	3,600	57.5	2005年夏
予想	105,000	4,300	5,300	3,600	57.5	2005年秋
予想	103,000	3,000	4,000	2,700	43.1	2006年新春
予想						2006年春
確定						2006年夏

2007年3月期	売り上げ	営業利益	経常利益	当期利益	一株利益	会社四季報
予想	107,000	4,500	5,500	3,700	59.1	2005年夏
予想	107,000	4,500	5,500	3,700	59.1	2005年秋
予想	104,000	3,200	3,700	2,500	39.9	2006年新春

トレンドがはっきりしない銘柄

●7905 大建工業

● 7905　大建工業

		売り上げ	営業利益	経常利益	当期利益	一株利益	会社四季報
2005年3月期							
	予想	193,000	4,600	4,600	2,300	17.6	2003年夏
	予想	193,000	4,600	4,600	2,300	17.6	2003年秋
	予想	193,000	5,800	6,000	3,300	25.2	2004年新春
	予想	191,000	5,800	6,000	3,300	25.2	2004年夏
	予想	186,000	5,200	5,600	2,300	17.6	2004年夏
	予想	186,000	5,200	5,600	2,300	17.6	2004年秋
	予想	180,000	5,000	5,600	1,700	13.0	2005年新春
	予想	180,000	5,000	5,600	1,700	13.0	2005年春
	確定	178,848	4,576	5,113	1,520	11.6	2005年夏
2006年3月期							
	予想	188,000	6,000	6,400	3,700	28.3	2004年夏
	予想	188,000	6,000	6,400	3,700	28.3	2004年秋
	予想	185,000	6,000	6,600	3,700	28.3	2005年新春
	予想	185,000	6,000	6,600	3,700	28.3	2005年夏
	予想	180,000	5,300	6,000	3,400	26.0	2005年夏
	予想	180,000	5,300	6,000	3,400	26.0	2005年秋
	予想	167,000	4,900	5,400	3,000	22.9	2006年新春
	予想						2006年春
	確定						2006年夏
2007年3月期							
	予想	185,000	6,300	7,000	3,900	29.8	2005年夏
	予想	185,000	6,300	7,000	3,900	29.8	2005年秋
	予想	172,000	5,200	5,700	3,200	24.5	2006年新春

トレンドがはっきりしない銘柄

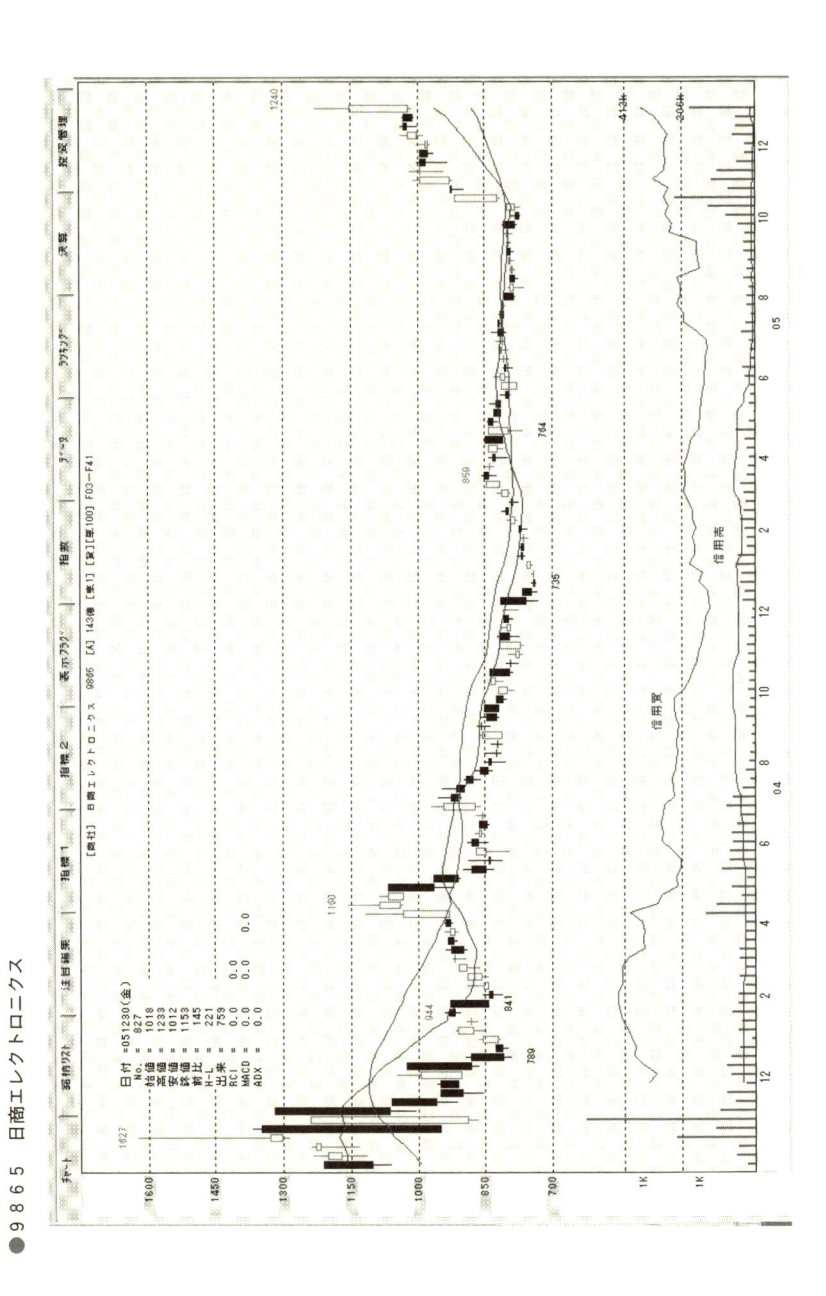

● 9865　日商エレクトロニクス

● 9 8 6 5　日商エレクトロニクス

	売り上げ	営業利益	経常利益	当期利益	一株利益	会社四季報
2005年3月期						
予想	106,000	4,900	4,400	1,700	59.5	2003年夏
予想	106,000	4,900	4,400	1,700	59.5	2003年秋
予想	96,000	1,300	1,950	780	27.3	2004年新春
予想	64,000	1,500	2,100	900	31.5	2004年春
予想	60,000	2,100	900	2,400	84.1	2004年夏
予想	60,000	2,100	900	2,400	84.1	2004年秋
予想	61,000	1,430	700	1,800	63.0	2005年新春
予想	59,000	1,100	400	1,600	56.0	2005年春
確定	55,592	1,348	826	1,726	61.7	2005年夏
2006年3月期						
予想	65,000	2,500	1,300	700	24.5	2004年夏
予想	65,000	2,500	1,300	700	24.5	2004年秋
予想	65,000	1,600	900	500	17.5	2005年新春
予想	60,000	1,200	1,000	650	22.8	2005年春
予想	61,000	1,270	1,150	500	17.5	2005年夏
予想	61,000	1,270	1,150	500	17.5	2005年秋
予想	63,000	1,350	1,400	850	29.8	2006年新春
予想						2006年春
確定						2006年夏
2007年3月期						
予想	65,000	1,800	1,400	700	24.5	2005年夏
予想	65,000	1,800	1,400	700	24.5	2005年秋
予想	71,000	2,000	2,000	1,200	42.0	2006年新春

付録　273

保ち合い・収斂上放れ

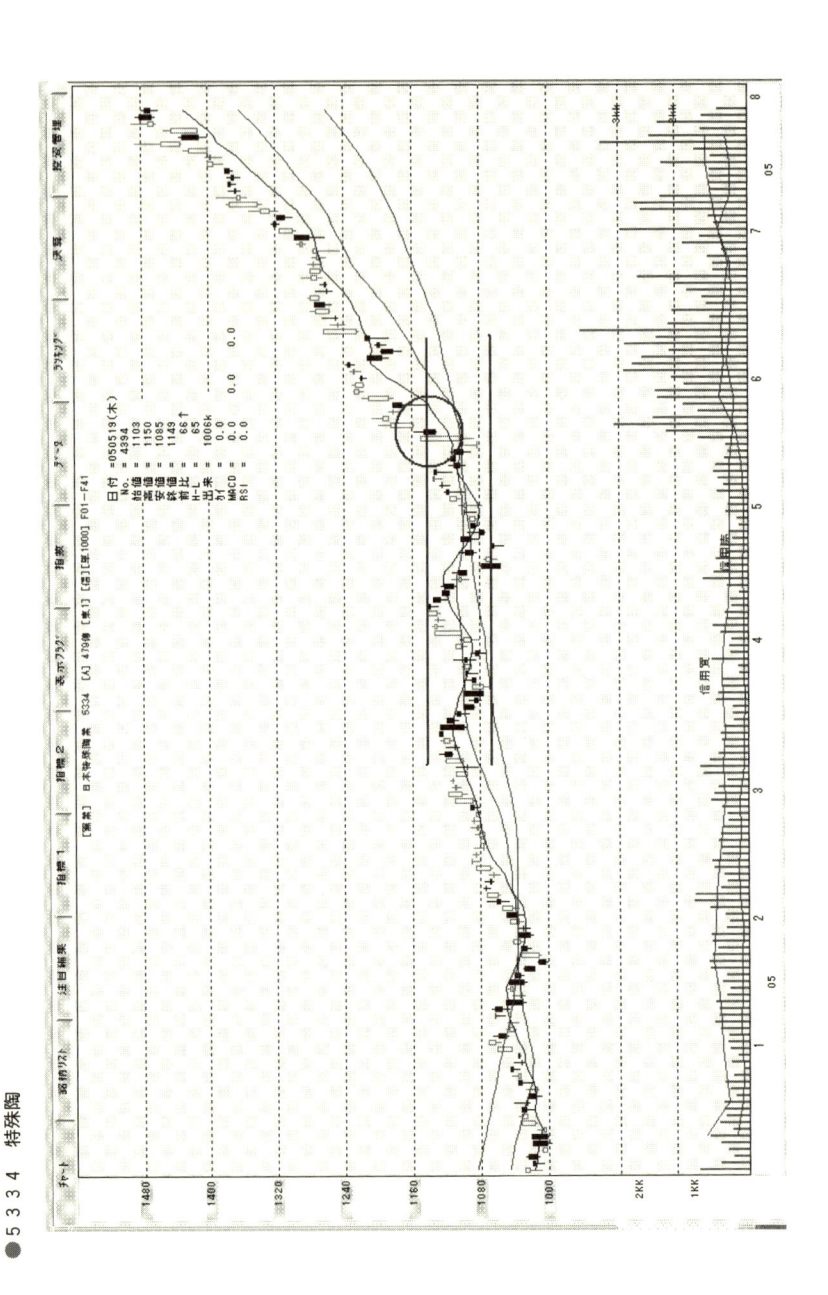

● 5334 特殊陶

5334 特殊陶

2005年3月期	売り上げ	営業利益	経常利益	当期利益	一株利益	会社四季報
予想	228,000	18,200	17,700	9,600	41.8	2003年夏
予想	232,000	22,300	22,000	11,900	51.8	2003年秋
予想	228,000	20,000	19,000	11,000	43.6	2004年新春
予想	235,000	21,000	20,000	11,600	50.5	2004年春
予想	232,000	19,700	19,100	11,600	50.5	2004年夏
予想	238,500	24,600	24,900	14,900	64.9	2004年秋
予想	240,000	25,500	26,900	16,200	70.6	2005年新春
予想	246,000	25,500	26,900	16,200	70.6	2005年春
確定	241,185	26,090	27,711	17,147	77.0	2005年夏

2006年3月期	売り上げ	営業利益	経常利益	当期利益	一株利益	会社四季報
予想	235,000	20,500	20,000	11,800	51.4	2004年夏
予想	240,000	25,600	25,800	15,300	66.7	2004年秋
予想	246,000	26,000	26,000	16,000	69.7	2005年新春
予想	246,000	26,300	27,300	16,600	72.3	2005年春
予想	250,000	27,500	28,100	17,200	74.9	2005年夏
予想	259,500	31,600	31,800	19,500	85.0	2005年秋
予想	271,000	36,600	37,500	23,100	100.6	2006年新春
予想						2006年春
確定						2006年夏

2007年3月期	売り上げ	営業利益	経常利益	当期利益	一株利益	会社四季報
予想	258,000	28,500	29,100	17,800	77.5	2005年夏
予想	258,000	28,500	29,100	17,800	77.5	2005年秋
予想	285,000	38,700	39,300	24,000	104.6	2006年新春

保ち合い・収斂上放れ

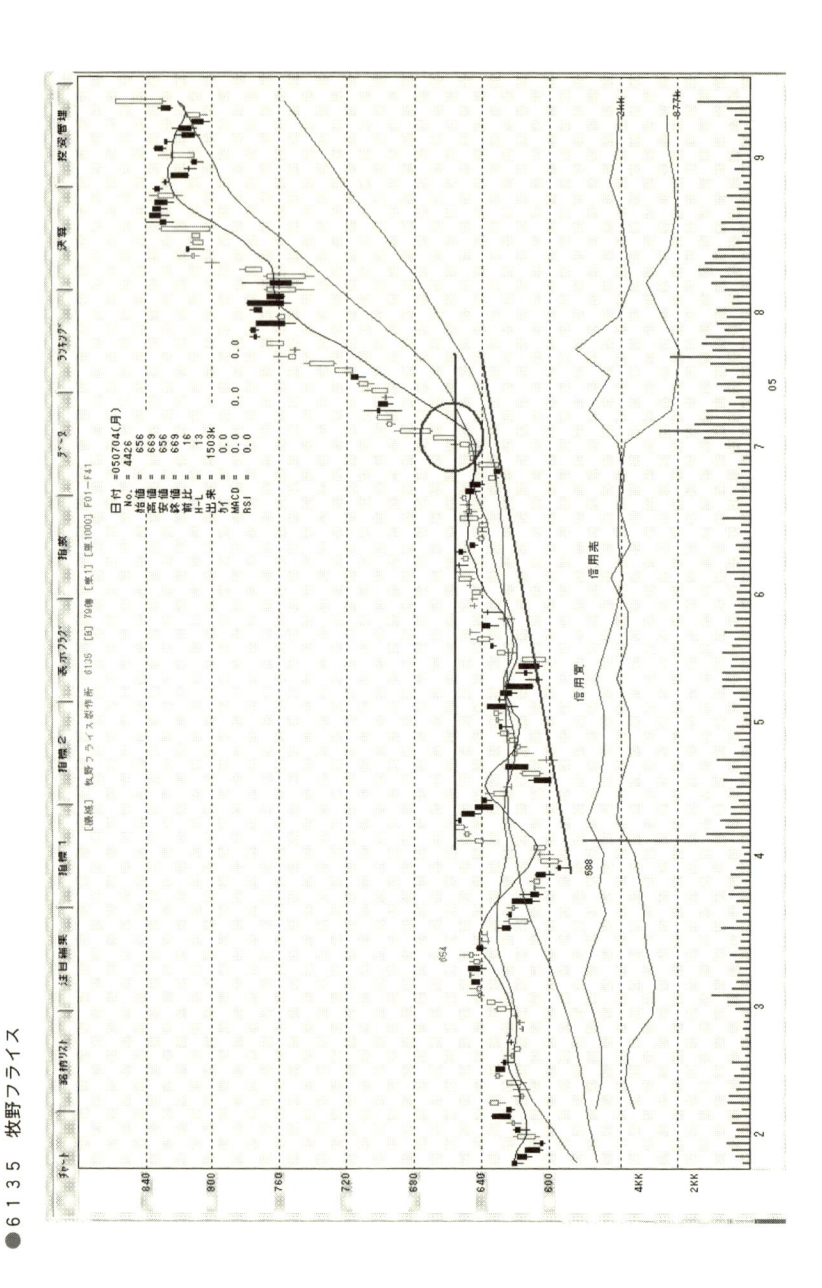

●6135　牧野フライス

● 6 1 3 5　牧野フライス

2005年3月期	売り上げ	営業利益	経常利益	当期利益	一株利益	会社四季報
予想	82,500	4,100	3,750	2,500	27.3	2003年夏
予想	84,500	4,500	4,100	2,800	30.6	2003年秋
予想	90,000	5,000	4,500	3,000	32.7	2004年新春
予想	95,000	7,000	6,500	4,500	49.1	2004年春
予想	96,400	7,300	7,000	4,400	48.0	2004年夏
予想	96,400	7,300	7,000	4,400	48.0	2004年秋
予想	102,000	7,400	7,500	4,800	52.4	2005年新春
予想	102,000	7,400	7,500	4,800	52.4	2005年春
確定	105,081	6,541	6,711	3,123	33.7	2005年夏

2006年3月期	売り上げ	営業利益	経常利益	当期利益	一株利益	会社四季報
予想	97,000	8,200	7,900	4,900	53.5	2004年夏
予想	100,000	8,500	8,200	5,000	54.6	2004年秋
予想	107,000	7,900	8,000	5,120	55.9	2005年新春
予想	105,000	7,700	7,800	5,000	54.6	2005年春
予想	112,800	8,300	7,800	5,000	54.6	2005年夏
予想	112,800	8,300	7,800	5,000	53.2	2005年秋
予想	118,000	10,000	9,500	6,000	59.1	2006年新春
予想						2006年春
確定						2006年夏

2007年3月期	売り上げ	営業利益	経常利益	当期利益	一株利益	会社四季報
予想	113,000	8,500	8,200	5,200	56.8	2005年夏
予想	113,000	8,500	8,200	5,200	55.3	2005年秋
予想	119,000	10,500	9,700	6,100	60.1	2006年新春

保ち合い・収斂上放れ

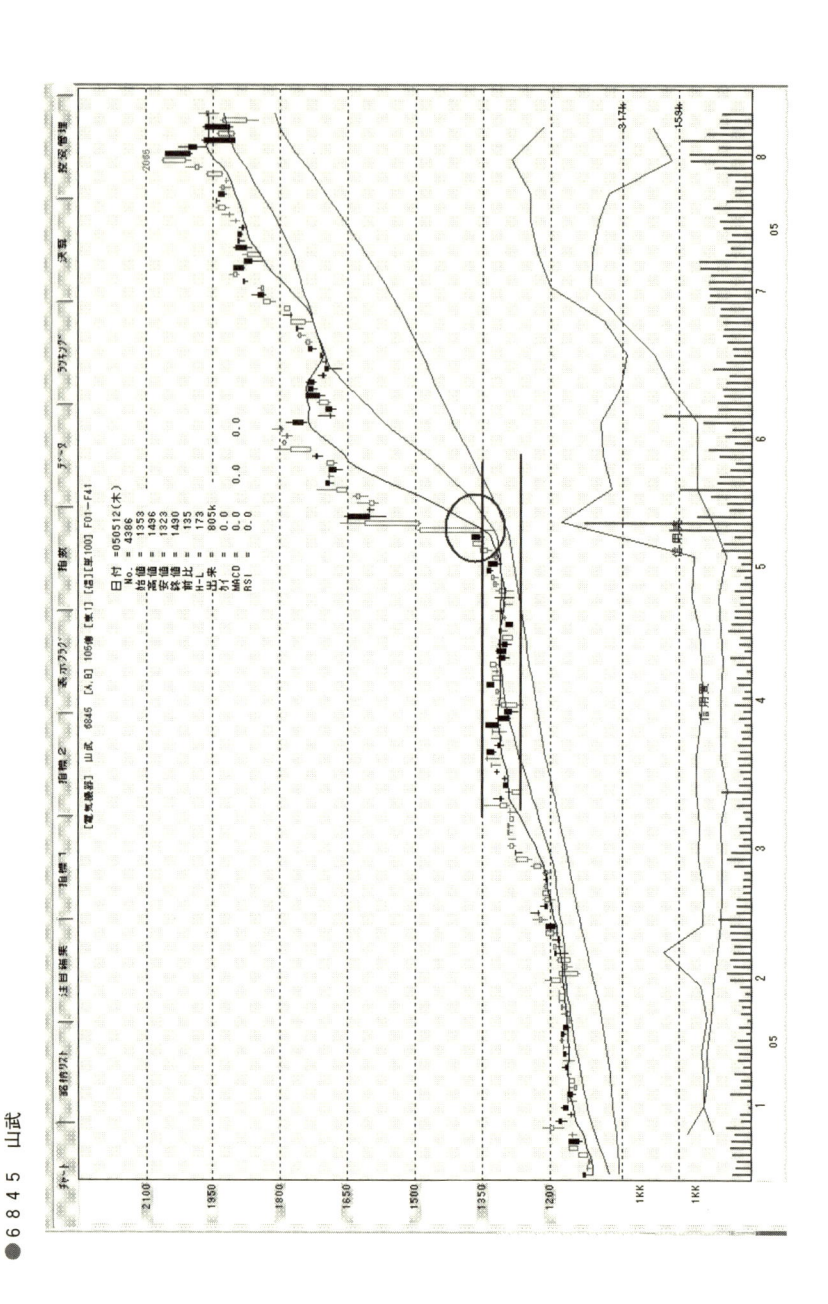

● 6845　山武

278

● 6845　山武

2005年3月期	売り上げ	営業利益	経常利益	当期利益	一株利益	会社四季報
予想	186,000	9,000	8,800	4,300	58.4	2003年夏
予想	186,000	9,000	8,800	4,300	58.4	2003年秋
予想	183,000	9,000	6,800	4,000	54.4	2004年新春
予想	173,000	7,000	6,800	3,300	44.9	2004年春
予想	179,000	8,300	8,300	2,000	27.2	2004年夏
予想	179,000	8,700	8,700	2,200	29.9	2004年秋
予想	180,000	9,100	9,200	2,900	39.4	2005年新春
予想	180,000	9,400	9,500	3,000	40.8	2005年春
確定	180,762	9,352	9,495	3,709	49.9	2005年夏

2006年3月期	売り上げ	営業利益	経常利益	当期利益	一株利益	会社四季報
予想	189,000	9,900	9,900	5,500	74.8	2004年夏
予想	175,000	8,000	8,000	4,000	54.4	2004年秋
予想	189,000	10,100	10,300	5,500	74.8	2005年新春
予想	190,000	11,000	11,100	5,800	78.8	2005年春
予想	188,000	11,500	11,300	7,800	106.0	2005年夏
予想	188,000	11,500	11,300	7,800	106.0	2005年秋
予想	188,000	12,300	12,000	8,800	119.6	2006年新春
確定						2006年春
						2006年夏

2007年3月期	売り上げ	営業利益	経常利益	当期利益	一株利益	会社四季報
予想	200,000	13,000	12,800	7,900	107.4	2005年夏
予想	200,000	13,000	12,800	7,900	107.4	2005年秋
予想	200,000	14,000	13,700	8,000	108.7	2006年新春

付録

保ち合い・収斂上放れ

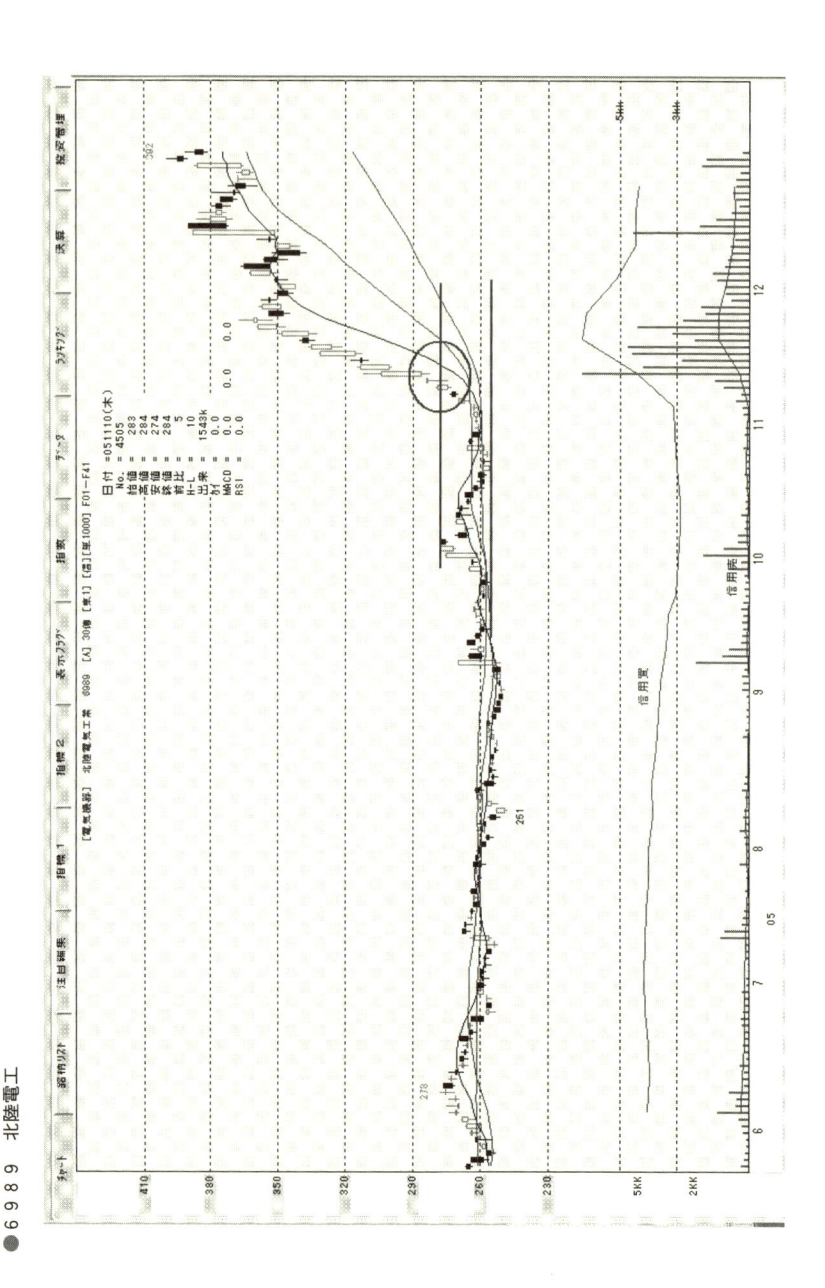

● 6989 北陸電工

● 6 9 8 9   北陸電工

2005年3月期	売り上げ	営業利益	経常利益	当期利益	一株利益	会社四季報
予想	44,500	2,200	1,300	750	9.0	2003年夏
予想	45,500	2,800	1,900	1,050	12.5	2003年秋
予想	44,500	2,800	1,800	1,000	11.9	2004年新春
予想	43,500	2,400	1,700	950	11.3	2004年夏
予想	44,000	2,250	1,450	1,200	14.3	2004年秋
予想	44,000	2,250	1,450	1,200	14.3	2005年新春
予想	46,000	2,600	2,100	1,700	20.3	2005年新春
予想	45,700	2,300	1,800	1,300	15.5	2005年春
確定	46,900	2,503	2,093	1,490	17.9	2005年夏

2006年3月期	売り上げ	営業利益	経常利益	当期利益	一株利益	会社四季報
予想	45,500	2,500	1,700	1,400	16.7	2004年夏
予想	45,500	2,500	1,700	1,400	16.7	2004年秋
予想	48,000	2,900	2,400	1,200	14.3	2005年新春
予想	43,000	2,600	2,200	1,400	16.7	2005年夏
予想	45,000	2,600	2,200	1,500	17.9	2005年秋
予想	45,000	2,600	2,200	1,500	17.9	2005年新春
予想	47,500	2,700	2,500	1,900	22.7	2006年新春
確定						2006年春
						2006年夏

2007年3月期	売り上げ	営業利益	経常利益	当期利益	一株利益	会社四季報
予想	46,000	2,800	2,400	1,650	19.7	2005年夏
予想	46,000	2,800	2,400	1,650	19.7	2005年秋
予想	48,500	2,900	2,700	1,700	20.3	2006年新春

付録　281

保ち合い・収斂上放れ

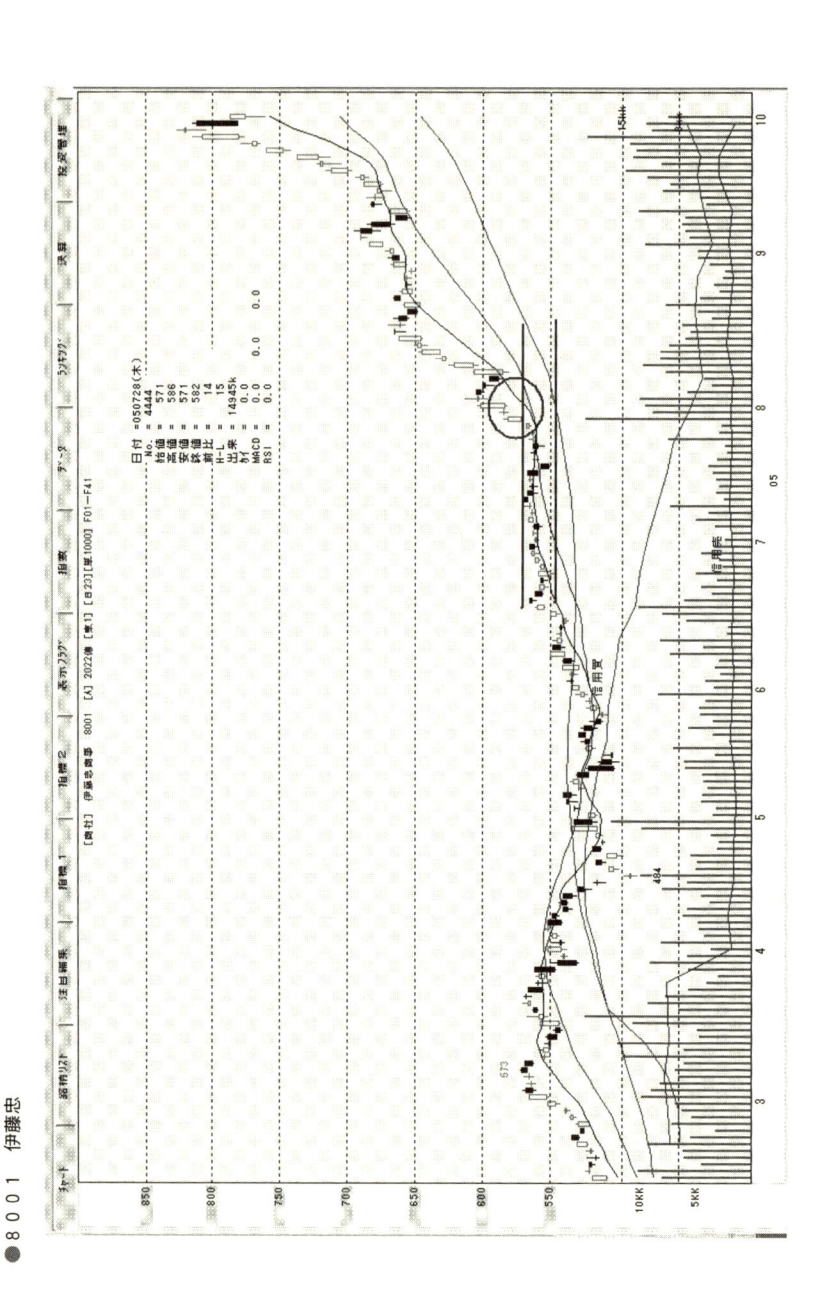

● 8001　伊藤忠

●8001 伊藤忠

2005年3月期	売り上げ	営業利益	経常利益	当期利益	一株利益	会社四季報
予想	10,000,000	115,000	87,000	50,000	31.6	2003年夏
予想	10,000,000	130,000	95,000	55,000	34.7	2003年秋
予想	10,000,000	125,000	90,000	52,000	32.8	2004年新春
予想	10,000,000	115,000	90,000	52,000	32.8	2004年春
予想	9,200,000	130,000	110,000	71,000	44.8	2004年夏
予想	9,200,000	140,000	120,000	75,000	47.3	2004年秋
予想	9,600,000	150,000	130,000	75,000	47.3	2005年新春
予想	9,600,000	160,000	140,000	85,000	53.6	2005年春
確定	9,576,039	157,740	119,958	77,792	49.2	2005年夏

2006年3月期	売り上げ	営業利益	経常利益	当期利益	一株利益	会社四季報
予想	9,200,000	140,000	120,000	75,000	47.3	2004年夏
予想	9,200,000	155,000	135,000	85,000	53.6	2004年秋
予想	9,700,000	160,000	140,000	85,000	53.6	2005年新春
予想	9,700,000	200,000	180,000	115,000	72.6	2005年春
予想	9,600,000	170,000	155,000	100,000	63.1	2005年夏
予想	9,850,000	185,000	155,000	105,000	66.3	2005年秋
予想	10,500,000	190,000	190,000	130,000	82.0	2006年新春
予想						2006年春
確定						2006年夏

2007年3月期	売り上げ	営業利益	経常利益	当期利益	一株利益	会社四季報
予想	9,700,000	180,000	165,000	105,000	66.3	2005年夏
予想	9,950,000	200,000	188,000	125,000	78.9	2005年秋
予想	10,900,000	200,000	203,000	140,000	88.3	2006年新春

保ち合い・収斂上放れ

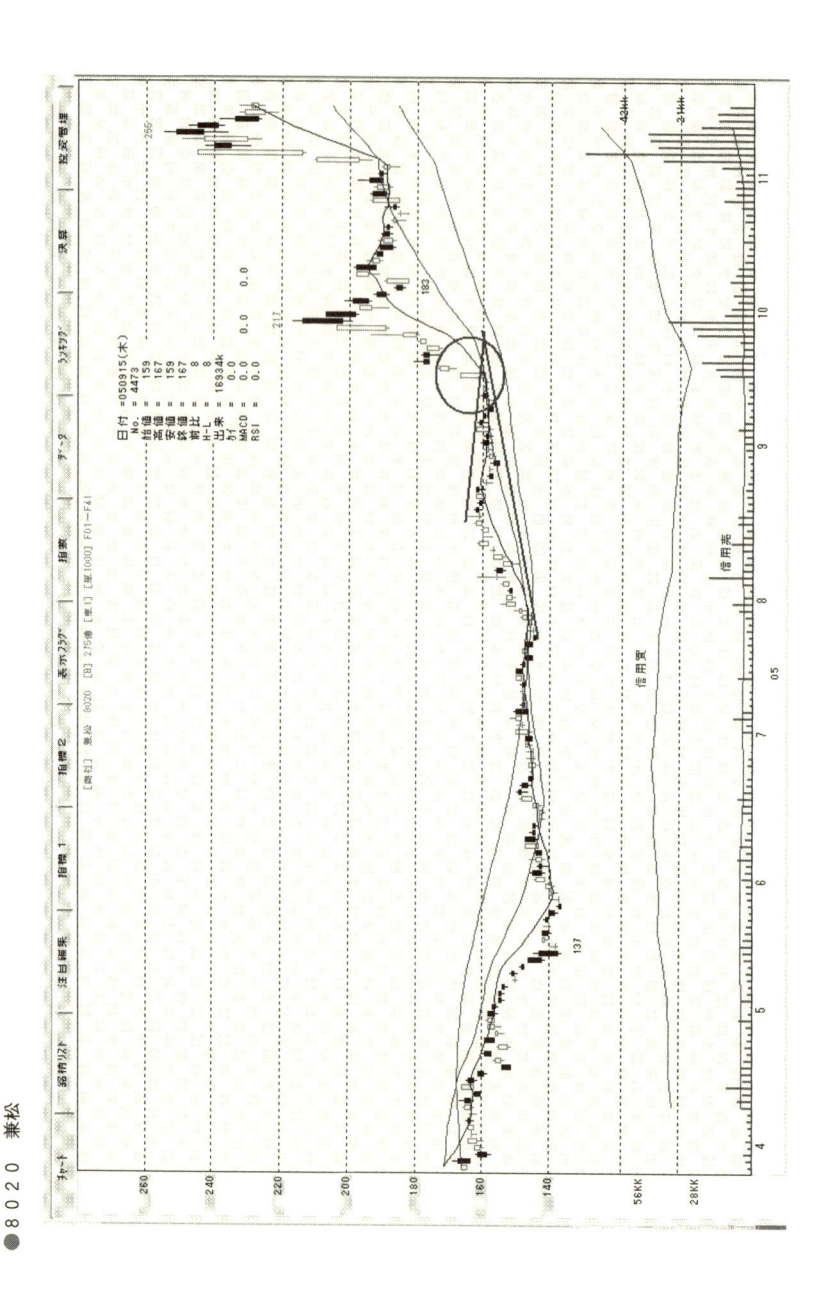

● 8020　兼松

● 8020　兼松

2005年3月期	売り上げ	営業利益	経常利益	当期利益	一株利益	会社四季報
予想	870,000	18,000	14,500	6,000	19.8	2003年夏
予想	870,000	18,000	14,500	6,000	19.8	2003年秋
予想	870,000	18,000	14,500	6,000	17.7	2004年新春
予想	870,000	18,000	14,500	4,000	11.6	2004年春
予想	875,000	18,000	13,500	4,000	11.6	2004年夏
予想	875,000	18,000	13,500	4,000	11.2	2004年秋
予想	875,000	18,000	13,500	4,000	9.7	2005年新春
予想	875,000	18,000	13,500	4,000	9.7	2005年春
確定	886,876	15,762	11,720	2,469	6.5	2005年夏

2006年3月期	売り上げ	営業利益	経常利益	当期利益	一株利益	会社四季報
予想	905,000	19,500	14,500	5,000	14.5	2004年夏
予想	920,000	20,500	16,000	6,000	16.8	2004年秋
予想	920,000	20,500	16,000	6,000	14.5	2005年新春
予想	920,000	19,500	15,000	4,000	9.5	2005年春
予想	915,000	17,500	14,000	4,200	10.0	2005年夏
予想	945,000	18,000	14,300	3,000	7.2	2005年秋
予想	960,000	19,000	15,000	-19,000	-45.2	2006年新春
予想						2006年春
確定						2006年夏

2007年3月期	売り上げ	営業利益	経常利益	当期利益	一株利益	会社四季報
予想	950,000	20,500	17,500	8,000	19.1	2005年夏
予想	965,000	20,000	16,000	6,500	15.5	2005年秋
予想	1,005,000	21,500	17,000	7,000	16.6	2006年新春

| 成功するスイングトレードの構成要素 |

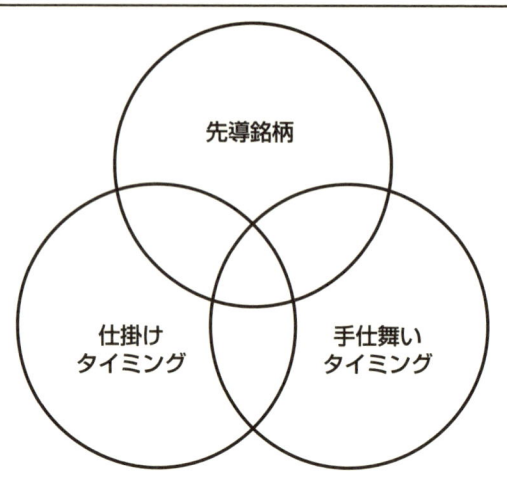

（ベン図：先導銘柄／仕掛けタイミング／手仕舞いタイミング）

【銘柄選択】先導銘柄　×　業績見通し推移　×　キーワード・テーマ
【仕掛けタイミング】4つの買い場・売り場　×　10日移動平均線などのスイッチ
【手仕舞いタイミング】基本はトレーリングストップで可能な限り利を伸ばす

| リボルビング・スイングトレード |

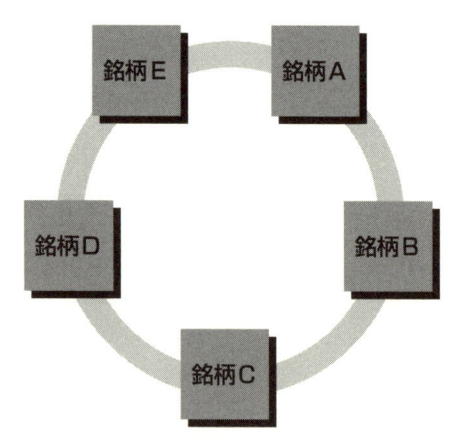

（図：銘柄A→銘柄B→銘柄C→銘柄D→銘柄E→…の循環）

あらかじめ決めておいた複数の得意銘柄を次々と仕掛け、5―10％くらいのリターンで次々と手仕舞い、資金を回転させる

コラム　　　　　　　　　　ランチェスター戦略

　ランチェスター戦略は、第一次世界大戦中の英国で生まれ、アメリカで体系化された後、日本で完成。企業の販売戦略でも実証されています。

　ランチェスター戦略は、戦略の構成要素のひとつである「（組織を動かすための）パターン化させた行動の領域」に該当するものです。

　ランチェスター戦略モデル式の「戦闘力配分の法則」によれば、戦略と戦術の比率は2：1が望ましいそうです。つまり、戦略は戦術の2倍重要であるということです。言い換えれば、戦略のミスを戦術で取り返すことはできないということです。それほどに戦略は大切なのです。

　さて、私たち個人投資家のように、ひとりで相対的に小額資金を運用する者は「ランチェスター第1法則」、つまり「弱者の戦略」をとるほうがいいでしょう。この戦略の有効性は、日本では、江戸時代の赤穂浪士の吉良邸討ち入りで発揮されました。「忠臣蔵」を見ていて気づいた人は何人いるでしょうか？

①ランチェスター第1法則（弱者の戦略）

（1）敵が視界に入るような狭い地域での局地戦に持ち込む
　自分が得意なパターンがやって来たときのみ出動し、少数銘柄を手掛ける。そうでないときは休む。

（2）ひとりがひとりしか狙い撃ちできない一騎討ち型の兵器での戦い
　ハイテク兵器ではなく通常兵器で戦う。つまり、オプションや先物のような高レバレッジ商品ではなく、普通の株を手掛ける。

（3）接近戦で戦う
　長期の大きな波の底から天井までを狙うのではなく、節目ごとに仕掛け、利食いをしながらスイング、リズム取り、うねり取りなどで相場の

波に乗っていく。

（４）兵力を集中させ一点集中攻撃をかける
　集中力を維持できないときは、手掛ける銘柄数を大きくせず、少数銘柄を厳選する。

②ランチェスター第２法則（強者の戦略）

　反対に、機関投資家のように大人数で巨額の資金を運用する者は「ランチェスター第２法則」つまり「強者の戦略」を取っています。

（１）敵が視界に入らない広域な総合戦に持ち込む
　多くの国と市場で、非常に多くの銘柄に、年中資金投入している。休むことがない。

（２）ひとりが複数を標的にできる集団型の確率戦に持ち込む
　国際分散投資。

（３）接近戦を避け、間接的かつ遠隔的戦闘場面を作る
　いったん買ったら長期間保有し、よほどのことがない限り、短期で利食い売りすることはない。

（４）圧倒的な兵力数、物量と包囲戦で勝敗をつける
　数百人の秀才集団が、数千億から数兆円の資金を、世界中で運用する。

※参考文献：『そうなのか！ランチェスター戦略がマンガで３時間でマスターできる本』（田岡佳子著、明日香出版社刊）

あとがき

　この本の執筆がほぼ完了に近づいてきた２００６年１月１８日、偽計と風説の流布の疑いで突如として東京地検がライブドアの強制捜査に踏み切り、日本株全体が急落し始めました。世に言う「ライブドアショック」です。マネックス証券がライブドアの信用担保掛目を一挙にゼロに引き下げたため、ほかの証券会社も追随するとの連想が株式市場を駆け巡りました。追証に迫られるかもしれないと恐れた個人投資家の投げ売りが投げ売りを呼ぶ恐怖のスパイラルを引き起こし、ついには、東京証券取引所の処理能力を超えるまで出来高が膨らんだ結果、ザラ場中に東京証券取引所は前代未聞の売買完全停止に追い込まれました。ライブドアグループの株価が暴落するのは当然としても、日本経済のマクロ、セミマクロの両方とも回復基調に反転の兆候はなく、企業業績見通し全般も好調なときに、ほとんどすべての銘柄が急落するさまは正にパニック売りそのものでした。パニック売りは出尽くしたらそれでお終いです。堀江社長が逮捕されると、悪材料出尽くしで日経平均株価は徐々に回復し始め、１月２７日にはライブドアショック前の水準まで戻りました。

　序章で説明した「優利加株価変動モデル：株価は何故、どのように変動するのか」を理解しており（敵を知り）、心と感情のコントロールが出来る人は（己を知る）、このような突然の嵐のときでも動揺せず、むしろ慎重に押し目を拾う心の余裕を持てます（百戦危うからず）。反対に、無知で欲望と恐怖に振り回されるだけの人は投売りするだけで押し目を拾うことはできなかったでしょう。長く相場をやっていると、このような嵐には何度も遭遇します。だからこそ、信頼できる拠り所が必要なのです。

　この本は、ある日突然、何の前触れもなく嵐がやってくる株式相場

の荒海を生涯現役で無事に航海できるように水先案内をする海図です。誰でも簡単に短期で大儲けができるかのような射幸心を煽る本では決してありません。株式トレード（主にスウィングトレード）に本当に必要な相場の「①考え方、②見方、③売買の具体的なやり方のヒント」を三位一体で詳説した今まで誰も書かなかったような株式トレードの体系的実戦的な教科書です。基本的な株式知識と人並み以上の向学心はあるけれど、今、実戦では何をどうやったら良いかよくわからず途方にくれているすべての個人投資家に捧げます。

　ひとりでも多くの個人投資家が、突然の嵐に巻き込まれても決して沈没せず、資産を安定的に増やしながら、株式相場を生涯現役で有終の美を飾れるようにと願ってこの本を執筆しました。もし、株式相場の迷路に迷い込んで何が何だかわからなくなってしまったとき、この本を読み返してみてください。きっと、出口への光明が見えてくるはずです。

　　　　　　　　　　　　　　　　　　２００６年２月　　優利加

■著者紹介

優利加（ゆうりか）

大手外資系金融機関に１７年間勤務し、在職中、英国にてＭＢＡを取得。２０００年１０月に退職し、株式トレードを行う傍ら、厚生年金基金のアドバイザーを行ったり、株式投資雑誌への寄稿を時折行う。２００３年８月から個人投資家に株式トレード技術の指導をする「優利加トレード塾（※）」、略称「優利加塾」を開講。以来、英国ロンドン在住のひとりを含め、北海道から九州まで日本全国で百数十人の塾生を指導している。モットーは「自他共楽」と生涯現役の株式トレード。また、ブログ「優利加の徒然相場日記（※※）」で日々情報発信を行っている。

※ http://www.freeml.com/info/eureka_cm@freeml.com
※※ http://blog.livedoor.jp/eureka_cm/

メールアドレス：eureka@zab.att.ne.jp

チャート提供
Fchart（エスアイジー）

2006年 3月 3日　第1刷発行
2006年 6月 1日　第2刷発行
2006年 8月 1日　第3刷発行
2007年 2月 1日　第4刷発行
2007年 3月 2日　第5刷発行
2008年 8月 1日　第6刷発行

"生涯現役"の株式トレード技術

著　者	優利加
発行者	後藤康徳
発行所	パンローリング株式会社
	〒160-0023　東京都新宿区西新宿7-21-3-1001
	TEL 03-5386-7391　FAX 03-5386-7393
	http://www.panrolling.com/
	E-mail　info@panrolling.com
装丁・組版	株式会社ベイ・イースト・グラフィックス
印刷・製本	株式会社シナノ

ISBN978-4-7759-9028-4　　　　　　　　　　　　　　　　RCK66.5

落丁・乱丁本はお取り替えします。また、本書の全部、または一部を複写・複製・転訳載、および磁気・光記録媒体に入力することなどは、著作権法上の例外を除き禁じられています。

©Yurika 2006　Printed in Japan

免責事項
この本で紹介している方法や技術、指標が利益を生む、あるいは損失につながることはない、と仮定してはなりません。過去の結果は必ずしも将来の結果を示したものではありません。この本の実例は教育的な目的のみで用いられるものであり、売買の注文を勧めるものではありません。

トレード基礎理論の決定版!!

投資苑
ウィザードブックシリーズ9
著者：アレキサンダー・エルダー

定価 本体5,800円＋税　ISBN:9784939103285

【トレーダーの心技体とは？】
それは3つのM「Mind=心理」「Method=手法」「Money=資金管理」であると、著者のエルダー医学博士は説く。そして「ちょうど三脚のように、どのMも欠かすことはできない」と強調する。本書は、その3つのMをバランス良く、やさしく解説したトレード基本書の決定版だ。世界13カ国で翻訳され、各国で超ロングセラーを記録し続けるトレーダーを志望する者は必読の書である。

投資苑2
ウィザードブックシリーズ56
著者：アレキサンダー・エルダー

定価 本体5,800円＋税　ISBN:9784775970171

【心技体をさらに極めるための応用書】
「優れたトレーダーになるために必要な時間と費用は？」「トレードすべき市場とその儲けは？」「トレードのルールと方法、資金の分割法は？」――『投資苑』の読者にさらに知識を広げてもらおうと、エルダー博士が自身のトレーディングルームを開放。自らの手法を惜しげもなく公開している。世界に絶賛された「3段式売買システム」の威力を堪能してほしい。

ウィザードブックシリーズ50
投資苑がわかる203問
著者：アレキサンダー・エルダー　定価 本体2,800円＋税　ISBN:9784775970119

分かった「つもり」の知識では知恵に昇華しない。テクニカルトレーダーとしての成功に欠かせない3つのM（心理・手法・資金管理）の能力をこの問題集で鍛えよう。何回もトライし、正解率を向上させることで、トレーダーとしての成長を自覚できるはずだ。

投資苑2 Q&A
著者：アレキサンダー・エルダー　定価 本体2,800円＋税　ISBN:9784775970188

『投資苑2』は数日で読める。しかし、同書で紹介した手法や技法のツボを習得するには、実際の売買で何回も試す必要があるだろう。そこで、この問題集が役に立つ。あらかじめ洞察を深めておけば、いたずらに資金を浪費することを避けられるからだ。

バリュー株投資の真髄!!

ウィザードブックシリーズ4
バフェットからの手紙
著者:ローレンス・A・カニンガム

定価 本体1,600円+税　ISBN:9784939103216

【世界が理想とする投資家のすべて】
「ラリー・カニンガムは、私たちの哲学を体系化するという素晴らしい仕事を成し遂げてくれました。本書は、これまで私について書かれたすべての本のなかで最も優れています。もし私が読むべき一冊の本を選ぶとしたら、迷うことなく本書を選びます」
——ウォーレン・バフェット

ウィザードブックシリーズ87・88
新 賢明なる投資家
著者:ベンジャミン・グレアム
ジェイソン・ツバイク

定価(各)本体3,800円+税　ISBN:(上)9784775970492
(下)9784775970508

【割安株の見つけ方とバリュー投資を成功させる方法】
古典的名著に新たな注解が加わり、グレアムの時代を超えた英知が今日の市場に再びよみがえる！　グレアムがその「バリュー投資」哲学を明らかにした『賢明なる投資家』は、1949年に初版が出版されて以来、株式投資のバイブルとなっている。

ウィザードブックシリーズ 10
賢明なる投資家
著者:ベンジャミン・グレアム
定価(各)本体3,800円+税
ISBN:9784939103292

ウォーレン・バフェットが師と仰ぎ、尊敬したベンジャミン・グレアムが残した「バリュー投資」の最高傑作！　「魅力のない二流企業株」や「割安株」の見つけ方を伝授する。

ウィザードブックシリーズ 116
麗しのバフェット銘柄
著者:メアリー・バフェット、デビッド・クラーク
定価 本体1,800円+税
ISBN:9784775970829

なぜバフェットは世界屈指の大富豪になるまで株で成功したのか？　本書は氏のバリュー投資術「選別的逆張り法」を徹底解剖したバフェット学の「解体新書」である。

ウィザードブックシリーズ 44
証券分析【1934年版】
著者:ベンジャミン・グレアム、デビッド・L・ドッド
定価 本体9,800円+税
ISBN:9784775970058

グレアムの名声をウォール街で不動かつ不滅なものとした一大傑作。ここで展開されている割安な株式や債券のすぐれた発掘法は、今も多くの投資家たちが実践して結果を残している。

ウィザードブックシリーズ 125
アラビアのバフェット
著者:リズ・カーン
定価 本体1,890円+税
ISBN:9784775970928

バフェットがリスペクトする米以外で最も成功した投資家、アルワリード本の決定版！　この1冊でアルワリードのすべてがわかる！　3万ドルを230億ドルにした「伸びる企業への投資」の極意

マーケットの魔術師 ウィリアム・オニールの本と関連書

ウィザードブックシリーズ 12
成長株発掘法
著者：ウィリアム・オニール

定価 本体2,800円＋税　ISBN:9784939103339

【究極のグロース株選別法】
米国屈指の大投資家ウィリアム・オニールが開発した銘柄スクリーニング法「CAN-SLIM（キャンスリム）」は、過去40年間の大成長銘柄に共通する7つの要素を頭文字でとったもの。オニールの手法を実践して成功を収めた投資家は数多く、詳細を記した本書は全米で100万部を突破した。

ウィザードブックシリーズ 71
相場師養成講座
著者：ウィリアム・オニール

定価 本体2,800円＋税　ISBN:9784775970331

【進化するCAN-SLIM】
CAN-SLIMの威力を最大限に発揮させる5つの方法を伝授。00年に米国でネットバブルが崩壊したとき、オニールの手法は投資家の支持を失うどころか、逆に人気を高めた。その理由は全米投資家協会が「98～03年にCAN-SLIMが最も優れた成績を残した」と発表したことからも明らかだ。

ウィザードブックシリーズ 93
オニールの空売り練習帖
著者：ウィリアム・オニール、ギル・モラレス
定価 本体2,800円＋税　ISBN:9784775970577

氏いわく「売る能力もなく買うのは、攻撃だけで防御がないフットボールチームのようなものだ」。指値の設定からタイミングの決定まで、効果的な空売り戦略を明快にアドバイス。

DVDブック
大化けする成長株を発掘する方法
著者：鈴木一之　定価 本体3,800円＋税
DVD1枚 83分収録　ISBN:9784775961285

今も世界中の投資家から絶大な支持を得ているウィリアム・オニールの魅力を日本を代表する株式アナリストが紹介。日本株のスクリーニングにどう当てはめるかについても言及する。

ウィザードブックシリーズ 19
マーケットの魔術師
著者：ジャック・D・シュワッガー
定価 本体2,800円＋税
ISBN:9784939103407

オーディオブックも絶賛発売中!!

トレーダー・投資家は、そのとき、その成長過程で、さまざまな悩みや問題意識を抱えているもの。本書はその答えの糸口を「常に」提示してくれる「トレーダーのバイブル」だ。

ウィザードブックシリーズ 49
私は株で200万ドル儲けた
著者：ニコラス・ダーバス　訳者：長尾慎太郎、飯田恒夫
定価 本体2,200円＋税　ISBN:9784775970102

1960年の初版は、わずか8週間で20万部が売れたという伝説の書。絶望の淵に落とされた個人投資家が最終的に大成功を収めたのは、不屈の闘志と「ボックス理論」にあった。

マーケットの魔術師シリーズ

ウィザードブックシリーズ 19
マーケットの魔術師
著者：ジャック・D・シュワッガー
定価 本体 2,800 円＋税　ISBN:9784939103407

【いつ読んでも発見がある】
トレーダー・投資家は、そのとき、その成長過程で、さまざまな悩みや問題意識を抱えているもの。本書はその答えの糸口を「常に」提示してくれる「トレーダーのバイブル」だ。「本書を読まずして、投資をすることなかれ」とは世界的トレーダーたちが口をそろえて言う「投資業界の常識」だ！

ウィザードブックシリーズ 13
新マーケットの魔術師
著者：ジャック・D・シュワッガー
定価 本体 2,800 円＋税　ISBN:9784939103346

【世にこれほどすごいヤツらがいるのか!!】
株式、先物、為替、オプション、それぞれの市場で勝ち続けている魔術師たちが、成功の秘訣を語る。またトレード・投資の本質である「心理」をはじめ、勝者の条件について鋭い分析がなされている。関心のあるトレーダー・投資家から読み始めてかまわない。自分のスタイルづくりに役立ててほしい。

ウィザードブックシリーズ 14
マーケットの魔術師 株式編《増補版》
著者：ジャック・D・シュワッガー
定価 本体 2,800 円＋税　ISBN:9784775970232

投資家待望のシリーズ第三弾、フォローアップインタビューを加えて新登場!! 90年代の米株の上げ相場でとてつもないリターンをたたき出した新世代の「魔術師＝ウィザード」たち。彼らは、その後の下落局面でも、その称号にふさわしい成果を残しているのだろうか？

◎アート・コリンズ著 マーケットの魔術師シリーズ

ウィザードブックシリーズ 90
マーケットの魔術師 システムトレーダー編
著者：アート・コリンズ
定価 本体 2,800 円＋税　ISBN:9784775970522

システムトレードで市場に勝っている職人たちが明かす機械的売買のすべて。相場分析から発見した優位性を最大限に発揮するため、どのようなシステムを構築しているのだろうか？ 14人の傑出したトレーダーたちから、システムトレードに対する正しい姿勢を学ぼう！

ウィザードブックシリーズ 111
マーケットの魔術師 大損失編
著者：アート・コリンズ
定価 本体 2,800 円＋税　ISBN:9784775970775

スタートレーダーたちはいかにして危機を脱したか？　局地的な損失はトレーダーならだれでも経験する不可避なもの。また人間のすることである以上、ミスはつきものだ。35人のスーパートレーダーたちは、窮地に立ったときどのように取り組み、対処したのだろうか？

トレーディングシステムで機械的売買!!

自動売買ロボット作成マニュアル
エクセルで理想のシステムトレード
著者：森田佳佑

定価 本体 2,800円＋税　ISBN:9784775990391

【パソコンのエクセルでシステム売買】
エクセルには「VBA」というプログラミング言語が搭載されている。さまざまな作業を自動化したり、ソフトウェア自体に機能を追加したりできる強力なツールだ。このVBAを活用してデータ取得やチャート描画、戦略設計、検証、売買シグナルを自動化してしまおう、というのが本書の方針である。

売買システム入門
ウィザードブックシリーズ 11
著者：トゥーシャー・シャンデ

定価 本体 7,800円＋税　ISBN:9784939103315

【システム構築の基本的流れが分かる】
世界的に高名なシステム開発者であるトゥーシャー・シャンデ博士が「現実的」な売買システムを構築するための有効なアプローチを的確に指南。システムの検証方法、資金管理、陥りやすい問題点と対処法を具体的に解説する。基本概念から実際の運用まで網羅したシステム売買の教科書。

現代の錬金術師シリーズ
自動売買ロボット作成マニュアル初級編
エクセルでシステムトレードの第一歩
著者：森田佳佑
定価 本体 2,000円＋税　ISBN:9784775990513

操作手順と確認問題を収録したCD-ROM付き。エクセル超初心者の投資家でも、売買システムの構築に有効なエクセルの操作方法と自動処理の方法がよく分かる!!

トレードステーション入門
やさしい売買プログラミング
著者：西村貴郁
定価 本体 2,800円＋税　ISBN:9784775990452

売買ソフトの定番「トレードステーション」。そのプログラミング言語の基本と可能性を紹介。チャート分析も売買戦略のデータ検証・最適化も売買シグナル表示もできるようになる！

ウィザードブックシリーズ 54
究極のトレーディングガイド
全米一の投資システム分析家が明かす「儲かるシステム」
著者：ジョン・R・ヒル／ジョージ・プルート／ランディ・ヒル
定価 本体 4,800円＋税　ISBN:9784775970157

売買システム分析の大家が、エリオット波動、値動きの各種パターン、資金管理といった、曖昧になりがちな理論を適切なルールで表現し、安定した売買システムにする方法を大公開！

ウィザードブックシリーズ 42
トレーディングシステム入門
仕掛ける前が勝負の分かれ目
著者：トーマス・ストリズマン
定価 本体 5,800円＋税　ISBN:9784775970034

売買タイミングと資金管理の融合を売買システムで実現。システムを発展させるために有効な運用成績の評価ポイントと工夫のコツが惜しみなく著された画期的な書！

日本のウィザードが語る株式トレードの奥義

生涯現役の株式トレード技術
著者：優利加

定価 本体 2,800円＋税　ISBN:9784775990285

【ブルベア大賞2006-2007受賞!!】
生涯現役で有終の美を飾りたいと思うのであれば「自分の不動の型＝決まりごと」を作る必要がある。本書では、その「型」を具体化した「戦略＝銘柄の選び方」「戦術＝仕掛け・手仕舞いの型」「戦闘法＝建玉の仕方」をどのようにして決定するか、著者の経験に基づいて詳細に解説されている。

実力をつける信用取引
売買戦略からリスク管理まで
著者：福永博之

定価 本体 2,800円＋税　ISBN:9784775990445

【転ばぬ先の杖】
「あなたがビギナーから脱皮したいと考えている投資家なら、信用取引を上手く活用できるようになるべきでしょう」と、筆者は語る。投資手法の選択肢が広がるので、投資で勝つ確率が高くなるからだ。「正しい考え方」から「具体的テクニック」までが紹介された信用取引の実践に最適な参考書だ。

生涯現役の株式トレード技術
【生涯現役のための海図編】
著者：優利加
定価 本体 5,800円＋税　ISBN:9784775990612

数パーセントから5％（多くても10％ぐらい）の利益を、1週間から2週間以内に着実に取りながら"生涯現役"を貫き通す。そのためにすべきこと、決まっていますか？　そのためにすべきこと、わかりますか？

DVD 生涯現役のトレード技術
【銘柄選択の型と検証法編】
講師：優利加　定価 本体 3,800円＋税
DVD1枚 95分収録　ISBN:9784775961582

ベストセラーの著者による、その要点確認とフォローアップを目的にしたセミナー。激変する相場環境に振り回されずに、生涯現役で生き残るにはどうすればよいのか？

DVD 生涯現役の株式トレード技術 実践編
講師：優利加　定価 本体 38,000円＋税
DVD2枚組 356分収録　ISBN:9784775961421

著書では明かせなかった具体的な技術を大公開。4つの利（天、地、時、人）を活用した「相場の見方の型」と「スイングトレードのやり方の型」とは？　その全貌が明らかになる!!

DVD 生涯現役の株式トレード技術
【海図編】
著者：優利加　定価 本体 4,800円＋税
DVD1枚 56分収録　ISBN:9784775962374

多くの銘柄で長期間に渡り検証された、高い確率で勝てる、理に適った「型」を決め、更に、それを淡々と実行する決断力とそのやり方を継続する一貫性が必要なのである。

Pan Rolling オーディオブックシリーズ

相場で負けたときに読む本 真理編・実践編

山口祐介　パンローリング
[真] 約160分 [実] 約200分
各1,575円（税込）

売り上げ1位　オーディオブックシリーズ Vol.8

負けたトレーダー破滅するのではない。負けたときの対応の悪いトレーダーが破滅するのだ。敗者は何故負けてしまうのか。勝者はどうして勝てるのか。10年以上勝ち続けてきた現役トレーダーが相場の"真理"を詩的に紹介。

生き残りのディーリング

矢口新　パンローリング
約510分　2,940円（税込）

売り上げ2位　オーディオブックシリーズ Vol.5

――投資で生活したい人への100のアドバイス――
現役ディーラーの座右の書として、多くのディーリングルームに置かれている名著を全面的に見直しし、個人投資家にもわかりやすい工夫をほどこして、新版として登場！現役ディーラーの座右の書。

その他の売れ筋

マーケットの魔術師

ジャック・D・シュワッガー
パンローリング　約1075分
各章 2,800円（税込）

――米トップトレーダーが語る成功の秘訣――
世界中から絶賛されたあの名著がオーディオブックで登場！

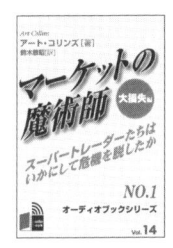

マーケットの魔術師 大損失編

アート・コリンズ、鈴木敏昭
パンローリング　約610分
DL版 5,040円（税込）
CD-R版 6,090円（税込）

「一体、どうしたらいいんだ」と、夜眠れぬ経験や神頼みをしたことのあるすべての人にとって必読書である！

規律とトレーダー

マーク・ダグラス、関本博英
パンローリング　約440分
DL版 3,990円（税込）
CD-R版 5,040円（税込）

常識を捨てろ！
手法や戦略よりも規律と心を磨け！
ロングセラー「ゾーン」の著者の名著がついにオーディオ化！！

NLPトレーディング

エイドリアン・ラリス・トグライ
パンローリング約590分
DL版 3,990円（税込）
CD-R版 5,040円（税込）

トレーダーとして成功を極めるため必要なもの……それは「自己管理能力」である。

私はこうして投資を学んだ

増田丞美
パンローリング　約450分
DL版 3,990円（税込）
CD-R版 5,040円（税込）

10年後に読んでも20年後に読んでも色褪せることのない一生使える内容です。実際に投資で利益を上げている著者が今現在、実際に利益を上げている考え方＆手法を大胆にも公開！

マーケットの魔術師 ～日出る国の勝者たち～ Vo.01

塩坂洋一、清水昭男
パンローリング　約100分
DL版 840円（税込）
CD-R版 1,260円（税込）

勝ち組のディーリング

トレード選手権で優勝し、国内外の相場師たちとの交流を経て、プロの投機家として活躍している塩坂氏。「商品市場の勝ちパターン、個人投資家の強み、必要な分だけ勝つ」こととは！？

マーケットの魔術師～日出る国の勝者たち～

- Vo.02 FX戦略：キャリートレード次に来るもの／松田哲、清水昭男
- Vo.03 理論の具体化と執行の完璧さで、最高のパフォーマンスを築け!!!!／西村貴郁、清水昭男
- Vo.04 新興国市場――残された投資の王道／石田和靖、清水昭男
- Vo.05 投資の多様化で安定収益／銀座ロジックの投資術／浅川夏樹、清水昭男
- Vo.06 ヘッジファンドの奥の手拝見／その実態と戦略／青木俊郎、清水昭男
- Vo.07 FX取引の確実性を摘み取れ／スワップ収益のインテリジェンス／空隼人、清水昭男
- Vo.08 裁量からシステムへ、ニュアンスから数値化へ／山口祐介、清水昭男
- Vo.09 ポジション・ニュートラルから紡ぎだす日々の確実収益術／徳山秀樹、清水昭男
- Vo.10 拡大路線と政権の安定 ― タイ投資の絶妙タイミング／阿able俊之、清水昭男
- Vo.11 成熟市場の投資戦略 ― シクリカルで稼ぐ日本株の極意／鈴木一之、清水昭男
- Vo.12 バリュー株の収穫相場をモノにする！／角山智、清水昭男
- Vo.13 大富豪への王道の第一歩：でっかり儲ける資産形成＝新興市場＋資源株／上中康司、清水昭男
- Vo.14 シンプルシステムの成功ロジック：検証実績とトレードの一貫性で可能になる安定収益／斉藤正章、清水昭男
- Vo.15 自立した投資家（相場）の未来を読む／福永博之、清水昭男
- Vo.16 IT時代だから占星術／山中康司、清水昭男

Audio Book

満員電車でも聞ける！オーディオブックシリーズ

本を読みたいけど時間がない。
効率的かつ気軽に勉強をしたい。
そんなあなたのための耳で聞く本。
それがオーディオブック!!

パソコンをお持ちの方はWindows Media Player、iTunes、Realplayerで簡単に聴取できます。また、iPodなどのMP3プレーヤーでも聴取可能です。

オーディオブックシリーズ12
規律とトレーダー
著者：マーク・ダグラス

定価 本体 3,800円+税（ダウンロード価格）
MP3 約440分 16ファイル 倍速版付き

ある程度の知識と技量を身に着けたトレーダーにとって、能力を最大限に発揮するため重要なもの。それが「精神力」だ。相場心理学の名著を「瞑想」しながら熟読してほしい。

オーディオブックシリーズ11
バフェットからの手紙
著者：L・A・カニンガム

定価 本体 4,800円+税（ダウンロード価格）
MP3 約707分 26ファイル 倍速版付き

バフェット「直筆」の株主向け年次報告書を分析。世界的大投資家の哲学を知る。オーディオブックだから通勤・通学中でもジムで運動していても「読む」ことが可能だ!!

オーディオブックシリーズ13
賢明なる投資家

市場低迷の時期こそ、威力を発揮する「バリュー投資のバイブル」日本未訳で「幻」だった古典的名著がついに翻訳

オーディオブックシリーズ25
NLPトレーディング

最先端の心理学 神経言語プログラミング
(Neuro-Linguistic Programming) が勝者の思考術を養う!

オーディオブックシリーズ5
生き残りのディーリング決定版

相場で生き残るための100の知恵。通勤電車が日々の投資活動を振り返る絶好の空間となる。

オーディオブックシリーズ8
相場で負けたときに読む本～真理編～

敗者が「敗者」になり、勝者が「勝者」になるのは必然的な理由がある。相場の"真理"を詩的に紹介。

ダウンロードで手軽に購入できます!!

パンローリングHP　http://www.panrolling.com/
（「パン発行書籍・DVD」のページをご覧ください）

電子書籍サイト「でじじ」　http://www.digigi.jp/

■CDでも販売しております。詳しくは上記HPで

Chart Gallery 4.0 for Windows

パンローリング相場アプリケーション
チャートギャラリー
Established Methods for Every Speculation

最強の投資環境

成績検証機能が加わって新発売！

検索条件の成績検証機能 [New] [Expert]

指定した検索条件で売買した場合にどれくらいの利益が上がるか、全銘柄に対して成績を検証します。検索条件をそのまま検証できるので、よい売買法を思い付いたらその場でテスト、機能するものはそのまま毎日検索、というように作業にむだがありません。

表計算ソフトや面倒なプログラミングは不要です。マウスと数字キーだけであなただけの売買システムを作れます。利益額や合計だけでなく、最大引かされ幅や損益曲線なども表示するので、アイデアが長い間安定して使えそうかを見積もれます。

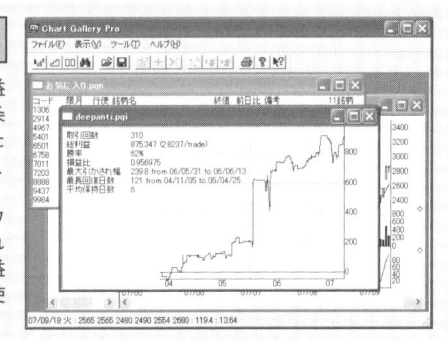

チャートギャラリープロに成績検証機能が加わって、無敵の投資環境がついに誕生!!
投資専門書の出版社として8年、数多くの売買法に触れてきた成果が凝縮されました。
いつ仕掛け、いつ手仕舞うべきかを客観的に評価し、きれいで速いチャート表示があなたのアイデアを形にします。

●価格（税込）

チャートギャラリー 4.0
エキスパート **147,000** 円 ／ プロ **84,000** 円 ／ スタンダード **29,400** 円

●アップグレード価格（税込）

以前のチャートギャラリーをお持ちのお客様は、ご優待価格で最新版へ切り替えられます。
お持ちの製品がご不明なお客様はご遠慮なくお問い合わせください。

プロ2、プロ3、プロ4からエキスパート4へ	105,000 円
2、3からエキスパート4へ	126,000 円
プロ2、プロ3からプロ4へ	42,000 円
2、3からプロ4へ	63,000 円
2、3からスタンダード4へ	10,500 円

がんばる投資家の強い味方　Traders Shop

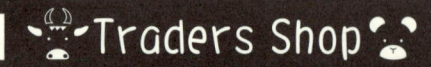

http://www.tradersshop.com/

24時間オープンの投資家専門店です。

パンローリングの通信販売サイト「**トレーダーズショップ**」は、個人投資家のためのお役立ちサイト。書籍やビデオ、道具、セミナーなど、投資に役立つものがなんでも揃うコンビニエンスストアです。

他店では、入手困難な商品が手に入ります!!

- ●投資セミナー
- ●一目均衡表 原書
- ●相場ソフトウェア
  チャートギャラリーなど多数
- ●相場予測レポート
  フォーキャストなど多数
- ●セミナーDVD
- ●オーディオブック

ここでしか入手できないモノがある。

さあ、成功のためにがんばる投資家は
いますぐアクセスしよう！

トレーダーズショップ 無料 メールマガジン

●無料メールマガジン登録画面

トレーダーズショップをご利用いただいた皆様に、**お得なプレゼント**、今後の**新刊情報**、著者の方々が書かれた**コラム**、**人気ランキング**、ソフトウェアの**バージョンアップ**情報、そのほか投資に関するちょっとした情報などを定期的にお届けしています。

まずはこちらの
「**無料メールマガジン**」
からご登録ください！
または info@tradersshop.com まで。

パンローリング株式会社　〒160-0023　東京都新宿区西新宿7-9-18-6F
Tel：03-5386-7391　Fax：03-5386-7393
お問い合わせは　http://www.panrolling.com/
E-Mail　info@panrolling.com

携帯版